"传统媒体与新型媒体融合发展研究"(15AXW002)项目成果

中国智媒体
实践与发展研究

蒋晓丽　李连杰　王博　杨钊 / 著

Research on the Practice
and Development of
Intellectual Media in China

中国社会科学出版社

图书在版编目（CIP）数据

中国智媒体实践与发展研究／蒋晓丽等著 . —北京：中国社会科学出版社，2023.1

ISBN 978 - 7 - 5227 - 0620 - 7

Ⅰ.①中… Ⅱ.①蒋… Ⅲ.①传播媒介—发展—研究—中国 Ⅳ.①G219.2

中国版本图书馆 CIP 数据核字（2022）第 140807 号

出 版 人	赵剑英
责任编辑	张　潜
责任校对	党旺旺
责任印制	王　超

出　　版	中国社会科学出版社
社　　址	北京鼓楼西大街甲 158 号
邮　　编	100720
网　　址	http://www.csspw.cn
发 行 部	010 - 84083685
门 市 部	010 - 84029450
经　　销	新华书店及其他书店

印　　刷	北京明恒达印务有限公司
装　　订	廊坊市广阳区广增装订厂
版　　次	2023 年 1 月第 1 版
印　　次	2023 年 1 月第 1 次印刷

开　　本	710×1000　1/16
印　　张	19.75
字　　数	295 千字
定　　价	99.00 元

凡购买中国社会科学出版社图书，如有质量问题请与本社营销中心联系调换
电话：010 - 84083683
版权所有　侵权必究

序

走向智媒体时代：媒体深度融合发展的未来进路

媒体的深度融合发展时刻处在一个不断向前推进的过程中，技术创新是这一进程的原初动力，媒体的自我革新是这一进程的现实要求。可以看到，全媒体的建设已经取得了预期的效果。主流媒体这一主力军再度挺进互联网战场，成为宣传动员、舆论引导、信息服务的主导力量；媒体以人民为中心的立场从传统媒体迁移到互联网媒体直至平台媒体，在对"开门办报""开门办台""开门办网"经验的总结上，"开门办平台"的思路也逐渐被落实和强化；新技术纷纷涌现，媒体与之结合激发了生产的新动能，信息在生产、呈现、消费及反馈环节上均受到技术的改造，信息服务由此呈现不同的风貌。一个系统而完善的全媒体传播体系及传播生态正在逐步建构起来，在内容、技术、人力和资金等要素的充分结合下，中央、省、市、县四级媒体融合发展的结构布局日趋清晰。

媒体发展对技术变迁的响应是非常积极的。技术因素在融媒体、全媒体的发展过程中往往会起到先导性作用。当前，智能技术是先进技术的代表，从概念提出到产业实践，智能技术的发展愈加成熟。5G、大数据、云计算、区块链、人工智能、虚拟现实是其中的代表。技术进步会迅速对社会中的行业和部门进行智能化改造，并以数字社会建设目标的实现为己任。媒体行业的发展同样会受其影响，在融合进程走向深水区的实践中，智能技术与媒体活动结合后带来的生产力革新往往超乎预期，诸多媒体已经意识到这一变动的趋势，开始以此为契机探寻后媒体融合时代媒体发展的突破口和未来路径。正是由于智能技术要素的彰显，使得智媒体生态的打造成为媒体面向未来的一种积极尝试。可以说，智媒体建设是对融媒体、全媒体阶段的延续和突破，是媒体自我革新后自身发展的高阶状态。

正当其时：智媒体生态构建的现实语境

智媒体生态的搭建是依照媒体发展的趋势和规律作出的恰切选择。

进入新时代，以习近平同志为核心的党中央多次就党的新闻舆论、宣传思想工作作出指示，要求新闻媒体要提高政治站位和业务水平，从治国理政、定国安邦重要角色的角度出发对党的新闻舆论工作进行重新定位，履行媒体应尽的职责与使命。融合发展成为新时代新闻媒体实现价值复归的重要路径与契机。但是，这一过程并不是一蹴而就的，在经由习近平总书记主持召开的党的新闻舆论工作座谈会、全国宣传思想工作会议的方向指引和思路厘清之后，媒体融合进程才能够始终保持一个平稳的节奏，进行高质量的发展。这其中，规律认知、意识形态引领、能力扩增、文化传承、国际传播等环节中涌现出的问题都在不断地克服和解决，并且取得了预期的效果。近期召开的党的十九届六中全会总结了党的十八大以来我国在文化建设上取得的成就，认为我国的"意识形态领域发生了全局性、根本性的转变，全党全国各族人民文化自信明显增强，全社会凝聚力和向心力极大提升"。这一隶属于党的百年奋斗新近阶段的重大成就和历史经验的总结，也从侧面肯定了新时代党的新闻舆论工作的正确性、重要性及一贯性。

智媒体生态建设统归于媒体融合发展的总体思路当中，是体现党的新闻舆论工作敢于担当、勇于尝试精神的富有创新意义的探索。但探索并不等同于空想，智媒体发展路径的析出实际上与社会变动的现实取向是保持一致的。在《关于加快推进媒体深度融合发展的意见》中可以看到，要大力推动先进技术尤其是智能化的信息技术革命成果在新闻传播领域内的前瞻性研究和应用，以驱动媒体的融合发展。智能技术的勃兴推动了媒体行业的智能化转型，其在信息生产和服务两端实现的效率与质量的倍增，进一步加快了智能技术与媒体行业的适配进程。技术对媒体生产力的提升是显而易见的，也可以说，正是因为智能技术的出现和产业化直接促使了媒体的智能化转型。但同样需要认识到的是，良好传播生态的建构并不能仅仅依靠单一要素主导完成，智能技术的强力赋能也需要借助其他要素来提供相当程度的支持和平衡。正如本书所言，在影响智媒体生态建构的要素中，除技术以外，政策、资金、人才均是不可或缺的因素，其良序发展的进程为智媒体建设的顺利铺开提供了有利条件。相关政策积极引导媒体深度融合过程，结合阶段性政策修补行为，对包括智媒体在内的传播新格局进行识别与规制；国家稳定的经济环境给予智媒体建设强力的支持，同时也为商业资本的持续注入和行业间交叉性的、引领性的智能建设实践赋予了信心；而作为行业发展最重要的人才因素，"新文科"建设和卓越新闻传播人才培育计划的开展为智媒体时代复合型人才的需求做出先期准备。在四大基本要素和其他要素形成的合力下，一个智媒体发展的温润空间被编织出来。

在探讨智媒体存在的现实语境时，不能囿于狭义的媒体定义而将其片面视作与专业媒体生产相关的智能化转型过程，而要将其置于社会整体的数字化建设背景中，去思考广义的"智媒体"存在的现实必要性。智能技术使"万物皆媒"的预言变成了现实，而智媒体的应用场景则在纯粹的交往领域之外进行了极致的延展。正如作者所言，"智媒体既是社会数字化的手段，也是社会数字化的成果"，循着行业智能化的思路，很容易就够在当前社会中觅得更多智媒体的应用场景。简单来说，智慧报业、智慧广电、智慧平台即代表着智媒体的专业应用维度，而智能产业、智能城市、智能教育、智能医疗、智能家居等则象征着智媒体的社会价值拓展。而后者，正是进入后媒体融合阶段，媒体以智慧服务的供给来诠释广义媒体的内涵，并积极寻求新的发展向度的有益尝试。

众望所归：智媒体价值输出的多元取向

智媒体效用的输出，是在深度融合发展趋势下媒体多元价值的集中展示。

关于智媒体的建设实践，国内外的媒体组织和机构都在进行积极地探索，在这一过程中，中外媒体同仁所面临的问题和困扰趋于一致。可以说，智能技术与媒体活动的结合势必会遭遇到诸多挑战，对于新事物发展路径的探索是一个曲折而漫长的过程。但从另一角度而言，国内外智媒体的发展或许并没有如预想的那样存在巨大的差距，我国在智能技术应用中的后发优势使得国内外智媒体发展站在了相同的起跑线前，就此现状而言，依靠智媒体的积极布局来扭转目前的国际传播格局是一种可供践行的思路。

当前人工智能的发展尚处在"弱人工智能"阶段，人工智能技术与行业的结合暂时还停留在工具性价值的层面。未来人工智能的发展将会向"强人工智能"阶段过渡，在智能技术创设的空间中，凭借技术对自主意识的加持，主体能够以"全感官"的方式在虚拟空间中实现"全方位"的连接。积极寻求"强人工智能"阶段的发展机遇是"智媒体"建设的重要思路，也是在多方竞争中取得优势的关键。当下这一趋势愈加凸显，以"元宇宙"概念的火热为指征，智媒体在更高阶虚拟世界的搭建过程中将会大有可为。

国内的"智媒体"建设并不能一味依靠技术先进性而狂飙突进，其优势的取得和能力的彰显在技术优越性之外更多地要依靠其作为价值媒体一以贯之的信念坚守。

如本书所言，"智媒体"的内核是以智能、智慧与智力为特征的新兴媒体样态，"智"的不同路径对应着媒体融合在未来的全新取径。智能媒体强调技术底色。但实际上，在媒体之外，智能行业的演进趋势在技术层面显示了高度的一致性，以数据、算法和平台为主要内容逐步完成对所属行业基础技术层、服务能力层及场景应用层的智能化构建。智慧媒体强调生产优势。信息服务全流程均受到智能技术的改造，信息的采集、生产、分发、消费全面智能化，在带来传播生产力提升的同时，面向未来的生产特征率先在媒体行业闪烁光芒。智力媒体强调知识服务。智能技术与媒体智库互相成就，技术丰富了智库成果、提升了智库影响力、塑造了智库品牌，智库又为智能技术应用空间的拓展提供了实践场域。

在技术赋能的"智"以外，充分的社会关怀和积极的价值引导是体现我国智媒体公共性禀赋的特征所在。智能、智慧、智力等智媒体核心要素背后，始终存在一种混合了理性、正向、温暖价值观的牵引。智能意涵之外，要对技术发展所依托的社会现代性进行思考，崇尚革新的流动现代性指征背后所透露出的社会风险同样值得警惕。智慧意涵直接强调信息生产过程中主流价值及人本立场的引领。无论是主流媒体的智媒体转型还是互联网企业的智媒体实践，两者在信息服务中所履行公共责任并无区隔。前者要再度强化自身价值媒体定位，做好复杂传播形势下主流媒体的舆论引导、宣传动员、信息服务等工作。后者则要在资本逐利与社会责任之间找到平衡，借助自身在经营管理中的灵活性，做好智媒体前沿技术、丰富形态的探索与转化，致力于打造价值共创、成果共享的智媒体发展生态。智力意涵着重突出媒体智库在业务发展面向之外对社会治理起到的作用，主要以智力成果的析出服务于社会形势研判、发展研究以及决策咨询等事宜。

智媒体建设中，媒体的定位实现了扩充，以往专注于信息生产与传播的专业身份逐渐被社会层面更广泛的参与治理角色所取代。作为生产机构，智媒体的核心业务依然是信息传递，但其能力却呈现几何倍数的增长，"一对多"的传播模式被"点对点"的传播现实所取代，信息传播活动被信息服务行为解构。作为服务主体，媒体成了社会和公众之间的中介组织和连接力量，智媒体是智能时代不可或缺的基础设施，是智能社会的基础性构件，是连接人、物与社会的"杠杆"。智媒体往往能够将技术优势和组织力量充分结合，在社会问题的析出、呈现、跟进与化解上既发挥媒体的专业价值又彰显组织的协调能力。

任重道远：智媒体良序发展的风险调适

　　智媒体实践的根本目的应该是增进人类福祉、提升人民幸福感。

　　在智媒创新和应用普及的过程中需要警惕智媒带来的问题，明确智媒实践隐含的风险，对这些风险和问题提早进行预防应对。智媒研究逐渐开始重视对智媒实践的价值反思，一大批学者针对机器人写作、算法分发、社交机器人、大数据分析、传感器新闻、数据新闻等智媒实践进行了具体讨论。从问题维度来看，智媒问题大致包括智媒遮蔽、智媒歧视、智媒控制、智媒剥削和智媒侵权五类，具体而言"智媒遮蔽"涉及智媒内容的失实与深度伪造、现实遮蔽与现实的偏颇呈现、真实性消解等问题；"智媒歧视"涉及了大数据杀熟、算法歧视、性别歧视、用户的"简单化约"以及对智媒自身的偏见等问题；智媒控制不仅涉及对媒体生产自主性的影响，还涉及个体层面的思维控制、行为预测、全时监视等问题；智媒剥削则涉及数字劳动剥削、数据殖民主义、数字劳工等问题；智媒侵权则主要关注隐私权、著作权和版权等相关问题。

　　相关问题在媒体业态、用户个体、群体与社会文化层面都有着不同的表征，对于媒体运作而言，存在内容工业化、价值理念偏移等问题，在内容语态、准确性、人性化等生产维度也存在诸多局限之处；对于用户个体而言，个体陷入了主体性危机之中，自主性削弱，反思能力弱化，智媒实践也给个体带来了信息过载、风险感知强化、信任感削弱、成瘾等心理不适感；对于群体而言，圈层固化、智媒鸿沟和社会不公等问题也较为严重；此外，社会治理面临着全新的挑战，公共性隐忧尚未得到解决。

　　有必要强调的是智媒批判的意义在于让智媒更好地造福人类，不能落入"智媒恐惧"的陷阱。从当下的智媒实践来看，智媒问题的背后有媒介因素的影响，但是也与社会环境密切相关，不能忽略智媒实践的关系域，用户的使用习惯、政策和法律的规制、新闻专业主义、开发设计伦理观念等都切实影响着智媒实践。面对当下存在的智媒问题，根本的原则就是立足中国语境和时代背景，在具体的实践场景中理解智媒实践，探寻智媒问题的本质原因、基于历史辩证法视角理解智媒问题，以发展的眼光寻求问题的解决和应对。

智媒的未来实践需要顺着智媒体的发展和智媒问题的治理两条路径来进行。智媒体的发展需要立足于媒介逻辑，提升技术水准，寻求业态的重塑和媒体边界的突破，强调媒体的社会责任担当和价值定位，在此基础上坚守底线，敢于试错，充分发挥媒体人的能动性。而对于问题的治理而言，一是需要综合技术伦理、媒体伦理等具体伦理原则，在协商的基础上明确伦理原则。二是充分发挥开发者、使用者、立法者、监管者等多元主体的积极主动性，寻求问题的协同系统应对，例如智媒开发设计的价值嵌入、开发设计者的媒介素养、立法监管者的灵活处置等等。三是要从具体的智媒问题出发，立足具体实践进行针对性治理应对，对于算法透明、被遗忘权、隐私保护等内容需要结合中国的国情和应用场景进行灵活的调整。

智媒体建设将是媒体深度融合进程中一次勇敢的尝试，富有挑战性但也极具诱惑力。与融媒体、全媒体建设思路一致，智媒体的转型升级不仅是智能技术与媒体行业的浅层融合，而是意味着集智能、智慧、智力于一体的传播生态、模式、理念、路径与方法的全面重塑。智媒体或许能够成为媒体融合这一阶段性发展思路的高阶形态，但其未来价值的体现注定不会局限在专业媒体领域，而将会在社会治理的主要力量、未来世界的主要端口等定位上大放光芒。同样，智媒体的建设注定不会一帆风顺，也会历经一道道坎坷，但依托社会整体蕴养已久的理性、正向、温暖价值观的指引，其发展前景依旧一片光明。

目 录

导 论 ………………………………………………………… (1)
 一 研究背景 ……………………………………………… (1)
 二 研究现状 ……………………………………………… (3)
 三 研究方法 ……………………………………………… (10)
 四 研究思路 ……………………………………………… (11)
 五 创新之处 ……………………………………………… (12)

第一章 智媒体传播生态孕育 ……………………………… (14)
 一 政策扶持 ……………………………………………… (14)
  （一）国家战略层面 …………………………………… (15)
  （二）政策法规层面 …………………………………… (17)
  （三）信息服务层面 …………………………………… (20)
 二 资本投入 ……………………………………………… (21)
  （一）国家稳定向好的整体经济态势 ………………… (22)
  （二）行业交叉融合吸纳的创新资本 ………………… (24)
  （三）商业平台智媒化布局的有力投入 ……………… (25)
 三 技术支撑 ……………………………………………… (27)
  （一）智能技术突破改造社会特征 …………………… (28)
  （二）智能技术进步革新媒体生产 …………………… (29)
  （三）智能技术实践创造未来连接 …………………… (30)

四　人才供给 …………………………………………………（31）
　　　　（一）交叉知识体系构建 ……………………………………（32）
　　　　（二）复合职业素养扩展 ……………………………………（33）

第二章　智媒体传播体系搭建 ……………………………………（35）
　　一　智媒体形态 …………………………………………………（35）
　　　　（一）概念界定 ………………………………………………（35）
　　　　（二）发展现状 ………………………………………………（38）
　　　　（三）典型案例 ………………………………………………（43）
　　二　智媒体核心 …………………………………………………（47）
　　　　（一）智能媒体 ………………………………………………（47）
　　　　（二）智慧媒体 ………………………………………………（54）
　　　　（三）智力媒体 ………………………………………………（70）
　　三　智媒体特征 …………………………………………………（76）
　　　　（一）组织特征 ………………………………………………（77）
　　　　（二）生产特征 ………………………………………………（80）

第三章　智媒体传播创新实践 ………………………………………（87）
　　一　业务能力创新 ………………………………………………（87）
　　　　（一）智慧广电：广播影视的智能化 ………………………（87）
　　　　（二）智慧报业：传媒集团的智慧化 ………………………（90）
　　　　（三）智慧平台：网络传播的生态化 ………………………（93）
　　二　社会价值拓展 ………………………………………………（96）
　　　　（一）智能产业：赋能新经济发展 …………………………（96）
　　　　（二）智能城市：搭建移动交互界面 ………………………（97）
　　　　（三）智能教育：助力知识传播共享 ………………………（99）
　　　　（四）智能医疗：创新现代医疗服务 ………………………（100）
　　　　（五）智能家居：建造家居生态圈 …………………………（101）

第四章 智媒问题的现实表征 (104)

一 智媒批判与智媒问题表征 (104)
- （一）智媒批判的研究现状 (104)
- （二）"智媒问题"框图及说明 (108)
- （三）智媒问题的共性特点 (110)

二 智媒批判的总体维度 (113)
- （一）智媒遮蔽 (113)
- （二）智媒歧视 (124)
- （三）智媒控制 (129)
- （四）智媒剥削 (135)
- （五）智媒侵权 (139)

三 智媒实践的伴生问题 (145)
- （一）智媒业态和媒体人 (146)
- （二）智媒体与用户个体 (151)
- （三）智媒体与群体 (157)
- （四）智媒体与社会 (162)

四 智媒批判的实践反思 (165)
- （一）实践反思的基本逻辑 (165)
- （二）信息茧房反思 (173)
- （三）智媒神话反思 (180)
- （四）智媒恐惧反思 (192)

第五章 智媒治理与智媒发展 (197)

一 智媒问题的治理困境 (197)
- （一）智媒问题的媒介逻辑 (197)
- （二）智媒问题的意识困境 (214)
- （三）智媒治理的关系场域 (224)
- （四）智媒治理的具体困境 (231)

二　智媒问题的治理路径 …………………………………（249）
　　（一）智媒治理的逻辑总述 …………………………………（249）
　　（二）智媒治理的伦理原则 …………………………………（253）
　　（三）智媒治理的媒介路径 …………………………………（257）
　　（四）智媒治理的主体作为 …………………………………（270）
　　（五）具体问题的应对 ………………………………………（279）

结　语 ……………………………………………………………（296）

后　记 ……………………………………………………………（300）

导　　论

一　研究背景

近年来，随着媒体融合的持续推进，在中国传媒业的地图上出现了各式各样的融媒体形态。这些集先进技术、多元内容、全能人才为一体的融媒体常被命名为"某某云"或"某某中心"，成了传媒业应对社会变革的重要力量。5G、大数据、云计算、全息投影、增强现实、区块链、人工智能等新技术新应用不断涌现，推动媒体形态、传播方式加速演变。从机器人写稿到媒体人工智能平台、AI 合成主播，都已成为现实。媒体将最新最好的技术运用到信息采集、生产、传播、反馈各环节，深度拓展传播领域，实现网络化、数字化发展。技术的不断革新推动媒体融合不断向前发展，从多媒体到全媒体，从融媒体到智媒体……媒体演化的进程并未因为愈发激烈的市场竞争而停滞，媒体反而为成为智能社会的"新基建"而加快了自我革新的步伐。正如习近平总书记所强调，"我们要增强紧迫感和使命感，推动关键核心技术自主创新不断实现突破，探索将人工智能运用在新闻采集、生产、分发、接收、反馈中，用主流价值导向驾驭'算法'，全面提高舆论引导能力"。当融媒体正"千呼万唤始出来"之时，智媒体就已经"犹抱琵琶半遮面"了。

在"2016（中国）C+移动媒体大会"上，封面传媒董事长李鹏提出"智媒体"将成为未来的传播形式。2017 年 4 月，南方都市报宣布建设"智媒体实验室"，全面实现智能媒体化服务。2017 年 10 月，"封巢"智媒体系统上线。同年，新华社发布了中国首个媒体人工智能平台

"媒体大脑",随后,其与搜狗公司联手开发的"AI合成主播"在2018年底诞生。2018年11月,第十三届中国传媒年会在成都举行,年会主题为努力实现由融媒体向智媒体的飞跃。2019年2月,站立式AI合成男主播"新小浩"以及"两会"期间亮相的AI合成女主播"新小萌"走进观众视野,主流媒体智媒化的趋势愈加明朗①。从中央媒体到地方媒体,从官方媒体到商业媒体,智媒体建设都成了推进媒体融合的重要一环。正如学者所言,"无论是以字节跳动、快手、腾讯等为代表的智能技术平台,以封面、澎湃、天目云、南方+、无线苏州等为代表的新媒体,还是以人民日报+、央视频、天目新闻等为代表的新生视频新闻应用,都在积极打造智能生态系统"②。

从融媒体到智媒体,一字之差,却是千差万别。虽然二者都是媒体融合的产物,但智媒体绝非只是融媒体的向前一步,而是一次需要"努力实现的飞跃"。"智媒体"也不同于"数字媒体""云媒体""平台媒体"等时髦概念,也不能简单地归类为"新媒体",而是反映了即将到来的智能时代对于媒体的要求。在不确定性日益增加的当今社会,智媒体更是应对风险社会的有力武器③。那么,究竟什么是智媒体呢?智媒体有什么独特价值?笔者试图以中国智媒体生态系统为研究对象,包括这一生态系统中的媒体机构、媒体应用、媒体平台、媒体从业者等要素,回答智媒体生态系统如何生成、如何运转、如何维持、如何发展等关键问题,以求挖掘媒体融合与中国智媒体的关联并梳理其发展脉络,分析中国智媒体的代表案例并厘清其运作机制,归纳中国智媒体的功能属性,并呈现中国智媒体生态系统与其他社会系统之间的互动。

---

① 高贵武、薛翔:《协同与互构:智媒体的实践模式及风险规避》,《青年记者》2019年第27期。
② 郭全中:《智媒体发展三大新趋势》,《新闻战线》2019年第23期。
③ 早在2007年,马凌就在《新闻传媒在风险社会中的功能定位》一文中指出,风险社会的知识化、网络化和媒介化的结构性特点,决定了新闻传媒居于风险社会的重要位置。新闻传媒在预警风险、报告风险、化解风险之外,也有可能放大风险、转嫁风险甚至制造风险。同时,新闻传媒在制度上的"有组织的不负责任"也具有相当的风险性。新闻传媒应该具备协商和协调的社会功能,与其他的社会组织和部门合作,共担风险并共抗风险,在公共服务方面进行更为积极的范式转换。

二　研究现状

从"融媒体"到"智媒体"的演进，不仅是智能技术在媒体领域广泛应用的产物，更是媒介进化的规律性结果。中国智媒体的发展与实践，既为我们观察日益媒介化的社会提供了一扇窗口，又为未来媒体建设提供了一条中国道路。通过梳理研究现状后发现，当前学界针对"智媒体"的研究，存在以下几种类型：一是从媒体融合的视角出发，探讨智媒体与技术变革、媒体发展之间的联系；二是立足于国内具有代表性的智媒体案例，分析智媒体的建设路径与实践经验；三是聚焦于智能物体所形成的媒体系统，阐释如何在人、物与社会三者中形成链接；四是以智能技术与人的关系为基点，思考智媒体存在的风险与伦理问题。

（一）技术变革与媒体融合的产物

此类研究从媒体融合的视角出发，探讨智媒体与技术变革、媒体发展之间的联系。郭全中与郭凤娟曾指出，技术是互联网媒体产生的根源，也是互联网媒体演进和升级的促进力，智能传播是我国互联网媒体演化的最新传播方式。"按照技术标准，我国互联网媒体经历了三个阶段：一是Web1.0时代，海量是其特点，信息推荐方式为媒体推荐；二是Web2.0时代，及时、互动是其特点，信息推荐方式为社交关系推荐；三是Web3.0时代，智能、数据是其特点，信息推荐方式为个性化推荐。[①]"李鹏认为，在这个万物皆媒的时代，基于大数据、人工智能和区块链等技术的信息传播融合才是媒体深度融合的新框架和新未来。而在此过程中，智媒体必将成为媒体融合转型的新阶段[②]。陈硕与李昭语也提出，媒介融合已经进入了关键期，传统单向度、浅层次的融合模式正在遭遇新的瓶颈，唯有从全局出发，对媒介跨界融合进行"智慧"转型，才能

[①] 郭全中、郭凤娟：《智能传播：我国互联网媒体演化的最新传播方式》，《传媒评论》2017年第1期。

[②] 李鹏：《智媒体：媒体融合转型新阶段》，《传媒》2019年第4期。

消解其中的结构性矛盾，让各类媒介在跨界融合中取得新的成功[①]。智媒体的发展壮大，不仅重塑了广播电视台、报社、杂志等媒体机构的组织制度与机构设置，也对新闻生产流程、新闻教育乃至传媒经济都产生了重要影响。梁刚建指出智媒体是继融媒体之后传媒的新生态，他回顾了新媒体30年来的发展历程，并站在广播电视行业的角度，论述了智慧化媒体在广播电视领域中的应用和发展前景，提出人工智能将大大提速媒介内容生产速度，并改变把关人的角色定位[②]。袁媛探讨了智媒体时代的新闻产业链重构，认为智媒体时代，人工智能技术从三方面对新闻产业链进行了重构：物联网与传感器新闻带来的智能化新闻信息采集，以机器人写作与编辑为主要表现的智能化新闻加工，以及以个性化新闻推荐为主要特色的新闻分发[③]。罗欢指出，人工智能技术给传统的新闻行业带来了积极的改观，即快速生产专业的内容；构建全新的分发渠道；"智媒体"成为转型方向；重塑传媒业态环境[④]。解学芳与张佳琪认为人工智能沿着媒体价值链正在快速颠覆信息采集、内容编写、内容分发、内容审核与监测的方式，重构传统媒体产业生态系统[⑤]。张志安与谭晓倩分析了媒体深度融合进程中的智媒体运营创新，两位研究者以封面新闻为研究对象，指出支撑智媒体建设的首要因素是技术与传媒有机融合的人才团队[⑥]。秦方奇认为在以全程媒体、全息媒体、全员媒体、全效媒体为主要表征的智媒体时代，传统媒体的转型对媒体从业者提出了全流程素质、全媒体技能、全时段在线等更高要求。传媒教育转型的必然路径是推进"新文科"建设，在拥抱新时代、担当新任务、创造新范式的过程中完成传媒教育自身的升级与再造[⑦]。肖楠、陈红梅通过技术变

---

① 陈硕、李昭语：《媒介跨界融合的现实瓶颈与"智慧"转型研究》，《新闻爱好者》2019年第7期。
② 梁刚建：《传媒业新生态：从融媒体到智媒体》，《中国广播》2019年第12期。
③ 袁媛：《智媒体时代的新闻产业链重构》，《传媒》2018年第8期。
④ 罗欢：《智媒时代媒体的智能化发展与转型研究》，《新闻爱好者》2019年第1期。
⑤ 解学芳、张佳琪：《AI赋能：人工智能与媒体产业链重构》，《出版广角》2020年第11期。
⑥ 张志安、谭晓倩：《媒体深度融合进程中的智媒体运营创新》，《新闻战线》2020年第23期。
⑦ 秦方奇：《智媒时代新闻传播教育转型之道》，《新闻战线》2019年第24期。

革、内在转型、开放边界三个层面的深入分析，发现智媒体中影像的多元化丰富了消费侧价值主张、效率的提高优化了生产策略布局，从受众思维到用户思维以及从内容生产到信息服务，深化了媒体的内在转型，智媒体容纳了多元领域、开放了边界、渗入了生活[1]。周翔、仲建琴在计算传播视阈下，生产数据流和消费数据流的汇流在助推品牌理念进化、提升消费体验的同时，促进了品牌价值由虚转实，品牌本质由消费领域的神话符号延伸为链接生产力与消费力的智能系统。在此基础上，"计算"在创意智能化、精准把握用户需求点和品牌接触点、提升品牌体验和场景多元化交融等链条上，全方位地驱动品牌智能化传播变革，使之迈向聚合品牌意义的新境界[2]。

（二）智媒体前沿探索与具体实践

此类研究立足于国内具有代表性的智媒体案例，分析智媒体的建设路径与实践经验。智媒体的发展离不开智能技术的推动。刘长明等研究者指出，"新基建"中台能力是支撑智慧媒体发展的重要力量，认为瞄准新技术，享受大数据与人工智能的服务，是新时代智慧媒体建设的最优路径。"数据+AI"双中台技术，以安全可靠、稳健成熟的实用主义为指导，作为媒体"新基建"为智慧媒体发展提供有力支撑并为业务创新提供土壤，使媒体角色从"资讯内容提供者"向"城市信息服务者"转变[3]。郭全中也指出，智媒体的打造要以"大数据、移动互联、云计算、物联网、虚拟技术、人工智能等各类新技术为基础"[4]。除了技术的支撑，智媒体建设也离不开人力、物力与财力的投入，国内几家主要的媒体机构也走在了智媒体建设的前列。中央级的媒体如中央广播电视总台、新华社充分发挥自身优势，打造智能媒体系统。中央广播电视总台

---

[1] 肖楠、陈红梅：《从融媒体到智媒体：一种技术驱动下的传媒经济发展路径》，《新闻知识》2020年第9期。
[2] 周翔、仲建琴：《计算转向：智媒体时代品牌理念嬗变及传播创新》，《新闻爱好者》2020年第11期。
[3] 刘长明、卢岚、徐建：《"新基建"中台能力支撑智慧媒体发展》，《中国传媒科技》2021年第2期。
[4] 郭全中：《智媒体的特点及其构建》，《新闻与写作》2016年第3期。

旗下的央视网、央广网、国际在线三网合力打造了"人工智能编辑部","以互联网思维为指导,升维为互联网媒体;打造智能传播平台,重构内容生产流程;打造智媒体产品,拓展产业链条;打造智媒体生态系统,重构商业模式和盈利模式"[1]。被学者认为是"智媒体转型的领先践行者"。陆小华考察了新华社全球视频智媒体平台,并提出增强体系竞争力是媒体融合平台建设的核心目标。"新华社全球视频智媒体平台基于新华社视频业务全球运行需求,媒体深度融合、移动优先战略和随时随地可以构建临时编辑部的需要,建成聚采集、生产、分发、数据分析于一体、全面重塑音视频生产服务流程的全球视频智媒体平台,构建了一个音视频内容生产与服务的技术、业务体系,实现新华社音视频生产体系的体系聚合,形成体系竞争力。"[2] 一些地方传媒集团也充分发挥区域优势,积极创新,取得了良好效果。李鹏指出"智能+智慧+智库"的智媒体是四川日报报业集团全媒体深度融合的抓手,智媒体建设应该以顶层设计为指引,找准深融路径,打造自主可控的区域智媒平台;以内容建设为根本,生产全程全员,建立智慧主导的内容体系;以先进技术为引领,传播全息全效,建立智能智库的服务体系;以创新管理为保障,培养全媒体人才,建立一体运行的组织体系[3]。李敏考察了陕西广播电视台向融媒体智媒体转型的实践探索,陕西广电以融合发力为统领,以聚合赋能分发,以分发链接价值,以价值黏合用户,以用户思维来反观自我;同时秉承抓策划的永恒匠心,大胆探索机制创新,提升内容生产能力,积极与资本对话,从融媒体向智媒体发展,构建符合5G时代的智媒体迭代版图[4]。

---

[1] 郭全中:《智媒体如何打造——以中央广播电视总台"人工智能编辑部"为例》,《青年记者》2020年第4期。

[2] 陆小华:《增强体系竞争力:媒体融合平台构建的核心目标——新华社全球视频智媒平台的探索与思考》,《新闻记者》2019年第3期。

[3] 李鹏:《以智媒体为抓手 构建全媒体传播体系——四川日报报业集团探索媒体深度融合的创新实践》,《新闻与写作》2020年第12期。

[4] 李敏:《在转型中重塑主流舆论影响力——陕西广播电视台向融媒体智媒体转型的实践探索》,《新闻战线》2019年第16期。

（三）作为媒体信息终端的智能物体

随着智能技术的广泛应用，不仅人被"赋权"，许多常见的物体也被"赋能"，成为能使人与人、人与物、物与物产生联系的自主实体，如智能音箱、机器人、可穿戴设备、智能汽车，等等。谭雪芳以作为AIoT时代语音"入口"的家庭智能音箱为例，探讨机器是如何成为传播主体的，机器主体与人类主体的区别以及对家庭空间、关系和日常生活经验的重组。在这其中，以智能音箱为代表的技术物在其间不再是一种渠道或"人的延伸"，而是作为一个独立的传播者的角色，与人类共在[①]。那么这一"传播者"的角色只是一种猜测吗？卢维林与宫承波考察了智能音箱的媒介特性，以及由这种媒介特性所内在规定的新闻生产与呈现逻辑。两位研究者指出，智能音箱可以推进新闻个性化生产与多轮次呈现、呼唤有"温度"的语音新闻报道、拓宽新闻传播的临场感知体验[②]。此外，喻国明与杨名宜则对平台型智能媒介建构评价体系，并以此为分析框架对智能音箱进行了衡量与评估，揭示其现有的成长逻辑与未来发展的优势、可能及局限性[③]。谢新洲与何雨蔚考察了社会机器人智媒体的主体、具身及其关系，指出社会机器人作为一种智媒体的新形态，不仅能够用它们自己的经验来感知与阐释世界，并且能够清晰地表达传播与互相学习。"它们的角色扮演是像真实用户一样的具有独立性的社交媒体'用户'。"[④] 可见，智能物体由于其媒介特性，将变为一个个信息终端。在彭兰看来，未来将是"万物皆媒"的时代，其中智能汽车不仅提供了一块移动的屏幕，更会变成一个完整的信息系统，可以实现车与人的信息互动、车与车的信息互动、车与环境及关联信息系统

---

① 谭雪芳：《智能媒介、机器主体与实拟虚境的"在家"——人机传播视域下的智能音箱与日常生活研究》，《南京社会科学》2020年第8期。

② 卢维林、宫承波：《智能音箱中的新闻生产与呈现逻辑》，《青年记者》2020年第13期。

③ 喻国明、杨名宜：《平台型智能媒介的机制构建与评估方法——以智能音箱为例》，《新疆师范大学学报》（哲学社会科学版）2019年第2期。

④ 谢新洲、何雨蔚：《重启感官与再造真实：社会机器人智媒体的主体、具身及其关系》，《新闻爱好者》2020年第11期。

的互动以及车与公共信息系统的互动①。而随着城市的电力系统、仓储物流系统、道路交通系统、视频监测系统等基础设施逐渐智能化，未来的城市也会实现从"数字城市"到"智慧城市"的转变。如黄凯奇等研究者则分析了智能视频监控系统，认为其可以将原本各个区域和楼宇分散的监控资源，如安防、交通、零售、家居中的监控资源，整合成一个地域范围的一体化监控资源，然后再将城域的资源整合成一个广域的资源②，回答人们感兴趣的"是谁、在哪儿、干什么"等问题。

（四）智媒体的潜在风险与伦理思考

此类研究以智能技术与人的关系为基点，思考智媒体存在的风险与伦理问题。刘千才与张淑华两位研究者认为，在智媒体时代，作为社会主体的人们在变革媒介技术的同时也被悬置于媒介技术营建的环境之中，其观念和行为不可避免地受到了人类自身创造的媒介化环境的影响，在不自主的情况下持续地被动改变，被打上媒介技术的"烙印"，并受到来自媒介技术的"反向驯化"③。杨保军与杜辉思考了智能新闻的伦理风险、伦理主体以及伦理原则。二人认为目前围绕着智能机器重新建立的新闻生产关系将逐渐成型，在这一转变过程中，需要对传统新闻伦理规范的适用性给予足够的警惕，同时对智能时代的新闻伦理原则做进一步探索：智能新闻的伦理风险主要表现为失实风险、侵权风险和算法权力滥用的风险；智能新闻的职业伦理责任主体主要是智能新闻软件的开发者和使用者；智能新闻的伦理原则主要为透明原则、风险可控原则、知情同意原则和核查更正原则④。高贵武与薛翔从智媒体人机协同互构的实践模式出发指出了智媒体的潜在风险：边界的模糊与主体性危机、内容"区隔"与信息茧房、数字痕迹与隐私滥用。"尽管智媒体将人类智慧与人工智能相互融合，体现的是'协同与互构'的核心特征，但智媒

---

① 彭兰：《未来传媒生态：消失的边界与重构的版图》，《现代传播》2017年第1期。
② 黄凯奇、陈晓棠、康运锋、谭铁牛：《智能视频监控技术综述》2015年第6期。
③ 刘千才、张淑华：《从工具依赖到本能隐抑：智媒时代的"反向驯化"现象》，《新闻爱好者》2018年第4期。
④ 杨保军、杜辉：《智能新闻：伦理风险·伦理主体·伦理原则》，《西北师大学报》（社会科学版）2019年第1期。

体人机协同互构的实践模式仍然面临着诸多风险,需要在理念和实践上防范和规避负面效应,真正推动和实现媒体智媒化生存。"[1] 谢新洲与何雨蔚认为智媒体的具身传播问题,本质上讨论的是媒介与人的关系,随着社会机器人逐渐从虚拟网络中走向日常生活,"媒介作为一种隐喻的存在具有了显性的客观化特征,人与媒介产生了一种新的关系范式,身体被推向前台,技术的具身性特点让人不得不重新审视被忽视或是被遮蔽的身体在传播中的位置和价值"[2]。罗新宇同样反思了智媒体传播中"算法推荐"伦理的冲突与规制问题,他从过度依赖"算法推荐"技术、片面追求经济效益至上、客观存在人性自身需求因素和法律法规滞后于媒体技术发展等层面,审视了"算法推荐"伦理失范的动因,据此提出要以"主流价值"引领为前提,立算法 + 人工的新闻内容伦理"双把关"审核机制等规制策略,以期能够促进人机共生平衡,最大限度消解"算法推荐"伦理失范所产生的危害[3]。

(五) 研究述评

综观当前对中国智媒体的研究,存在以下几类特点:一是在研究方法层面,现有研究多采用案例分析的方法。此类方法一定程度上可以总结归纳出智媒体发展的路径,但由于案例的特殊性,研究结论的代表性与推广性不足,并且作为"局外人"的研究者也并未深入到智媒体实践。二是在研究重点上,现有研究多将焦点放在媒体的智能化过程上。此类研究多从国内媒体的智媒实践出发,总结智媒体建设的经验。然而,在万物皆媒的时代,除了媒体机构的智能化建设外,我们也不能忽视其他智能物体的媒介化过程,如智能汽车、智能机器人、智能音箱如何实现物的媒介化。三是在研究视角上,现有研究多从生产机制等具体的视角切入,阐述智媒体对媒体生态带来的影响。而目前国内智媒体的建设

---

[1] 高贵武、薛翔:《协同与互构:智媒体的实践模式及风险规避》,《青年记者》2019 年第 27 期。

[2] 谢新洲、何雨蔚:《重启感官与再造真实:社会机器人智媒体的主体、具身及其关系》,《新闻爱好者》2020 年第 11 期。

[3] 罗新宇:《智媒体传播中"算法推荐"伦理的冲突与规制》,《新闻爱好者》2020 年第 11 期。

已进入了成熟期，围绕智媒体已经形成了生态系统，需要从整体的视角去思考智媒体的产生语境、运行机制与发展趋势。目前站在反思立场上去看待智媒体的研究相对较少，不利于深入理解智媒体、人、社会三者之间的复杂互动。正如研究者在反思智能技术对人的"反向驯化"时所言："强调媒介对人'反向驯化'的目的，并非是站在技术悲观主义者立场对媒介技术做简单的否定，也不是要重回'技术还原论'的窠臼，而是通过'冷思考'来为智媒的发展厘清思路和扫清道路。"[①]

三 研究方法

立足于描绘学界智媒体研究的学术地图以期为现有研究提供理论补充、分析业界智媒体发展的现实路径以期为智媒体建设提供方法参考、阐释社会智媒体运行的问题风险，以期为智媒体治理提供决策依据等目标，笔者在研究过程中综合使用了文本分析、深度访谈与大数据分析三类研究方法。

（一）文本分析

笔者选取近5年国内智媒体相关资料进行文本分析，包括国内外学者的研究论文、官方与民间研究机构发布的智媒体报告、国内代表性传媒集团与大型互联网企业公布的智媒体数据、相关新闻报道等文献资料，以期呈现国内智媒体生态系统的整体图景，为深入揭示系统内部的逻辑规则做好准备。

（二）深度访谈

智媒体作为智能技术主导下的媒体融合深入发展的产物，除了第三方学者的观点外，业界一线工作者的态度、看法、意见也具有不可忽视的研究价值。笔者对业界相关从业者进行深度访谈，深入了解智媒体发

---

① 刘千才、张淑华：《从工具依赖到本能隐抑：智媒时代的"反向驯化"现象》，《新闻爱好者》2018年第4期。

展的现状、存在的问题以及一线实践经验。得到的质性资料既可以作为网络资料的补充，又可以为准确把握智媒体的发展趋势提供依据。

（三）大数据分析

为了探明智媒体的操作模式，在大数据时代厘清海量智媒体数据之间的关联，笔者采用可视化分析、数据挖掘、语义引擎等大数据分析方法，深入到智媒体相关数据内部，挖掘数据内部的价值。采用大数据分析的方法，既能为受众带来更为清晰直观的智媒体图谱，又能提升研究的客观性与科学性。

四　研究思路

在研究智媒体之前，必须回答什么是"智媒体"？它与"数字媒体""云媒体""平台媒体"等概念有何区别与联系？绪论部分通过对"智媒体"这一概念的追溯，区分其与"智能媒体""智能化媒体"等常用词以探讨"智媒体"的理论价值。同时，结合国内学界观点与业界实践，从"智慧""智能""智力"三个层面阐述智媒体在风险社会中的应用价值。

那么，智媒体是如何产生的？智媒体可以简单理解为智能技术与媒体的结合吗？在中国特色社会主义语境下，我国的智媒体实践体现了什么样的独特性？第一章通过对智媒体相关文献资料的分析归纳出国内智媒体产生的语境。从政策、资本、技术、人才四个维度出发，发掘我国智媒体生态系统的根基土壤，并说明我国智媒体不同于国外智媒体的独特性。

当前我国智媒体的发展已从萌芽期进入了成熟期，不仅出现了众多智媒体应用，也探索出了属于自己的运营模式与盈利模式。第二章在智媒体产生语境的基础上，对智媒体的形态、核心价值、组织生产特征进行梳理，分析智能技术如何渗透到媒体生态系统的各个环节，以展现出智媒体的运转逻辑。智能技术搭建起来智媒体生态系统的"大脑"，在媒体的组织形态和生产特征两端分别进行了改造。当前智能技术已广泛应用于媒体的内容生产，包括内容采集、生产、审核、分发、消费等环节。

中国智媒体在"平台"与"内容"的实践展现了智媒体的媒体属性与媒体功能被确立的过程。然而，在不确定性愈发增多的当今社会，智媒体作为一种"媒介"的重要性也不容忽视。第三章基于当前中国智媒体的运行逻辑，讨论智媒体在媒介化社会中如何连接人与人、人与物以及物与物，智媒体不仅在智慧广电、智慧报业、智慧平台层面实现了业务能力的创新，并且通过"智媒＋"成为搭建智能社会的重要媒介。从家庭到城市，从居家到出行，从医疗到教育，智媒体深入到大众日常生活的方方面面，不断塑造着智能社会的生活方式与生存方式。正如保罗·莱文森所言："技术是刀子的翻版。"智能技术在为大众生活带来便利的同时，也带来了许多争议，如人与智能机器的关系、数据隐私等问题。那么，当前智媒体的发展存在哪些风险？各方参与者又该如何实现智媒体的最优治理？第四章、第五章通过运用深度访谈、参与式观察等方法来探讨我国智媒体的发展趋势。笔者试图从风险、治理两方面来思考智媒体的前景，并为智媒体生态系统的优化提出一些参考建议。

五　创新之处

在理论层面，本研究不同于已有研究将融媒体或智媒体作为个案来考察，本研究从媒介生态学的理论视角出发，将二者视为社会的一个子系统，挖掘其构成要素之间、融媒体与智媒体之间、智媒体与外部环境之间存在的密切的互动关系。正如有研究者所指出的，媒介要生存和发展，除了要保持各种要素之间的和谐平衡之外，还要建立起能把各种媒介生态资源产生良性循环的机制，从而使媒介生态系统的传播要素之间和资源要素之间能产生持久性、连续性、流动性、有序的良性循环。这样既有利于在更为广阔的社会背景中去理解媒介演进过程，又有利于深化智能时代"人—媒体—社会"之间关系的认识。

在方法层面上，本研究采取了文本分析与深度访谈、参与式观察相结合的研究方法，既有来自"局外人"的观察，又有来自"局内人"的思考。通过多种方法的综合运用，以期将静态研究与动态研究结合起来，将理论研究与经验研究结合起来，将微观阐释与宏大景观结合起来。此外，大数据技术在研究中的应用可以更为清晰直观地呈现我国媒介演进的发展状况，增强研究的客观性与科学性。

第一章 智媒体传播生态孕育

社会的智能化转向,是以科技创新为基础推动社会硬件与软件设施的迭代和更新。与过往社会的进步特征不同,具备数字化、网络化、智能化的互联网技术的变革加强了社会要素之间的勾连,重塑了人与万物之间的关系,以智慧科技赋能个体参与数字社会建设,提升了社会整体的生产力水平,从而推动社会发展迈入新的阶段。

技术进步在这一过程中彰显出变革一切的强大力量,所带来的变化成为社会进步最为显著的投射。科技在改变社会外在风貌,给人们带来直观体认结果的同时,与社会内里的互动配合、协同行动则能够产生更为强大的社会影响与附加价值。媒体行业作为社会系统中的重要构成要素,同样受到智能生产力变革的冲击,加之面对深度融合的迫切要求,媒体行业希冀找寻智能时代自我革新的路径,逐步开始朝着智媒体的方向探索。

一 政策扶持

所谓政策,是指"社会公共权威在特定情境中,为达到一定目标而制定的行动方案或行动准则"[1],其目的在于对主体行为进行相应的约束和引导,以更好地推动行动的实施和预期目标的达成。与政策所彰显的公共属性一致,新闻传播活动作为社会系统的重要组成部分,也具备相

---

[1] 谢明:《公共政策概论(第二版)》,中国人民大学出版社2014年版,第22页。

同的公共性特征，这一共性使其能够与公共政策达成合作，一并发挥作用，以扩大自身作为社会公器的影响力。在此基础上，新闻政策得以推出并逐步明晰其定义。广义的新闻政策是指党和政府部门为了新闻传播活动的开展而制定的一系列管理规定和准则的统称，从宏观视野出发对新闻传播事业的整体发展方向予以把控。狭义的新闻政策则从微观角度着手对新闻报道的具体内容和方向进行规范，从政策端界定新闻应该报道什么和如何报道。随着社会发展进入数字化时代，新闻传播活动也随之发生变化，开始由融合传播向智能传播演变，以此造成了新闻生产的观念与方式、新闻传播的文化与生态的全方位重塑。鉴于此，新闻政策也随之变动，通过对已有政策的修补与扩充，对智媒体传播中的新现象、新问题、新趋势进行准确识别、有效治理和科学引导。

（一）国家战略层面

智媒体的演进，寓于社会智能化发展的背景中，以媒体深度融合阶段性成果和未来预期为前置条件。作为融合传播政策的接续，智媒体传播同样得到国家层面的确认与支持，通过写入国家战略，推动主流媒体再度占领智能时代信息传播的制高点。在媒体深度融合和全媒体建设的基础上，"十四五"规划更进一步，明确提出要加快国家数字化发展，建设数字中国。传播活动要以智能设施设备为基座，推动数字技术与人们的日常生活，社会交往深度勾连，通过设施信息化、产业/行业信息化来实现对数字生活美好图景的构建。

设施信息化以国家新型基础建设为代表，与社会数字化转型过程密切相关。设施信息化是指"融合感知、传输、存储、计算、处理为一体的新一代智能化信息基础设施"[1]，涉及通信网络基础设施、新技术基础设施、算力基础设施等方面，其中包括5G基建、云计算、人工智能、大数据、区块链为代表的多个领域，依靠技术方面的突破来支撑起智能时代信息流动的新格局。中共中央政治局、中央全面深化改革委员会、工信部等多个单位先后召开会议，提出要"加快推进信息网络等新型基

---

[1] 徐宪平：《深刻认识新型基础设施的特征》，《人民日报》2021年1月14日第9版。

础设施建设"①,尤其要加快5G网络、数据中心的建设进度,以此"打造集约高效、经济适用、智能绿色、安全可靠的现代化基础设施体系"②,技术层面的迭代更新赋能经济创新发展,政策端同步感知并给予支持,为社会财富增加创造更多的可能。

产业信息化集中于数字技术与其他领域结合所实现的价值场景拓展。融合发展时代强调不同产业之间互融互通的模式,尤其强调互联网创新成果为实体经济和传统产业发展提质增效所蕴含的巨大价值,这是对互联网基础设施建设取得成果的有效应用和扩散。2015年,国务院发布《关于积极推进"互联网+"行动的指导意见》,大力布局与互联网协同发展有关的11个社会经济生活的重要领域,其中涉及制造业、服务业、现代农业、交通运输业、能源业、金融业等多个行业。"互联网+人工智能"的融合发展也位列其中,要求对人工智能新兴产业、智能产品、智能化水平进行培育和提升。融合发展时期政策对社会智能化形势的识别和引导驻留在技术与观念的表层,是对于新技术潮流的谨慎试探和初步尝试,虽未触及核心,但已经意识到了智能社会转型中所潜藏的巨大动力。随着社会进入智能发展阶段,在互联网技术等众多创新技术加持下,人工智能与社会要素发生了更为频密的联系,行业与产业从初期的浅层融合走向了深度互嵌。2017年,国务院印发了《新一代人工智能发展规划》的通知,要求"抢抓人工智能发展的重大战略机遇,构筑我国人工智能发展的先发优势,加快建设创新型国家和世界科技强国"③。国家在智能产业培育、企业的智能化转型、创新智能高地建设上的重视程度有了明显提升,原有的"互联网+"政策升级为"智能+"政策,互联网技术与传统产业的尝试性接洽被智能技术与现代产业高端高效的深度合作所取代。

社会的数字化优势体现在创新技术在提供社会公共服务和保障社会

---

① 《中共中央政治局召开会议 分析研究当前经济形势和经济工作 审议〈中国共产党问责条例〉和〈关于十九届中央第三轮巡视情况的综合报告〉中共中央总书记习近平主持会议》,《人民日报》2019年7月31日第1版。
② 《习近平主持召开中央全面深化改革委员会第十二次会议强调 完善重大疫情防控体制机制 健全国家公共卫生应急管理体系》,《人民日报》2020年2月15日第1版。
③ 《国务院印发〈新一代人工智能发展规划〉》,《人民日报》2017年7月21日第1版。

有序运行方面所发挥出的积极作用，主要以设施信息化和产业、行业信息化为基础。城市发展方面，聚焦智慧型城市建设，提升城市的可持续发展能力。2014 年，国务院颁布了《关于促进智慧城市健康发展的指导意见》，指出要以新一代信息技术的创新使用来提升城市智慧化水平，促进城市管理手段和管理能力的进步。上海、深圳、成都等城市也随即响应，根据自身实际配合国家指导意见颁布了《加快智慧城市建设若干意见》《智慧城市发展纲要》《智慧城市行动方案》等配套措施，着力推动城市的智能智慧改革，提升城市数字服务水平。公共服务方面，政务服务能力提升工程快速推进且取得了良好的效果，实现了从"互联网 +政务服务"到"数字政府"全面建设的转变。以数据资源共享为基础的统一政务服务体系逐步建立，政务工作效率显著提升，政务研判的科学性持续增强，政府的服务意识、服务能力和服务水平随数字技术的发展迈上新的台阶。

信息传播活动同样面临数字化改革，要竭力完成自身的数字化转型，与社会其他要素之间的密切联系需要其从多个角度介入整个社会的数字迭代过程并发挥应有的作用。信息传播活动的子环节涉及硬件革新、行业转型、产业升级、生活图景构建等诸多领域，进而与国家的信息化建设产生高度关联，国家政策从更为宏观的视野出发，为传媒行业参与社会现代化建设提供长效的、富有远见的布局和规划。

（二）政策法规层面

公共政策的制定推行，并不是"根据问题提出政策"，而是备选方案始终在一个动态的酝酿过程中，当问题出现时，能够及时与之匹配，推动相应政策的成型。对恰当问题的识别成功开启"触发机制"，在公共问题进入公共议程并成为政策议题的过程中起到了推动作用。

以问题识别为导向的公共政策的惯习同样保留在信息传播政策的制定过程中。面对当前传播活动中不断涌现出的新现象、新问题，渐进式政策和"政策补丁"能够及时推出，对旧有的政策漏洞进行修补，并对传播新现象予以正向的引导和管理，在推动规范化媒介空间形成的过程中，主体意识由"被动封堵"向"主动疏通"转变，媒体角色也从专注传播的单一定位向参与社会治理的综合定位转换。

进入新时代以来，互联网在社会中发挥了更为重要的作用，深度介入社会运行并逐步融为一体，成为日常生活新的表征。互联网逐渐成为一个囊括诸多要素的庞大概念，基于这一母体衍生出众多新的存在，"互联网+"具备了更多的可能性，不仅提供了媒体融合的契机，同时成了信息服务活动开展的新兴阵地。据最新的《中国互联网发展报告》显示，截至2020年12月，中国的网民规模达到9.89亿，互联网普及率为70.4%，手机网民规模达到9.86亿，网民使用手机上网的比例为99.7%。即时通信、网络新闻、网络购物、网络支付、网络视频、在线政府服务的用户规模分别达到9.81亿、7.43亿、7.82亿、8.54亿、9.27亿和8.43亿[①]。作为每半年发布的互联网发展报告，所披露数据指标不仅反映出互联网发展变化的最新状态和趋势，同时也为决策者评估互联网生态及其关涉问题的重要性提供了参考，有利于政策问题辨别与析出。

在互联网融合发展的背景下，信息传播生态进行了全方位重塑，加之技术创新赋能信息生产，新的传播形态开始陆续出现。以文学、出版、广告为代表传统行业因与互联网技术的深度融合而焕发出新的生机，网络直播、网络表演、网络短视频等均是基于互联网平台孵化出的全新传播形式。而在以5G、物联网、人工智能、云计算、区块链为代表的智能技术加持下，信息传播活动开始走向智能化，智媒体时代由此到来。与欣欣向荣的传播发展新趋势相对应，几乎每一种传播新样态的出现，总会在发展初期陷入一个长时间的自我定位中，难以锚定自身的位置和发展边界，处在蓄力扩张的疯狂期。这种疯狂，往往会在焦点事件出现时达到顶峰，获得普遍的关注的同时伴有深刻的危机和隐患。例如，在"网红"元年、"网络直播"元年等关键节点出现的同时，过度炒作、风格低俗、诱导消费、价值扭曲等负面问题也层出不穷；而以"微博用户数据泄露""京东遭遇网络劫持事件"为代表的网络安全事故的发生，

---

① 中华人民共和国国家互联网信息办公室：《第47次〈中国互联网络发展状况统计报告〉》，2020年9月，中国网信网（http://www.cac.gov.cn/2021-02/03/c_1613923423079314.htm）。

则暴露出在网络空间管理方面存在的不足。可以看到,智媒体时代信息化建设和网络安全维护所面临的风险挑战与信息传播活动在形式和内容上的拓展密切关联。

由此,智媒体传播活动引入公共政策指导,是基于二者对建立在相同公共属性之上的价值追求所达成的共识性合作,与其单独的效用发挥相比,将公共政策所推崇的科学理性与意识形态所注重的思想引领有机结合,能够拓展政策主体对于互联网问题、社会问题以及全球问题的治理向度,通过媒体政策增强治理过程的有效性。

面对互联网平台中涌现出的新问题,相关政策陆续推出。例如,中共中央印发的《深化党和国家机构改革方案》、国家新闻出版广电总局下发的《关于加强网络视听节目直播服务管理有关问题的通知》、文化部发布的《关于加强网络表演管理工作的通知》以及《国家安全法》的颁布,等等。政策主体分别从管理机构改革、传播现象识别、网络安全提升等多个角度,对互联网活动予以精细化管理,力图将其纳入到一个合理、规范、有序的发展轨道中。在互联网治理之外,政策确权赋予了媒体参与社会治理的能力和手段。传播政策助力传播体制改革,从理念指导和制度建设两个层面为国家深化改革总目标的实现提供支持。在融合媒体向智能媒体、融合传播向智能传播过渡的过程中,媒体逐渐演化为一个服务型组织,通过媒体平台的运作,拓展为提供广泛社会服务的入口和界面。人民日报社"中央厨房"的建设和市县融媒体中心的建设为中央媒体和地方媒体广泛参与社会治理和服务提供了抓手,相关政策既要落实习近平总书记关于"打造新型传播平台,建成新型主流媒体"[1]的讲话要求,将以人民日报为代表的中央级媒体建设成为"业务、技术和空间"[2]三位一体的综合性服务平台,同时也要深入考虑地方实际,通过提供设施建设、管理规范、运行手段、安全维护、人才培育等方面的政策引导支持,打通媒体融合传播的"最后一公里",建设服务基层

---

[1] 习近平:《推动媒体融合向纵深发展 巩固全党全国人民共同思想基础》,《人民日报》2019年1月26日第1版。

[2] 何炜、魏贺、张旸:《人民日报'中央厨房':探索新闻生产新模式》,《新闻与写作》2016年第9期。

社会要素的综合性地方媒体平台。此外，与我国日益彰显的国际影响力相匹配，相关政策积极推动媒体介入国际互联网问题的治理，以此传达中国经验，并进一步争夺国际传播话语权。"网络命运共同体"成了"人类命运共同体"理念的有机迁移，"和平、安全、开放"的国际互联网空间需要凝聚各方共识，在互相尊重与理解的前提下，共同享受互联网空间中的红利。

（三）信息服务层面

融合传播向智能传播的过渡，核心在于技术赋能带来系统性的蜕变。智媒体技术在信息生产和传播领域内渐次使用，革新了信息传播手段，改变了信息呈现方式，对人们参与社会互动的形式进行了全方位重塑。与担负社会智能化改造及现代化治理的长期使命相比较，技术进步在业务与实践领域造成的巨大变动，成为新闻传播活动中最为直观的变化。

与过去媒体生产线性的模块化生产流程相异，当前以平台化形式运作的媒体组织，开始接受和使用更为前沿的科学理念和技术手段，以更加智慧的面貌示人。所谓的智能化，"并不是现有数字交互环境下的简单技术升级，而是以崭新的传播阶段姿态促使信息生产与传播流程的颠覆式再造"[1]。信息传播活动更加深刻地接受来自技术与商业的双重影响，通过拓展信息传播的服务面向，更为频密的与社会内部肌理发生关联并做出相应的反馈。

政策在敏锐捕捉到前沿技术对信息传播活动带来影响之后，谨慎地对待其所产生的变化。一方面，在感受到传播手段更新、安全提升、传递高效、边界扩充所带来的巨大能量时，政策予以确认和支持，为其后续与各要素进一步的结合提供强力保障。面对人工智能技术的勃兴，习近平总书记在中共中央政治局第九次集体学习指出，"推动我国新一代人工智能健康发展"是"赢得全球科技竞争主动权的重要战略抓手"[2]。

---

[1] 程明、赵静宜：《论智能传播时代的信息生产：流程再造与信息连通》，《编辑之友》2020年第9期。

[2] 习近平：《加强领导做好规划明确任务夯实基础 推动我国新一代人工智能健康发展》，《人民日报》2018年11月1日第1版。

在有关广播电视发展道路的探索中,"智慧广电"的思路愈加明晰。2018年11月,国家广播电视总局印发了《关于促进智慧广电发展的指导意见》,提出要积极利用AR、VR以及AI等技术来创新节目生产样态,利用大数据、云计算、IPV6和5G等技术来推动广电网络传播体系整体转型升级,共同促进智慧广电的发展。而以区块链为代表的创新技术可以用于新闻版权管理与保护、数字广告治理等领域,通过赋予作品"无法逆转及变更的版权'身份证',简明有效地证明了版权归属"[①]。2019年1月,《区块链信息服务管理规定》正式向社会公布,政策的确认积极推动了区块链技术及相关服务的发展。

另一方面,科技在嵌入日常生活的过程中也具有一定的风险性,政策在为其创造广阔发展前景的同时,也要对可能带来的风险做出预判,降低社会问题的复杂性,保证社会的平稳运行。例如,在对大数据进行分析和调用的同时,广东、安徽、山东等省级政府部门先后出台了《公共数据管理办理》《大数据发展条例》《公共数据产品开发利用暂行管理办法》等政策对区域内的数字资源进行统一的协调与管理,以进一步增强数据使用的安全性和科学性。在面对互联网信息传播中算法推荐主导的内容生成模式,国家互联网信息办公室也于2021年8月起草了《互联网信息服务算法推荐管理规定(征求意见稿)》,对互联网算法推荐服务进行监督管理,促进算法应用持续优化,推动其向上向善。可以看到,与媒体开展活动、提供信息服务相关联的政策,在维护国家安全、社会利益以及公民权益时首要发挥约束性作用,其目的同样是为智媒体时代信息传播活动的健康稳定发展提供良好的环境,努力促成人类与技术共同绘制的美好未来。

二 资本投入

人工智能发展已经成为当前时代最具有活力、创造性和发展潜力的

[①] 林爱珺、林婉津:《基于区块链技术的新闻版权管理及保护机制研究》,《新闻记者》2021年第4期。

行业，技术更迭以及在此基础上对数据实现的综合利用极大的解放和提升了社会生产力，在创造社会财富的同时，进一步改造了社会生活样貌。身处在全球化的社会网络中，社会生产早已摆脱了时空的局限，从原来严密的组织化、流程性方式向节点化、网格化的耦合式过度，劳动分工趋于细致，协作生产成为常态，资本在全球范围内更为广泛地流动着。在万物互联的智能时代，依靠创新技术的加持，资金大量涌入市场进行再生产，其能力和作用不言而喻，资本作为一股具有决定性的强大力量，对旧有的生产规则、市场秩序甚至社会秩序均产生了一定冲击。

在信息传播领域，智媒体升级以技术生产力提高为基础，原有的信息生产方式难以适应社会发展的实际需要和具体需求，传统的媒体行业大都陷入发展"死水"难有作为，一日千里的技术变革和行业的生存困境倒逼其进行改革，以寻求新的发展方向和存续的希望。在此过程中，资本的力量得到充分彰显。如果说"资本主义生产方式的重组过程历史性地塑造了信息主义"[1]，那么智媒体时代以数字生产为代表的多元生产方式的结合则推动着信息传播求新求变，甚至是狂飙突进。当下的资本增殖，已不再局限于工业时代对于实体产品的生产与消费，而是具有明显的"后工业经济"的特征，即用服务取代产品，而智媒体传播生态很自然地就成为孕育"社会文化化和感性化的发电机"[2]。

人工智能的发展得益于强有力的经济支撑和资本的持续投入，而就智媒体行业的发展而言，良好的发展前景，持续扩大的规模以及深远的价值实践会受到三重经济力量的影响：一是国家始终稳定且一致向好的经济发展态势；二是行业之间多领域交叉融合发展的价值创造；三是商业平台智媒化布局之后的引领性投入。三者共同构成智能媒体传播生态成型和维系的资本基础。

（一）国家稳定向好的整体经济态势

智能技术与社会的深度融合在国家的总体发展布局中占有重要的位

---

[1] 刘威、王碧晨：《流量社会：一种新的社会结构形态》，《浙江社会科学》2021年第8期。

[2] ［德］安德雷亚斯·莱克维茨：《独异性社会：现代的结构转型》，巩婕译，社会科学文献出版社2019年版，第168页。

置，作为一项投入较大且面向未来的事业，其发展走向与国家整体的经济发展态势有着密切关联。在涉及公共政策制定的决定因素中，预算是一个不能绕开的话题，"预算构成了一种值得给予一部分特有关注的特殊问题"①，"当经济正在不断地增长时，政府就可以获得更多的资源用于创新"②。

自2013年以来，中国的GDP增长率长期保持稳定，在5%—7%这一区间内平稳运行，GDP总量则不断攀升，到2020年，我国的国内生产总值首次突破了100万亿大关，GDP总量在全球范围内位居高位。在国内经济良好发展势头作用下，与促进新一代信息技术发展相关联的政策陆续推出，以国家坚实的经济基础为依托，逐步实现从行业到社会的数字化的转型，通过数字经济的蓬勃发展来带动实体经济的进一步壮大，在二者的融合进程中构建国家发展的新格局。以智能技术转化促成的数字经济增长同样保持高速，其规模由2005年的2.6万亿元扩大到了2020年的39.2万亿元，数字经济占国民经济的比重由2005年的14.2%提升至2020年的38.6%③，尤其是在2020年，我国的数字经济保持了9.7%的高位增长，远高于同期GDP名义增速，数字经济对国民经济的影响日趋显著，成为当前国家经济实力的重要彰显。

立足于信息传播活动，国内经济发展的总体态势同步投射在通信业、电子信息制造业、互联网行业以及软件服务业等与信息传播活动关联度较高的领域中。通过硬件支持和软件供给方面的数据变化，可以看出数字化转型中我国经济基本面的总体稳定向好。硬件方面，2020年国内规模以上电子信息制造业增加值同比增长7.7%，实现的营业收入同比增长8.3%，国内电信业务收入13599亿元，固定资产投资达4085亿元。软件方面，2020年国内软件和信息技术服务业规模以上企业超过4万家，累计完成的软件业务收入为81616亿元，同比增长13.3%。规模以

---

① [美]约翰·W.金登：《议程、备选方案与公共政策》，丁煌，方兴译，中国人民大学出版社2004年版，第106页。
② [美]约翰·W.金登：《议程、备选方案与公共政策》，丁煌，方兴译，中国人民大学出版社2004年版，第109页。
③ 中国信息通信研究院：《中国数字经济发展白皮书》，2021年4月第5—6页。

上互联网企业完成业务收入12838亿元，同比增长12.5%①。

在社会数字化转型中，细分行业和领域所取得的成就与国家总体稳定向好的经济发展态势趋于一致，良好的经济环境和稳定的资金投入赋予行业更大的发展空间和未来预期。智能化之所以能够成为信息传播与媒体演化的最新指向，既因为其与国家整体经济发展的建设思路保持同步，也因为智媒体的升级能够在未来给予社会经济发展更大的驱动力。

（二）行业交叉融合吸纳的创新资本

作为信息传播活动整体生态特征变迁的一种提要式概括，"智媒体"一词本身就带有节点连接，多方互动的智慧化特征，人工智能作为生产力的推进剂、一种新社会样态的技术基座，将重新构建社会、人、物三者之间的关联，触角延伸至多行业的同时，推动行业壁垒不断打破，建立新的连接关系，不断挖掘交叉领域的隐藏价值。

人工智能技术已经逐步深入社会生活的各个层面，赋能产业创新并产生实际价值。在和工业生产、商业经营、医疗服务、文化教育、娱乐休闲等传统行业结合之后，上述领域的智能化转型速度明显加快，创造出了产业新的增长极。据统计，2020年我国人工智能行业市场规模约为1858.2亿元，"智能应用成为互联网下一演进阶段周期的核心要义"②。对于以人工智能技术研发为核心的企业，其技术面向涉及大数据、云计算、机器学习、物联网、人工机器人、语言识别和自然语言处理等若干方向，对于技术的占有在人工智能早期发展阶段更容易受到资本的先行青睐。仅在2021年1—7月，中国人工智能行业共发生融资事件506起，融资金额达到1839.92亿元，融资金额已超过2020年的总金额③，"虽然资本市场的泡沫逐渐破裂，但优质企业的估值仍然在持续增长，独角

---

① 中华人民共和国工业和信息化部：《2020年电子信息制造业运行情况》《2020年通信业年度统计数据》《2020年互联网和相关服务业业运行情况》《2020年软件和信息技术服务业统计公报》（https://www.miit.gov.cn/gxsj/tjfx/index.html.）。

② 中国信息通信研究院：《人工智能发展白皮书—产业应用篇（2018）》，2018年12月第2页。

③ 朱茜：《预见2021：〈2021年中国人工智能行业全景图谱〉》，2021年8月，东方财富网（https://finance.eastmoney.com/a/20210803202762 6980.html.）。

兽企业不断出现，产业呈现良性发展态势"①。

在技术引领产业智能化创新之后，众多新产品样态不断涌现，资本愈加趋向于这些轻盈的、具有后工业经济特征的、面向未来的产品，在单一的人工智能技术研发企业之外，更多地瞄准"技术+服务"的复合型企业开展投资活动，以求在后工业时代的竞争中取得优势。信息传播领域具有明显的服务性行业特征，智媒体建设也开始朝着"智能+传播"的方向不断延展，以形成完整的产业链条。以2020年为例，该年度"智能投资热点集中于人工智能技术与传媒领域的深度融合以及人工智能与信息技术的交叉赋能领域"，而"AI+音视频/游戏/VR/AR/直播/大数据等则成为吸金大热门"②。有关人工智能行业投融资轮次分布的数据显示，以天使轮为代表的早期投融资占比逐渐走低，缩小至10%左右，B轮投资则稳步上升，扩大至20%左右，与智媒体领域的投资热点判断相一致，投融资数据的变化也反映出国内人工智能行业日趋成熟的发展特征。

与工业时代不同领域各自为政的"大机器生产"相异，智能技术引领下的生产活动更加轻盈多样、富有特色。"资本"本身的内涵不断扩充，在实体资源之外，智能技术更加强调对于数据资源的调用和增值，生产生活中的"一般数据"大量产生，数据化的产品、交往、关系由此生成，对"一般数据"的占有最终转化为对"数字资本"的持有③。数字资本的特质对接着未来，因而更容易被富有潜力的科技驱动型行业所吸引，不再固守于某一成熟领域，而是充分发挥资本在资源配置中的巨大影响力，推进行业间的融合进程，从获取价值转变为创造价值。

（三）商业平台智媒化布局的有力投入

商业媒体率先进行了智媒体的建设探索，凭借其在资本和技术方面

---

① 中国信息通信研究院：《人工智能核心技术产业白皮书》，2021年4月，第2页。
② 中国传媒大学、新浪AI媒体研究院：《中国智能媒体发展报告（2020—2021）》，2021年3月。
③ 蓝江：《一般数据、虚体、数字资本——数字资本主义的三重逻辑》，《哲学研究》2018年第3期。

积累的优势，成为这一趋势的先行者和主要力量。通过平台媒体的建设，商业资本很好地完成了数字时代的组织重构，虽然其底色依然是"一种企业私利性的技术支持和技术服务系统"①，但企业在经营方面的利润追求与其在行业发展热点上的敏锐捕捉相互适配，资源聚合和关系转化中取得的优势支持商业媒体平台持续挖掘数字生产力迸发出的强劲动能。在智媒体建设探索中，商业媒体虽然在社会公益价值的输出相对薄弱，但在社会创新意识的浸润下，技术赋能的优势在商业平台中却得到先期彰显。

百度作为人工智能领域"投入最早，技术最强，布局最完整"②的企业，专注于全产业链条的智能化服务。以智能时代在储存、计算、网络、服务等方面具有创新性突破的技术为支撑构建"数字化底座"。以"AI 大生产平台""深度学习平台"为主体形成具有自主优势的"智能化"引擎，以提供智能客服、智能推荐、智能办公、智能创作等"全场景应用"的形式服务于智慧型社会的建设。仅在 2020 年，其核心研发费用占收入的比重就已经高达 21.4%，在人工智能专利申请量和授权量方面已经连续四年排名第一③。而在智媒体建设中，百度依靠自身在智能技术方面的优势，与传统媒体机构积极合作，对新闻生产和信息传播的全领域进行改造，推动行业的智能化转型与升级，助力媒体融合发展迈向新的高度。

腾讯则是商业化平台媒体的代表，已经形成了以社交服务为核心的互联网平台生态圈。腾讯在人工智能领域同样进行着积极的布局，提出了"泛在智能"的概念，认为下一阶段"人工智能技术将广泛渗入新型基础设施建设，且获得越来越多元的应用场景和更大规模的受众"④。腾讯在 AI 方面的投资数量众多且涉及面广泛，范围覆盖国内外，几乎达到

---

① 张兆曙：《虚拟整合与平台社会的来临》，《社会科学》2021 年第 10 期。
② 邻章：《百度 AI 十年：构建技术三宗"最"，收获赛道确定性》，2021 年 3 月，搜狐网（https：//www.sohu.com/a/457347896_245605）。
③ 李静：《百度 Q3 研发投入超 62 亿 高额技术投入聚焦中长期价值》，2021 年 11 月，新浪网（https：//finance.sina.com.cn/chanjing/gsnews/2021 - 11 - 20/doc - iktzscyy6618070.shtml）。
④ 腾讯研究院：《腾讯人工智能白皮书：泛在智能》，2020 年 7 月，参见腾讯网，第 3 页。

了一个月投资一起的程度。截至 2019 年，总计投资 700 多家与 AI 相关联的企业，其中的 63 家已经上市，122 家成为市值超过 10 亿美金的独角兽企业[①]。其在智媒体领域，布局以数据工厂、明略数据为代表的大数据服务提供商以保障数据新闻业务开展，投资悠络客、硅基智能以占领计算机视觉、语音识别等前沿领域。在智能化的自我革命中，以腾讯为代表的头部企业体现出了一种站位高远、覆盖全面的视野与魄力。

字节跳动及旗下的今日头条产品则是以算法推荐技术主导新闻业运转的智媒体传播平台。智能技术介入信息传播过程，对信息产制流程、用户接受习惯以及整体社会文化产生深刻影响。字节调动凭借对算法"技术领域"的拓展，成了改变新闻业未来走向的重要的新兴力量[②]。这一以新闻资讯产品起家的年轻的互联网公司，陆续孵化出了"西瓜视频""抖音"短视频等一大批现象级的移动互联网产品，并逐渐从内容聚合平台向互联网综合服务提供商的角色转变。字节跳动对于技术底色的维护和推崇也体现在企业的对外投资环节中，尤其是在人工智能领域不断加码并予以精心培育，项目关涉范围涵盖数据储存检索、语音技术支持、视觉解决方案、无线机器人提供等若干领域。

三　技术支撑

由智能技术带来的具有突破意义成果是智媒体演进的基础和决定力量。长久以来，技术都是影响社会发展的关键因素，作为较易受到技术变迁影响的信息传播领域，媒介技术的更迭总是与社会生产力的进步保持相同的节奏，即时反馈并持续塑造着社会文化。麦克卢汉在著名的"媒介即讯息"的隐喻中指出，一种新的媒介技术会引入新的尺度，通

[①] 腾讯科技：《腾讯投资首秀成绩单：11 年投资逾 700 家 斩获 122 家独角兽》，2019 年 2 月，腾讯网（https://tech.qq.com/a/20190220/005542.htm）。

[②] 白红义、李拓：《算法的"迷思"：基于新闻分发平台"今日头条"的元新闻话语研究》，《新闻大学》2019 年第 1 期。

过将人的感官做以延伸，从而对个人和社会产生影响①。

早期社会以书写、印刷为主要技术依托，使用石板、竹简、书册作为传播介质，物理上的厚重感直达人心，书写其上的文本一旦成形便难以修改，"偏向于时间"媒介特征造成了知识在生产、更新、分享上的迟滞固化。技术水平的限制，使得传播活动的内容、数量和形式均受到较大的局限，传播的创新性、灵活性几乎消失殆尽。进入以电力技术主导的工业时代，在传统的报纸媒介之外，涌现出了诸如广播、电视在内的新兴媒介形态。不同媒介形态凭借各自倚恃的主导技术不断强化自身的叙事逻辑，文字、声音、影像在各自的媒介空间中发挥影响，并无过多的互动与交融。

进入数字时代，技术的作用愈加凸显。一方面，智能技术支持数字生产力的迸发，大量与电力时代特征相异的新技术不断涌现，促成了社会生产效率的几何倍数增长，改变了工业时代"福特制"大生产的厚重特征。在向智媒体时代转变的过程中，"平台"成为智能生产的支撑，"数据"成为智能生产的原料，机器自组织成为智能生产的主要方式。另一方面，智媒体建设延续了互联网社会网络化的基本逻辑，强调微观力量的价值，检视分享互动理念的意义。技术的下放使得个体掌握了数字生产力，能够积极参与到数字社会的建构中，技术的普适性流布令主体的价值得到彰显。同时，媒介技术的革新促进了社会关系的重组，智媒体由此推动了新的社会文化的生成。媒介再现社会的形式与特点，媒介文本中的话语能够体认出技术作用下文化权力实践的流动本质。

（一）智能技术突破改造社会特征

2017年7月，国务院在印发的《新一代人工智能发展规划》通知中对当前我国人工智能发展的进展情况进行了梳理，认为当前我国人工智能发展已经具备了良好的基础。技术能力，国际论文发表数量及发明专利授权总量已排名世界第二位，部分核心关键技术已经取得突破性进展。在2021年公布的"十四五规划"纲要中，也有大量涉及"智能""智

---

① ［加］麦克卢汉：《理解媒介：论人的延伸》，何道宽译，译林出版社2011年版，第18页。

慧"的表述。可以看到，新一代人工智能技术已经成为与国家安全和持续发展息息相关的领域，并作为科技前沿技术进行集中攻关。人工智能技术引领性的战略价值逐步体现于数字技术拓展、数字经济转型等诸多层面，并以技术属性与社会属性高度融合的指征彰显于智能媒体的桥接过程中，共同形塑未来社会数字化、智能化的总体特征。

根据目前的应用趋势，以深度学习、视觉呈现、语音识别为代表的先进技术成为人工智能领域最核心的模块。其中，机器学习要经历浅层学习和深度学习两个阶段，浅层学习模型经由人工完成特征提取并进行模型建构，其准确性取决于人为提取特征的好坏，深度学习则与人工智能相关联，由机器自动提取特征并实现模型建构，此类模型会随着机器学习深度的增加不断提升准确性。机器学习成为人工智能的动力源头和实现手段，相应延伸出细分领域的多重突破。在视觉呈现技术上，人工智能被广泛运用于人脸识别、视频分类、图像提取、图像修正等工作中，社会治理需要、工业制造需求、图像信息环境以及用户场景拓展共同推动了计算机视觉技术研发与使用走向深入。在语音技术方面，智能识别与合成技术实现了语音内容从分析到生成上的扩展，在对复杂的语音环境进行适配性调整之后，智能语音技术从最初对单模态交互场景的支持升级到对多模态新交互场景探索。

目前国内人工智能技术领域有大量代表性成果析出，国家也依托具有技术优势的创新企业建立起新一代的人工智能开放创新平台。百度、阿里巴巴、腾讯、科大讯飞、商汤集团等企业凭借其在自动驾驶、城市大脑、医疗影像、智能语音、智能视觉方面的优势成为第一批入选企业，而依图科技、海康威视、华为、京东、小米等十家企业则依靠其在视觉计算、视频感知、基础软件、智能供应链、智能家居等方面的优势成为第二批入选人工智能开放创新平台的企业。

（二）智能技术进步革新媒体生产

人工智能技术在对社会诸多系统进行改造的同时，对媒体组织的生产与传播活动也产生了深刻的影响。各类媒体均引入智能技术赋能信息生产，以技术革新作为数字生产力的基础。除了百度、腾讯、字节跳动等商业媒体平台在内容生产上的广泛布局之外，传统的主流媒体也借助智能技术逐步推动新型主流媒体的融合化进程，建立起以中央级融媒体平台、省级融媒体云平台、县级融媒体中心为核心的融合传播"平台生态组织"，涌现出如人民日报全媒体新闻平台、"央视频"新媒体视听平台、"南方号""封面传媒""津云""长江云""爱玉门""爱安吉"等一系列优秀的综合性媒体服务平台。

智能技术开始全面介入信息的采集、处理、分发等全部环节，以大数据、算法、人工智能为代表的智能技术促进了信息处理走向全面高效，一个表现手段日趋丰富，应用场景不断拓展的智媒体生产时代逐渐来临。可以看到的是，机器人写作成了一种趋势，被广泛运用于有关财经、体育、灾情等新闻报道中。腾讯财经的Dreamwriter，中国地震台网的地震信息播报机器人，新华社的快笔小新均是智能写作机器人的代表。数据化、图像化的呈现方式亦成为主流，虚拟现实等技术实现了对信息接触场景的全息塑造，拓展了受众体认现实的空间。而在AI技术加持下出现的以3D版虚拟主播为代表信息的新颖播送产品，则更是智能技术进步、社会效率要求、媒体生产革新、用户个性需求同步映射其上的产物。

（三）智能技术实践创造未来连接

智能技术的发展要经历不同的阶段，人工智能也会有"强人工智能"与"弱人工智能"之分，目前的研究和应用多集中在有关"弱人工智能"的技术与方法的探索上，其成果已经能够运用于社会生产，并且在各个领域塑造出一种智能化的风貌。虽然强、弱人工智能在理念、思路和方法上并不完全一致，甚至会出现根本性的分歧，但经由弱人工智能对具体实践领域的塑造所产生的巨大变革则开启了新一轮有关未来社会发展方向的思索。

技术实践给予了人们体认未来社会智能化走向的一个切入角，以思维的跃动与未来连接。与人工智能理念初次提出时伴随的虚幻和疏离感不同，随着智能技术更多的与生活场景相连接，越来越多的智能产品被人们所使用，社会成员能够逐渐接受智能技术对其生活轨迹的塑造，逐步适应并且习惯智能技术在人们认识世界时所提供的辅助、支持和修正。在有关社会未来走向的锚定上，智能化的路径选择随着技术成果的持续转化被人们自然地纳入个体意识塑造中。人类智能是一个囊括"情感、欲望、强烈自我意识和自主意识、价值判断以及对世界的常识性理解"[①]的复杂系统，有意识的创设人工智能发展的生态环境，首要的是在技术面还原出一个囊括人类主体意识的复杂系统。纯粹技术智能所实现的未来连接将是空洞的，考量人的价值关涉和思维取向进行的生态未来的智能化打造将是有生命的。

技术实践同样给予人们建构未来社会空间形态的一个机会，以"元宇宙"与未来连接。学者将"元宇宙"定义为"一个虚拟与现实高度互通，且有闭环经济体构造的开源平台"，"与现实世界的同步性与高拟真度"是其核心属性之一[②]。平台与现实世界之间的高拟真度是由技术手段的先进性达成的，尤其是在以人工智能技术、虚拟现实技术、数据传输技术为代表前沿技术支持下，"元宇宙"这一设想有望快速变成现实。"元宇宙"将是"强人工智能"探索的开端，与当前弱人工智能产品实现的场景拓展不同，"元宇宙"并不是智能场景的简单拼贴，而是建构了一个全新的与现实世界平行的虚拟世界。在这样一个环境中，人们可以重新选择自己的身份，在虚拟世界中谋求社会化生存，进而获得与真实世界完全不一样的生命体验。时空可逆转、可回溯、可选择，更重要的是主体的体验并不局限于单一的感官满足，充满未来感的自主、沉浸、交互、拟真的"全感官"参与实现了虚拟空间的"全方位"连接。

四 人才供给

智媒体传播依然是以人为中心建立的新型传播生态，智媒体的生产

---

① 郭毅可：《论人工智能历史、现状与未来发展战略》，《人民论坛·学术前沿》2021年第23期。

② 喻国明：《未来媒介的进化逻辑："人的连接"的迭代、重组与升维——从"场景时代"到"元宇宙"再到"心世界"的未来》，《新闻界》2021年第10期。

端和服务端都要以人的价值输出与满足为主导。在智能技术的驱动下，通过对劳动工具的迭代升级，个体与个体之间、个体与社会之间可以产生更为有效的连接。智媒体时代的传播既着眼于新闻传播行业整体发展格局的变迁，不断检视作为服务对象的用户日趋凸显的主体价值，同时也要考量人工智能带来的新变化对传统新闻生产主体——新闻从业者产生的冲击。专业新闻工作者拥有双重身份，既是新闻专业教育的成果，也是新闻专业实践的主体，传播生态的新变化要求其在进行信息服务时，既要坚守新闻教育培养的媒介素养和专业技能，同时也要根据现实需要，不断扩充新闻实践的"工具箱"，提升专业新闻工作者的"脚力""眼力""脑力"和"笔力"。由于新闻专业教育处在人才培育的上游环节并占据重要地位，需要对当前媒体发展格局进行充分的审视与思考，适时调整培养方案，接轨行业实际需要，培养适合智媒体传播的复合型人才。

（一）交叉知识体系构建

智媒体传播生态建立在智能技术充分发挥先导作用的基础之上，创新的技术"座架"几乎重塑了原有的传播法则。数据成为原料、技术驱动生产、连接创造价值、内容走向泛化、服务涵盖多元。专业新闻生产者已经不再局限于传统意义上内容提供者的角色，通过出众的文字功底和内容深度获得受众的青睐，而是肩负起多重身份，在技术的赋能与促逼下，更多以一个产品经理的身份示人。这一集产品研发、制造、营销、渠道于一身的角色，对工作者的能力提出了综合要求，需要跨学科、跨领域的交叉知识背景为支撑，以更好的协调传播介质的技术色彩、传播内容的文字功力以及传播渠道的经营管理水平。

"新文科建设"为新一轮科技革命和产业变革下哲学社会科学与其他学科之间的相互交叉、相互融合提供了方向指引。2018年9月，习近平总书记在全国教育大会上指出，"要加快一流大学和一流学科建设，推进产学研协同创新，积极投身实施创新驱动发展战略，着重培养创新型、复合型、应用型人才"[①]。同月，教育部和中宣部联合发布《卓越新

---

① 《习近平在全国教育大会上强调 坚持中国特色社会主义教育发展道路 培养德智体美劳全面发展的社会主义建设者和接班人》，《人民日报》2018年9月11日第1版。

闻传播人才教育培养计划2.0》实施意见，要求"形成遵循新闻传播规律和人才成长规律的全媒化复合型专家型新闻传播人才培养体系，培养造就一大批适应媒体深度融合和行业创新发展，能够讲好中国故事、传播中国声音的优秀新闻传播后备人才"[1]。2020年11月，教育部新文科建设工作会议召开，要求"积极推动人工智能、大数据等现代信息技术与文科专业深入融合，积极发展文科类新兴专业，推动原有文科专业改造升级，实现文科与理工农医的深度交叉融合"[2]。

有关智媒体传播的人才培育是"新文科"建设的重要组成部分。宣传工作作为党的新闻事业的重要组成部分，担负着传递党的声音、引导社会舆论的重要责任，面对复杂的智能传播现实，需要具有相应思想高度和理论深度的专业人才对传播活动的发展脉络做以整体的把控。新闻传播学科兼具理论与实践的双重特征，具有深厚的学理依托和突出的实践指向。新闻人才培养体系亦随传播生态的变迁不断地变动，与日常生活联系密切，与社会的流动性特征保持一致。可以看到，新闻传播学科与其他学科之间的壁垒逐渐被打破，数字信息生产实践对综合性人才的需求倒逼高校注重学科间的深度融合与沟通，大类培养在高校教学成为常态，通识教育亦成为学科间重要的互动方式。

（二）复合职业素养扩展

在智媒体时代，具备单一专业技能的人才已经远不能适应社会实际需要，通过交叉知识体系的建构，复合职业素养的培育成为一种常态。所谓的复合职业素养包括思想政治素养、职业道德素养、专业技能素养以及社会交往素养等多个层面。

思想政治素养是面对当前复杂的传播形势及舆论生态，专业工作者保持思想定力，以正确的价值观开展新闻传播工作，占领意识形态制高

---

[1] 教育部、中共中央宣传部：《教育部 中共中央宣传部关于提高高校新闻传播人才培养能力实施卓越新闻传播人才教育培养计划2.0的意见》，2018年9月，教育部（http://www.moe.gov.cn/srcsite/A08/s7056/201810/t20181017_351893.html）。

[2] 教育部：《新文科建设工作会在山东大学召开》，2020年11月，教育部（http://www.moe.gov.cn/jyb_xwfb/gzdt_gzdt/s5987/202011/t20201103_498067.html）。

点的关键。思想政治素养需要持续地培育和蕴养，涉及党的方针、政策、路线、社会主义核心价值观、马克思主义新闻观、深厚的家国情怀以及人文关怀等若干方面。职业道德素养旨在提升专业工作者对于自身所从事职业的认同和敬畏，在服务人民，坚持正确的舆论导向之外，也要遵纪守法，坚守新闻的真实性原则，做到新闻报道的真实、准确、全面和客观。要遵守新闻报道规律，根据社会发展特点进行相应创新，不断提升国际传播的号召力和影响力。

专业技能素养是新闻工作者安身立命的根本，也是信息传播的最新要求和创新成果在新闻工作者身上的呈现和运用。有关新闻人才培育的计划中已经提出"要加快培养会使用'十八般兵器'的全媒化复合型新闻人才"[1]，智媒体时代创新技术的涌现，要求新闻工作者均要具有使用新技术设备的能力。除了传统的采写编评能力外，数据分析、音视频制作、可视化呈现、直播互动、产品设计、人机协同等新技术能力也被纳入到智媒体传播的专业工具箱中。

社会交往素养强调媒体工作者在专业技术人员的身份之外，要扩展自身作为社会成员的价值，从信息传播的把关者向社会服务提供者转变。从事智媒体传播的组织已经不完全是传统意义上专业性的媒体机构，更多的商业互联网公司也开始进行信息产品的开发与服务。在这些社会化媒体内部，智能算法逐步取代了传统媒体工作者的职能，产品经理的出现则立足于促成与产品相关联的不同主体之间的积极互动与价值生成，服务水平由此成为衡量智媒体效用发挥的重要指标。随着智媒体发展的进一步深入，媒体工作者的身份更像是艺术活动中的"策展人"，他们"不再纠结于新闻生产者和消费者的角色区分，转而更关注于对流量的导引，对个人信息需求的洞察和对互联网闲置传播资源的激活"[2]，通过拓展职业的服务面向，重建信息传播职业活动的社会价值。

---

[1] 教育部、中共中央宣传部：《教育部 中共中央宣传部关于提高高校新闻传播人才培养能力实施卓越新闻传播人才教育培养计划2.0的意见》，2018年9月，教育部（http：//www.moe.gov.cn/srcsite/A08/s7056/201810/t20181017_351893.html）。

[2] 王斌、顾天成：《智媒时代新闻从业者的职业角色转型》，《新闻与写作》2019年第4期。

第二章　智媒体传播体系搭建

从融媒体向智媒体的发展演进，是智能技术主导下传播体系与传播生态迎来的全面重塑。智媒体传播体系的建设涵盖了诸多内容，既有关于智媒体表层形态的介绍与阐释，也有智媒体深层以"三智"为核心的内涵诠释。智媒传播体系的搭建既是理论与价值层面的智慧化提升，亦是从事信息服务的组织和生产等若干实践环节全面智能化后所形成的生产力优势彰显。

一　智媒体形态

（一）概念界定

在众多学者看来，智媒体是媒体变革的产物，是智能技术广泛应用的必然趋势，也是媒体融合所产生的最新媒介形态。通过文献梳理发现，在早期针对智媒体的讨论中，学者多采用"智媒体""智能媒体""智能媒介""智能化媒体"等概念来指涉智能技术与媒体的融合，随着国内智媒体建设持续推进，"智媒体"这一概念被学界与业界广泛接受并使用。程栋曾基于语言学、逻辑学、信息学的原理考察了智媒体及其属概念，得出了"智媒体"是符合语言学规律的、称名这些智能化新生事物的词语，并提出智媒体是"借助人工智能、大数据、物联网等技术类人化的、处理和传播信息的系统化载体"[①]。早在 2015 年，官建文便提出

[①] 程栋：《论"智媒体"一词与其属概念的确认——基于语言学、逻辑学、信息学的考察》，《新闻爱好者》2020 年第 11 期。

"智媒体"是媒体的未来,他认为智媒体具有感知能力,能够提供多方面、多层次、个性化、小众化信息服务。①而郭全中在《智媒体的特点及其构建》一文中提出,智媒体是立足于共享经济,充分发挥个人的认知盈余,基于移动互联、大数据、虚拟现实、人机交互等新技术的自强化的生态系统,形成了多元化、可持续的商业模式和盈利模式,实现信息与用户需求的智能匹配的媒体形态。②"从发展的角度来看,因时代背景出现的全媒体、融媒体等只是一种过渡概念,它不可能代表传媒业的未来。而互联网媒体将是未来一段时间内的主导媒体形态,其中智媒体将成为互联网媒体的未来主要形态。"彭兰也将媒体的智媒化作为当今媒体变革的主要趋势,她在《智媒体时代传统媒体转型之路》一文中认为智媒化具有万物皆媒、人机合一、自我进化三种特征,"智能化机器、智能物体媒体化之后,将与人的智能融合,共同作用,构建新的媒体业务模式并不断进化"。喻国明从"媒介"的本质出发定义了智能媒介,他认为"媒介是能够使人与人、物与物以及人与物产生联系的物质体"。在此基础上,"智能媒介是通过模拟人类智能实现各种认知能力以及协同机制,使人与人、人与物、物与物产生联系的自主实体③"。李鹏将智媒体作为媒体融合发展的下一阶段,"从未来来看,(媒体融合)应该是从基因进化角度推进融合,也就是智媒体,让信息传播跟人工智能相融合,最终实现传播的蝶变④"。在封面新闻的实践中,智媒体是智能媒体、智慧媒体、智库媒体,分别代表了技术维度、价值维度、社会维度。可见,国内专家学者多从功能特征的角度去定义"智媒体",强调其"智能""融合""匹配""协同"等特点,认为智媒体即是媒体变革的产物。

正如一位研究者所言,融媒体正在着力建构"一个超越历史上全部既有知识的平台,在其上演绎出一幅全球化、个人化、现代化、社会化、

---

① 官建文:《媒体·融媒体·智媒体》,《传媒》2015年第8期。
② 郭全中:《智媒体的特点及其构建》,《新闻与写作》2016年第3期。
③ 喻国明、杨名宜:《平台型智能媒介的机制构建与评估方法——以智能音箱为例》,《新疆师范大学学报》(哲学社会科学版)2019年第2期。
④ 李鹏:《智媒体:媒体融合转型新阶段》,《传媒》2019年第4期。

信息化交相融合、此起彼伏的宏伟动人图景……成为新的生产关系、知识机制、价值规律、文化观念、意识形态的社会化生产要素,它既具有继承人类过去的本能,更具有开辟未来、突破创新的天性"①。这一超越性的平台是智慧平台,是智能平台,更是智力平台。换句话说,智媒体不仅具有高尚的价值观,能实现信息的智能适配,还在不断的自我演化。

由此,笔者认为,智媒体是智能时代不可或缺的基础设施,是智能社会的基础性构成,是连接人、物与社会的"杠杆"。智媒体的基础性体现在分布性、重要性与功能性三个方面:一是媒体发展到今天,已经不再仅仅是报社、电视台、电台、频道等,而是深入到了我们生活的方方面面,扮演着人与人之间的"元素型角色"。它存在于客厅、街道、广场、办公室、电梯乃至城市的每一处角落。正如彼得斯所言,"媒介是我们'存有'的基础设施,是我们行动和存有的栖居之地和凭借之物",在这个意义上讲,我们通过智媒体来实现"媒介化生存"。二是智媒体作为兼具智慧、智能与智力的平台,不仅承担着传递信息的功能,也中介了社会内部的各类关系,甚至型塑了社会系统。智媒体通过不断进化与演变,成了一种独特的"环境","容纳了一种可能性,这种可能性又锚定了我们的生存状态(existence),并使人类能'为其所能为'"。如果说智能时代将是"万物皆媒、人机共生与自我进化"的时代,那么作为行动者的人则可以通过智媒体这个"杠杆",去交谈、记录和传输,"撬动"群体、组织与社会。三是智媒体作为媒体的基础性的功能并没有衰落,因为即使是在智能社会,人与人之间的交往仍然是最为本质的问题。梅尔维尔(Heman Melville)曾说,"这些令人惊叹的事,就像所有令人惊叹的事一样,都不过是历史上的重复而已"。无论是传统媒体还是新媒体,融媒体还是智媒体,都具备最为基础性的功能——如何实现有效的沟通。对于智媒体来说,不过是将沟通的对象扩展到了人、物与自然罢了。

作为基础设施,智媒体既是各个媒体组织建设的的系统或平台,又是嵌入社会系统内部的各类"界面"。它们有的是有形的,有的是无形

---

① 李怀亮:《新媒体:竞合与共赢》,中国传媒大学出版社2009年版,序言第1页。

的；有的是厚重的和固定的，有的是轻型的和可移动的；有的是庞大的，有的是微小的。在智能时代，它们是通往智能社会的高速公路，是沟通各个区域的桥梁，是指示道路的信号灯，是信息流通的物流系统，也是监测环境的"卫星网络"。无论是在家庭私人空间，还是社会公共空间，智媒体都扮演着基础性的角色，并且在前人创新的基础上一步一步进化。因此，要全面理解"智媒体"，不仅要考察作为"新闻组织"的智媒体，还要探究围绕一些"智能物"所形成的智媒体系统，如智慧家居、智慧城市等。只有如此，才能凸显从"融媒体"到"智媒体"这一转变的意义，以及"智媒体"在智能社会中的独特价值。

（二）发展现状

随着媒体融合进程的不断深入，诸多媒体已经开始认识到人工智能与媒体活动结合之后带来的生产力革新，开始着手建立自己的智媒体生态。智媒体建设成为媒体面向未来的一种积极尝试，是对融媒体、全媒体阶段的延续和突破，是媒体自我革新后媒体发展的高阶状态。

智媒体建设符合媒体融合发展要求，与国家政策指向保持高度一致。国家"十四五"规划提出要"完善公共文化服务体系，推进媒体深度融合，做强新型主流媒体"，这一目标的实现要依靠"数字化转型整体驱动生产方式、生活方式和治理方式的变革"[①]。以云计算、大数据、物联网、工业互联网、区块链、虚拟现实和增强现实为代表的数字产业发展，既为智媒体媒介功能的扩充提供了技术支持，同时也在更深远的意义上推动智媒体成为数字时代社会转型的重要引擎发挥了作用。政策对智媒体发展的定位并未仅仅局限于媒体信息传播价值的弘扬，而是更加侧重其"智能、智慧、智力"的综合能量的释放；对于智媒体应用场景的划定并未停留在公共空间或是社会交往场域，而是置于更为宽广的数字化应用场景，在诸如智能交通、智慧农业、智慧教育、智慧医疗、智慧家居、智慧政务上激发媒体广义定位上的价值。政策期冀并引导的智媒体

---

① 《中华人民共和国国民经济和社会发展第十四个五年规划和2035年远景目标纲要》，共产党员网，http://www.12371.cn/2021/03/13/ARTI1615598751923816.shtml，2021年3月13日。

发展思路秉持着从信息传播的专业化组织向社会治理的综合性组织过渡，智媒体既是社会数字化的手段，也是社会数字化的成果。在政策的执行环节，具有创新意义的组织和产品已经出现。例如，封面新闻即将智媒"生态体"的打造视为媒体综合性价值的实现路径，以智能科技引领、智媒体传播和新型文化业态建设成为"生态体"构建的核心，经由人工智能重构的信息传播流程的影响将扩大至社会中的泛娱乐产业和技术文化体验产业。上报集团则转而投入"智媒体矩阵"的建设，若干智媒体单元中诸多智媒体项目的建设在侧重提升信息生产质量的同时，其产品触角已经扩展到智能金融服务、政务服务、舆情监测服务等较为宽泛的社会服务层面。

  智媒体建设尚处在起步尝试阶段，国内外媒体业已开始相关实践。就国外而言，媒体组织在新闻生产中所引入的人工智能技术仍然是一种"狭义的"或"弱势的"人工智能，使用这类技术的机器并不具备人类的智慧，因为它们无法完成如人一般的独立思考过程[1]。智媒体与媒体用人工智能在当前阶段具有相同的含义，因而被界定为一种由计算机系统执行的通常需要人类智力方可胜任的任务时相关思想、技术的集合[2]。伦敦政治经济学院在2019年发布的《全球新闻与人工智能调查报告》中对部分口碑良好的智媒体应用进行了罗列[3]。其中包括了华尔街日报的 dynamic paywall（动态付费墙），其通过机器学习能够逐渐析出用户的订阅习惯；华盛顿邮报的 Heliograf，其将机器报告工具成功运用至大型活动的报道中；英国报业协会的 RADAR 旨在高效准确地自动产制地方新闻；伦敦泰晤士报的 JAMES（Journey Automated Messaging for higher Engagement through Self–Learning）使用大数据来分析读者的阅读习惯和

---

[1] Tannya D. Jajal, "Distinguishing between Narrow AI, General AI and Super AI", Mapping Out 2050, medium.com/mapping–out–2050/distinguishing–between–narrow–ai–general–ai–and–super–ai–a4bc44172e22. Accessed 21 May 2018.

[2] Brennen, S., Howard, P., Nielsen, R., *An Industry–led Debate: How UK Media Cover Artificial Intelligence*, Oxford: Reuters Institute, 2019.

[3] Beckett, Charlie, "New powers, new responsibilities: A global survey of journalism and artificial intelligence", Polis, London School of Economics and Political Science, https://blogs.lse.ac.uk/polis/2019/11/18/new–powers–new–responsibilities（2019）.

偏好；彭博社的 Cyborg 是一个能够从公司的盈利报告中通过算法自动提取数据形成文章的系统；纽约时报的 Project Feels 则通过分析文章的情感倾向来为用户提供个性化的广告；乌克兰的独立新闻媒体 Texty.org.ua 以开展数据新闻项目见长，它们已经开始使用机器学习模型来获取调查性新闻报道的线索；芬兰的新闻阅读应用 Yle 则通过其智能新闻推荐助手 Voitto 帮助用户直接在锁屏界面上实现信息的显示和读取。与国外媒体组织将人工智能技术视为新闻业发展的"附加、补充和催化"因素相异，国内媒体则将智能传播活动定位为事关媒体融合转型的全局性、系统性和未来性的事业进行积极布局与推进。中央级媒体率先进行智媒体传播的实践，人民日报推出了全媒体新闻生产平台（中央厨房）、移动新媒体聚合平台（人民号）以及全国党媒信息公共平台以支持智能时代的内容生产、资源汇聚和服务供给；人民日报客户端以党媒算法为价值引导和技术支撑，以人工智能媒体实验室和全媒体智慧云担负媒体的智慧大脑职能。中央广播电视总台致力于打造"人工智能编辑部"，采用了物联网数据采集、中台化处理、"算法+社群"信息分发、智能化"全场景"传播等新的技术手段与应用，开启了主流媒体融合转型的尝试。新华社则组建了智媒体视频平台，通过对数据流的"自动积存、自动汇聚、实时共享"实现生产流程和技术系统的优化升级。省级媒体侧重"智慧云"建设，并以"信息+技术+政务"的定位成为立足地方实际的综合服务提供者。主流媒体平台参与下的"数字政府"构建成为一个重要方向，媒体云平台基于对政务数据的汇聚、融合、分析，能够预判关联问题并重构服务、治理与监管模式[①]。湖北广电的"长江云"、江苏广电的"荔枝云"、广东省的"珠江云"、天津市的"津云"均是省级智媒体建设的代表。作为县级融媒体建设的排头兵，以浙江长兴县融媒体中心为代表的基层媒体组织的智媒体探索也在逐步开启中，长兴县融媒体中心以 CIG 平台（城市信息栅格平台）、城市综合治理平台，云数据中心以及智能视频监控网络为基础，以"掌上长兴"客户端为核心积极适配县域范围内的数字化转型。除此之外，区域媒体也借助自身原有

---

① 李辉、张志安：《基于平台的协作式治理：国家治理现代化转型的新格局》，《新闻与写作》2021年第4期。

影响力适时地把握智媒体建设契机，以开拓者的精神和魄力投身于媒体新样态的打造中。封面新闻以创业者姿态建设人工智能时代的泛内容生态平台，并以"智媒体"命名，其产品几乎完全接受了智能技术的浸润，由内而外的散发出创新技术所带来的朝气与活力。上报集团则是传统报业集团融合发展的典型。其智媒体建设围绕"新技术、新产品、新运营"的思路展开，立足信息产制的全部流程进行智能化升级。将5G、大数据、智能终端和机器学习等四类作为基础设施级的核心技术，将人工智能领域内的文本、语音、视频和人像识别技术视作重点关注技术[①]。南方报业也积极推进媒体的智慧化转型，有关"智媒新时代""智媒新飞跃""智媒新生态"的表述常常出现在有关集团转型发展的思路讨论中。大量与智媒体相关的新产品被创造出来，包括南方报业智能化管理平台、南方＋大数据平台、南都采编智慧平台、机器写作平台、南方报业版权运维平台、南方拍客、4K＋5G＋VR独家直播等产品[②]，均在智媒体的生产和运营中发挥着重要作用。

  智媒体建设受到多重因素的制约，人工智能赋能媒体转型之路任重道远。包括从业人员、资金、技术等都是影响智媒体发展的重要因素。《全球新闻与人工智能调查报告》针对国外32个国家71家新闻机构所做的关于人工智能状况的调查指出，海外新闻从业人员希望获得任何提高新闻工作室效率的方法和手段，也乐于见到任何改进或是增加的内容与服务。新闻编辑室中有一半的人员已经做好了使用人工智能的准备，另一半则刚刚开始使用或是仍然打算使用人工智能。在他们看来，阻碍人工智能在编辑部推广开来的主要原因集中在财政资源（27%）、知识和技能（24%），以及包括担心丢失工作、担心改变工作习惯和对新技术的普遍敌意等在内的诸多文化阻力上（24%）[③]。尽管时间已经跨越了2020年，但人工智能在海外媒体的推广应用依然处在一个起步阶段，并

[①] 裘新：《未来已来，相信未来——创造上海报业改革新传奇》，《传媒》2019年第4期。
[②] 吴娴：《南方报业智媒新生态的技术实力》，《南方传媒研究》2019年第6期。
[③] Beckett, Charlie, "New powers, new responsibilities: A global survey of journalism and artificial intelligence", Polis, London School of Economics and Political Science, https://blogs.lse.ac.uk/polis/2019/11/18/new-powers-new-responsibilities (2019).

未出现全面接管的情况。无独有偶，国内的传媒机构同样认识到人工智能在助推媒体转型发展时具有的强劲动能。《2020年中国智能媒体生态调查报告》显示，已有超过35%的媒体机构启动了智能媒体项目，有超过七成的调查者认为智能化在媒体机构战略规划中处在一个比较重要的位置，但值得注意的是，也仍旧有45%的机构表示暂无布局智能媒体的计划。国内媒体机构认为影响智媒体项目推进的主要瓶颈依次是专业人才缺乏、技术基础薄弱、资金投入不足、组织转型压力大，各因素占比均在40%左右[1]。可以看到，国内外媒体在有关人工智能推进的阻力分析上得出了近乎一致的答案，海内外媒体组织在推动智能技术与媒体行业结合的道路上均处于一个中前期的探索阶段，并没有完美的答案，也不存在过大的差距。技术层面，海外关于人工智能对媒体生产力的提升主要集中于三个环节，一是更多的自动标注/实体提取（新闻采集），二是更好的机器生成内容（新闻生产），三是更好的个性化/推荐引擎（新闻分发），三个方面串联起了智能信息生产的全部流程。智媒体的建设同样鼓励合作，形式包括新闻机构内设部门的合作、机构之间关于报道与技术的合作、跨国/国际的合作、科技公司、初创企业及中介机构的合作、高校和研究人员的合作[2]。与之对应，国内媒体机构受访者表示，智能技术将在媒体生产的全流程中给予支持，涵盖并且超出了海外媒体圈定的范围，但在对智能采集、智能生产和智能分发这些核心环节的确认上并未出现较大分歧。国内智媒体组织开展信息传播活动所依托的技术基底在自主研发之外，也普遍存在与科技企业、科研机构合作的情况。人民日报即与人工智能技术公司"第四范式"合作开发"党媒算法"，新华社则与阿里巴巴联手打造新华智云公司，中央广播电视总台与百度智能云合作组建"人工智能编辑部"。由此可见，人工智能技术在与信息产制流程相结合以培育创新产品的过程中，需要不同的组织机构提供

---

[1] 中国传媒大学、新浪AI媒体研究院：《中国智能媒体发展报告（2020—2021）》，2021年3月。

[2] Beckett, Charlie, "New powers, new responsibilities: A global survey of journalism and artificial intelligence", Polis, London School of Economics and Political Science, https://blogs.lse.ac.uk/polis/2019/11/18/new-powers-new-responsibilities (2019).

自身的优势资源以形成合力，以合作共赢的方式对面向未来的传播模式进行前沿性的探索。

（三）典型案例

1. 新华社

新华社于 2019 年 12 月建成"智能化编辑部"并投入使用，作为国家级主流媒体的智媒体转型实践，"智能化编辑部"以智能信息服务提供者的核心身份，统领新华社整体的信息传播活动，推动相关业务全流程智能化升级。

新华社在原有移动化采编工具"现场新闻"的基础上开发了移动化在线信息生产平台"现场云"，其所对接的内容生产者以地方各级机构媒体为主，用户只需与平台签订协议，即可通过软件实现内容的在线收发、传输、编辑、审核等操作。智能技术支持下的"现场云"平台不仅提供了资源共享的空间，也拓展了报道的形式，直播成为信息传播的主要方式，视频流直播、短视频直播、图文直播等多样化形式带来了全新的体验。针对视频内容生产，新华社专门开发了 MAGIC 短视频智能生产平台，将生产环节前置，视频素材不需要传回编辑部进行二次处理，只需借助平台的智能化生产工具，即可将原来复杂的操作简单化，快速实现内容的处理、生成与发布。智能技术的介入提高了内容生产的效率和质量，视频原初资源的处理、分类、转换和提取都能够由智能技术代为完成，后期的配音、字幕以及画面修正也愈加离不开技术助力。

在人工智能技术背景下，新华社推出了诸多具有开创意义的智媒体产品，延伸了其信息服务场景。新闻播报方面，与搜狗公司合作研发了全球首个 AI 合成主播，其产品"新小微"以全球首位 3D 版 AI 合成主播身份亮相 2020 年"两会"报道并取得了良好的效果。新闻生产方面，推出新闻生产机器人，在新冠疫情期间大力辅助新闻工作者进行信息提取、事实求证以及报道析出工作，以其效率优势迅速反馈疫情的最新变动。利用传感器+物联网技术创新新闻生产方式，开设"这是一条物联网新闻"栏目，利用船舶传感器获取的"船联网"数据策划撰写《长江"水"暖船先知》报道，利用运煤车传感器获取"车联网"数据推出

《"动"起来的煤炭,"活"起来的经济》报道,视角与方法独特,极富创新性。新闻呈现方面,立足视频内容质量的提升,进行智能化升级。5G技术被广泛运用于移动直播、实时编辑、在线传输、虚拟场景搭设等环节。5G+8K+AI的高清视频呈现模式成为未来视频内容产制的基本标准。

2. 封面新闻

封面传媒是由四川日报报业集团打造,承担起华西都市报媒体融合转型重任的新型媒体形态,封面新闻为其核心产品。2015年10月28日,封面传媒宣布正式成立,历经融媒体、全媒体和智媒体三个阶段的媒体融合发展实践之后,封面新闻完成了从1.0到4.0的进阶过渡,成功脱颖而出。通过技术引领、内容为王、资本支撑的"三轮驱动",逐步建立起以"智媒体"为未来指向的"泛内容生态平台",其在数字时代的信息传播和服务供给上享有一定的影响力。

封面新闻智媒体的建设核心是"通过人工智能技术重构新闻信息生产与传播全流程",力求打造集"智能媒体""智慧媒体""智库媒体"于一身的"智媒体立方"。其中,智能媒体以智能技术优越性服务于媒体组织数字生产力的提升,以AI改写法则、以数据驱动增长,继而实现对人传播能力的拓展。"智慧媒体"立足于智能编辑部组建,着力打造智能时代新型主流媒体建设的样板,将正能量的价值观渗透进传播环节,以真实性、阐释力和精品化延续并凸显自身作为专业媒体的价值。智库媒体强调媒体的公共性禀赋,以"数据+舆情"的方式为决策主体提供智力支持,以专家团队的专业知识供给实现媒体参与社会治理向度的进一步扩充。

封面新闻以封面数据、封面算法、封面云,封巢系统为基础产品,并且依托封巢系统基本架构建立起了智慧内容平台、智能延展平台和智识管理平台。旗下孵化出众多创新性的智媒体产品。例如,与微软小冰合作打造的"封面主播"小冰,成功实现了面向用户的新闻播报、新闻互动和新闻解析。自主开发的小封机器人化身为第240号员工,每日的写稿量超过100篇。由机器进行的日报、快讯及报告的撰写方式被广泛引入体育、生活以及灾害预警等领域,媒体内容的输出更为快速便捷。

此外，还坚定地贯彻移动化、年轻化、视频化的内容产制思路，开发出青蕉社区、青蕉拍客、封面号等 UGC、PGC 产品，以 5G 技术赋能影像传递、以 AI 算法助力内容编辑，持续服务年轻社群的需要。

3. 上报集团

上海报业集团成立于 2013 年 10 月 28 日，由解放日报报业集团和文汇新民联合报业集团整合重组而成。作为国内传媒集团改造升级的典型代表，在媒体融合发展以建设新型主流媒体的背景下，已逐步建立起一个覆盖报纸、杂志、网站、出版、移动新媒体等多种业务形态的主流媒体矩阵。新媒体业务占上报集团整体业务收入的半壁江山，仅在 2020 年，其收入占比就已超过 60%。培育出了包括"澎湃新闻""上海观察""界面·财联社""周到上海"在内的多个新媒体明星客户端，引领了传统媒体向新媒体转型发展的风潮。至 2020 年底，上报集团已拥有 269 个多媒体形态端口，覆盖用户 4.96 亿，第三方音视频端口也由之前的 42 个增加到 63 个[1]，在用户数量和收入规模上均位于全国同类媒体前列，这也意味着上报集团融合发展的 1.0 阶段基本完成。

进入媒体融合的 2.0 阶段，上报集团开始从融媒体建设向智媒体升级延伸，提出了"20，50"计划，并以人工智能技术引领媒体的转型与重构。"20，50"是上报集团对未来智媒体矩阵建设项目的高度概括。是指将人工智能引入新闻信息的采集、生产、分发、接收和反馈等环节，在 20 个智媒体单元中布局 50 个智媒体项目，以此促成智能技术与内容产制之间的化学反应，为媒体发展开辟新的空间，推动媒体融合走向深入，重新确立主流媒体在智能时代的领导地位。

上报集团的智媒体单元布局紧紧围绕信息传播的具体环节进行创新，以"AI+"的方式赋能生态重构[2]。在信息采集部分，引入新的智能硬件设备，无人机、可穿戴设施设备被广泛运用于数据实时收集，成为新闻报道的重要信息来源。在生产环节，着力打造"智能融媒体中心"，机器介入生产，以内容可视化为方向，以自媒体聚合平台、金融数据平台、政务新媒体平台为依托，促成媒体智慧大脑的迭代升级。建立起用

---

[1] 季颖：《上海报业集团深度融合发展的实践与思考》，《传媒》2021 年第 20 期。
[2] 裘新：《上海报业：创造改革新传奇》，《新闻战线》2019 年第 8 期。

户平台与分发系统，借助算法技术的智能筛选和推送，提高信息的到达率和准确率。在接收环节中，则力求增强用户的体验感受，AR、VR、MR技术与信息传播活动相结合，提供沉浸式的信息接收服务，拓展了用户感官体验。此外，虚拟主播、互动新闻、有声新闻等新的产品样态也日趋成熟，通过不断地进行产品优化，以更完美的姿态展现出智媒体传播的特色与优势。

4. 安吉县融媒体中心

"爱安吉"是浙江省安吉县新闻集团打造的一款县级融媒体应用客户端。该客户端于2019年5月19日上线，至目前已在县域范围内拥有下载用户42万，注册用户20万，2019年全年营收达到1600万。成为一个融合县域信息传播、数字化技术、大数据服务和智慧服务的综合性智能媒体服务平台。

"爱安吉"是县级融媒体建设的优秀代表，在媒体深度融合发展的背景下，通过思维转向、技术创新和业务实践，在新闻宣传、政务服务、生活服务以及媒体运营方面形成了自身的特色和优势。其新闻宣传立足地方实际，为用户提供本地化的权威消息，客户端资讯模块24小时不间断地对信息进行滚动播出，并辅之以看电视、听广播、读报纸、互动直播等信息获取形式作为有效补充。政务服务则利用媒体在智能采集、编辑、发布等环节的技术创新打造智慧化业务矩阵，以此与政府部门的工作相衔接，开展多样化的合作，提供多种形式的政务服务产品。生活服务方面适配本地用户的切身需求，在便民服务模块下设家政服务、餐饮推荐、票务管理、活动预约等丰富功能，甚至结合本地实际，在疫情期间上线了口罩预约、企业员工信息管理、白茶生产交易管理等独特的业务功能。在媒体运营方面，重视大数据对于用户具体需求的分析，根据数据的画像结果为用户提供定制化、精细化、多元化的生活服务，满足不同属性人群的个性化需求。"爱安吉"客户端在县级融媒体建设中的突出表现和丰硕成果已经得到社会认可，其运营经验在全国12个省市、75个县区进行了推广和应用。

作为县级融媒体建设的第一梯队，"爱安吉"及其所属的新闻集团也开始积极布局智媒体时代的信息传播与服务供给活动，以推动媒体的智慧化转型。人才队伍建设方面，集团于 2014 年柔性引进了 6 名海归博士，全面负责以客户端为核心的智慧产品的研发与更新。技术层面，牢牢把握智媒体建设"数据＋算法＋平台"的关键点位，整合县域范围内的网络数据、公共需求数据、政务数据，通过建立多层县域网，倾力打造集成云储存、云计算、云宽带、云服务的安吉"云平台"[①]。围绕数据资源，设立专门的数据转化研究院对县域范围内数据的储存管理、统筹使用、研发运营进行系统地分析研判。此外，媒体的智慧化服务已经超出了单一的信息传播范畴，开始广泛地涉入社会治理领域，发挥出更大的价值。安吉新闻集团的大数据和云平台系统在做好地方智慧传播这一本职工作之外，在社区管理、旅游服务、乡村建设、基层治理方面也体现出了多元价值，数字时代智能技术的创新赋能成为新时期推动政府管理水平提升和社会公共事业发展的强大动力。

二　智媒体核心

智媒体建设是符合媒体深度演化逻辑特征的恰切选择，媒体融合进程在经历互联网主导下融媒体、全媒体过渡阶段的试水、改造与优化之后，开始朝着智媒体的未来方向演进。智媒体建设突出体现为以"三智"为核心的形态特征，即以技术彰显与生态建设塑造智能媒体，以价值引导与生产革新打造智慧媒体，以智库供能与社会治理营造智力媒体，以此完成智能传播生态的探索性布局，扩充数字社会中传播活动全新的智能价值向度。

（一）智能媒体

智能媒体定位强调的是智能技术革新所带来的生产力提升以及在创新文化背景加持下对媒体发展产生的先导性影响。在社会流动性的总体特征下，数字时代的智媒体传播不再固守传统信息传播的定势，单一的

---

① 宋焕新：《融合创新　贴地飞行——安吉新闻集团推进媒体融合智慧化探索》，《传媒评论》2020 年第 3 期。

履行媒体基本信息服务职能,而是以一种基础设施的面貌作用于当前的社会系统中,以主体多元、功能多样、介质轻盈、资源富集、价值突出的新型社会组织样态更广泛地行使自身的公共服务职能。

智能技术在两个方面推动了媒体的功能拓展和价值延伸。

其一,技术硬件为媒体及社会的智能化改造提供了手段和工具。智能技术所迸发的强大动能消弭了媒体"是否进行革新"的彷徨与质疑,直接推动其进入了"如何进行革新"的业务探索,这是媒体智能取向的核心点位。以大数据、云计算、人工智能为代表的创新技术较早的在传统制造业领域形成了一个相对成熟智能生态,在向媒体领域延伸其影响力的过程中,智能硬件的工具手段作用率先选择与偏向实践的新闻业务结合,推动新闻生产的迭代升级。在智媒体的建设中,技术与文化的互构作用愈加凸显,两者及内部诸要素经由反复博弈动态改造着媒体的信息生产与服务供给。技术可供性为智能技术传播生态的重塑提供了理论支持,通过对抽象的与具体的技术所具有的可供性进行语境化的分析,可以对特定技术在具体环境下带来的行动可能性做出解释[1]。智能化的技术已经成了生产的基座、社会的背景,移动设备的普及、智能设施的利用、物联网的覆盖则进一步拓展了个体接触信息的场景和体认社会的机会,技术深深地嵌入到人们与外部世界的互动过程中,并且不断地改造着媒介文化。

"新基建"承托起智媒体的智能价值。"新基建"即国家关于新型基础设施建设的重大战略部署,是"以新发展理念为引领,以技术创新为驱动,以信息网络为基础,面向高质量发展需要,提供数字转型、智能升级、融合创新等服务的基础设施体系"[2]。新基建是实现社会信息化、数字化、现代化的重要方式和途径,其三大主要方向,"信息基础设施""融合基础设施""创新基础设施"的建设均与智媒体传播活动产生紧密关联。尤其是在"信息基础设施"建设环节中,以5G基建、物联网为

---

[1] 常江、田浩:《生态革命:可供性与"数字新闻"的再定义》,《南京社会科学》2021年第5期。

[2] 瞭望东方周刊:《新基建,是什么?》,2020年4月,新华网(http://www.xinhuanet.com/politics/2020-04/26/c_1125908061.htm)。

代表的通信网络基础设施，以人工智能、云计算、区块链为代表的新技术基础设施和以数据中心、智能计算中心为代表的算力基础设施显著地体现了数字时代在生产工具、生产资料以及生产力水平上实现的智能化新突破。随着智能技术的发展和"新基建"走向深入，媒体的信息生产服务更加深刻地受到智能化进步的影响，更多具有优势地位的自主创新技术为信息传播赋能，保障传播内容及手段的丰富性、提升传播环节和流程的高效性、强化信息生产与传播的安全性，智媒体"技术＋平台＋内容"的融合发展思路背后实际上一个是由"通信网络＋新技术＋算力"基础设施建设所形成的智能化供能体系。

中台建设支持智媒体的智能实践。中台这一概念是企业在信息化、数字化的实践中有关组织结构的一种创新性的调试，与"前台""后台"概念相对应。其方式是"将企业的共性需求进行抽象，打造成平台化、组件化的系统能力，以接口、组件的形式共享给不同的业务前台使用"[①]。其目的是实现资源的统一调度与利用，减少重复建设和无序使用造成的资源耗费，通过建立通用的指标体系，适配了现代性组织机构业务多元、复杂协同、效率优先、追逐创新的特征和需求。智媒体建设同样要依托大型的组织机构作为母体，商业媒体具有典型的企业特征，中台建设是作为企业的总体结构创新来进行布局的，往往立足企业级高度，形成企业级战略，媒体业务分布其中，共享数据中台、技术中台、业务中台以及服务平台。而传统媒体则基本是从零开始进行中台搭建的，结合自身媒体发展战略选择适合模式改造原有的生产流程。值得注意的是，主流媒体的中台建设反映出其对于智能时代数字生产力的高度重视，结合媒体深度融合发展的背景，主流媒体的中台化建设不会是如同商业企业中一般附属品的机构身份而存在，不会囿于企业庞大的商业架构而难以施展拳脚，主流媒体"创造式"的中台布局带有更多轻量化实践的色彩，以开拓者身份立足专业媒体资源进行的中台建设孕育出智能时代若干个独一无二的产品。例如，封面新闻就以封面推荐算法、封面数据、封面云、封面系统为何核心打造出"封巢"这一供能"智慧内容""智

---

① 刘颖慧、刘楠、蔡一欣、张云勇、魏进武：《数字化转型中不同企业的中台战略及架构设计》，《电信科学》2020年第7期。

慧延展""智识管理"的数据驱动的基础性技术平台,轻盈和优质成为其突出禀赋。与商业组织相异,主流媒体的中台价值是以媒体资源为核心向外拓展延伸的,媒体资源并不是以整体业务的附庸身份而存在。此外,中台建设从属于并且依托国家新型基础设施建设的进程,"中台战略的目标不是为了解决单点问题,而是提供可复用的'基础服务和能力'的整合平台,为上层业务赋能"①。互联网媒体平台在中台架构的支持下,日渐转化为一种必不可少的社会基础设施,其在同现有社会体制不断融合的过程中渗透进了社会安排,并且推动现有的社会服务走向平台化。

  数据、计算(机器学习)和平台构成智媒体的智能内核。舍恩·伯格将当前的时代称作"大数据时代",认为是无处不在的数据促成了信息时代的重大变革,巨量化的数据使得人们在思维、工作和生活方式上发生了改变,人们不再固执的探寻事物彼此间的因果关联,转而梳理其中的相关关系,以期从更为中观和宏观的视角来锚定事物的变化与走势②。大数据呈现三个比较显著的特点,即大体量、多维度和完备性③,通过数据原材料供给、数学模型的拟合、计算与修正,任何一个现实问题都能够被转化为一个计算问题,当大量的数据处理过程开始运转时,基于大数据和机器智能带来的全新生产力革命将推动智能时代的快速到来。大数据同样也是智媒体发展的核心依托,对信息传播活动产生了巨大影响。与早期新闻生产中对"数字"的简单利用不同,智媒体时代的数据是作为生产资料、处理手段、诠释过程、呈现方式等价值点位出现的,数据作为一种基础性资源,在智媒体端不仅体现为其动态的生产能力,更重要的是一种数据的链接能力,通过对数据资源的高层次处理,数据之间的关联尽数展现,能够更加多维的去还原社会事实,将与社会相关的哲学、规范、实践、价值观和态度通过数据重新排布和展演。

---

 ① 郑伟:《媒体融合的"数"与"智"》,《传媒评论》2020 年第 10 期。
 ② [英]维克托·迈尔·舍恩伯格、肯尼思·库克耶:《大数据时代:生活、工作与思维的大变革》,盛杨燕、周涛译,浙江人民大学出版社 2012 年版,第 17—20 页。
 ③ 吴军:《智能时代:5G、IoT 构建超级智能新机遇(第二版)》,中信出版社 2020 年版,第 62—66 页。

计算（机器学习）是对于算法的使用，算法是技术的一种。可以将算法概念界定为"任何良定义的计算过程，该过程取某个值或值的集合作为输入并产生某个值或值的集合作为输出"①。算法是寻找问题最优解的路径，其在问题的输入与输出过程间嵌入了一个需要计算的序列，数据是算法的基础，合适的数据结构与恰当的算法选择将会显著提升代码的运行效果。在当前数字化的传播过程中，算法被广泛运用于信息生产和服务供给的全部环节以体现效率要求和智能化特征。信息的采集、生产、分发和消费各环节都开始接受算法的介入和改造，形成了数据标的、机器生产、算法分发、个性消费的智能化传播景况。算法通过对个体行为数据的分析完成了对用户需求的精准画像，并以此为用户提供个性化的产品服务。由于人脑是一个"容错率"较低的生物组织，思维感性、脑力局限、问题难易、环境因素均使其在做出某些决定时会同步产生诸多错误。借助算法来思考和还原现实，实际上是看中了机器运算依托严密演绎逻辑所展现出的"理性"光辉。算法有时甚至可以做到比用户主体更懂得自己的实际需求，而且"随着计算机处理现实任务的能力不断增强，计算机算法不仅对于人类自己的生活具有借鉴意义，同时还为人们理解人类认知提供了一个更好的比较标准"②。也正是因为算法这样的特质，给予了流动现代生活中时常处于焦虑状态中的个体亟须的些许稳定感。

平台是一种可编程的体系结构，它用于组织用户之间的交互。在将平台的架构进一步拆分后，能够发现其核心特征，即平台通过数据进行驱动、通过算法和接口进行自动化与组织、通过业务模型驱动的所有权关系进行形式化、通过用户协议进行管理③。在智媒体建设过程中，平台实际上指涉了技术与空间的双重释意。一方面，数据和算法开始驱动内容的生产与发布，平台能够通过控制数据来操控内容生产。虽然分享、

---

① ［美］科尔曼等：《算法导论（原书第 3 版）》，殷建平等译，机械工业出版社 2013 年版，第 6 页。
② ［美］布莱恩·克里斯汀、汤姆·格里菲思：《算法之美：指导工作与生活的算法》，万慧、胡小锐译，中信出版集团 2018 年版，第 13 页。
③ Van Dijck J., Poell T., De Waal M., *The Platform Society: Public Values in a Connective World*, Oxford University Press, 2018, p.9.

连结和行动等数字社会的产制规则依然映射在平台生产中，但平台作为"携带组织资源和能力并能够进行灵活性的重组以适应多变市场需求的一种特殊的组织结构"①，仍然倾向于促成一种"力量乘数"，通过调动未使用资源、共享和重用现有资源、协同和汇聚公私资源来达成对一个问题的最佳方案②。技术驱动下的智媒体平台往往更加侧重于流量指向、情感驱动、商业运作以及个人价值。传统媒体内容生产所秉持的真实、专业、深度信念会面临来自智媒体平台实践数据化、商品化、多元选择特征的冲击。另一方面，平台也提供了一种空间性的存在，依靠"网状"的社会结构，平台完成了资源整合、渠道搭建和空间支持，"网络这一概念成了一个日渐去中心化、灵活和个体化的社会的象征"③。凭借对社会化工具的掌握，落位于社会网络中单个节点上的个人通过相同的兴趣爱好整合出若干个具有"异质性"特征的"小世界"，经由这些数量众多的"小世界"搭建起整个社会网络的基本架构。当前平台化产制更加注重用户在内容生产上的能力，特别是其所依附的具有自发、联系紧密、结构稳定的小世界网络所呈现特质。

其二，思想软件深刻的嵌入智能媒体的革新与演进过程中，从中可以窥探到社会风貌的整体变迁趋势及其影响，智能技术通过作用于数字媒体进而源源不断地改造着社会形态，塑造着新的社会意识。智媒体的发展浸润在不断追逐变迁与革新的社会意识中，在技术可供性之外，社会可供性也会发挥作用。智能技术的大放异彩标志着一个"基于持续的创新和颠覆，以数字化、网络化、机器自组织为标志的第四次工业革命正在开启人类历史新阶段"④。自工业社会以来，追求创新、追逐变革的理念早已深入人心，但面对一日千里的数字化变革，维持现状和落后似

---

① 宋锴业：《中国平台组织发展与政府组织转型——基于政务平台运作的分析》，《管理世界》2020 年第 11 期。

② Van Dijck, José, and Thomas Poell, "Social media and the transformation of public space", Social Media + Society 1.2 (2015).

③ ［英］尼古拉斯·盖恩、戴维·比尔：《新媒介：关键概念》，刘君、周竞男译，复旦大学出版社 2015 年版，第 20 页。

④ 张成岗：《人工智能时代：技术发展、风险挑战与秩序重构》，《南京社会科学》2018 年第 5 期。

乎拥有了相同的含义。创新逐渐成为一种社会默认的意识,技术本质则是居于海德格尔所言的"座架"之中,通过"技术和围绕技术的一系列制度和文化,构成一个绵延不断的整体"①,此间映射出一种"促逼"的要求。一种渗透进社会意识和文化规范深层的技术追逐精神恰切的与媒介活动择技术而栖、随着技术的转化求新求变的核心意旨相匹配,涌现出智媒体领域中以数据新闻、机器写作、虚拟主播、5G 直播为代表的层出不穷的新实践。

此外,智媒体的成型与发展始终带有社会的变动性指征,这一特点实际上是流动社会现代性的表象。鲍曼在阐述"流动现代性"概念的时候,强调当下的社会现代性话语要对旧有的传统进行瓦解,唯有通过这样彻底的洗涤才能够换来一个全新的、完美的社会秩序②。由此,流动的现代性即以社会构件更新后价值的持续输出取代了企图保持形态稳定的努力,个体价值的凸显成为主要导向,个人努力深刻作用于社会的关系建构、劳动分工以及文化生产的诸多方面,发挥重要作用并接受来自责任为最直接的问讯。智媒体的发展经由技术优势扩大了个体的传播能力,社交媒体作用下无组织组织力量的彰显同步延伸了现代性的话语。智媒体建设与液态现代社会保持了一致的流动性走向,需要按照社会的既定规则和与之契合的方式行事,否则就会被淘汰。需要注意的是,数据、机器学习和平台等要素在成为智媒体智能核心的同时,对社会流动的现代性话语进行了重新改造与诠释。技术愈加介入和主导个体的自反性过程,如同大数据力求析出的是事物间的相关关系而非因果关系一般,人工智能介入下的社会现代性话语在变动不居的社会现实中导向了一种高效、精确和强力的现实实践路径,算法的"计算"、机器的"学习"和平台的"组织"既然是人类创新精神的产物,未尝不可将其视作"人类自由力量的典型产物和结晶",这种由机器塑造的新的、可靠的社会

---

① 毛章清、胡雍昭、胡翼青:《重新发现传播学——从海德格尔的技术哲学谈起》,《国际新闻界》2016 年第 2 期。
② [英]齐格蒙特·鲍曼:《流动的现代性》,欧阳景根译,中国人民大学出版社 2017 年版,第 27 页。

秩序背后，是"技术的速度、扩散和顺从的结果"①，是社会要素充分流动后带来的新的自由，代表着流动现代性的积极面。

需要注意到的是，智能技术在对原有的社会秩序枷锁进行破除的同时，自由之外也蕴藏着相应的风险。贝克将现代性的流动特征置于风险社会中进行了考量。与工业社会追寻财富过程中产生的不平等相比，风险社会有着更为宽泛的外延，全局性的特征将全球范围内的风险流动囊括其中。风险分布的广泛性随着智能技术的运用更加明显，智媒体传播对算法和机器的依赖，消解了主体对于事物的过程性探索以及寄托于其上的情感价值，借由智能技术实现对效率的追求、对未知的预测往往没有尽头，缺失准确。技术理性之外意外的频发，挑动着主体的神经，使其难掩内心的惶恐与失落。究其原因，是因为在智能时代，"生命本身便是处在算法的计算之中，技术的现有成果逐渐营造了生命必须依赖算法、内化于算法的景观"②，"实践理性"虽然战胜了"纯粹理性"但却没有发挥应有的效果，根本上是一种源自数据与算法的"可预测性"逻辑对事物的演化做出了规制，丧失了实践过程应有的弹性和创造力。智能技术加持下流动社会的风险面同样需要检视，智能媒体的智能内核既是技术上的数字化、智能化和优势化，也应该是社会生态层面的同构化、参与化和正向化。

（二）智慧媒体

智慧媒体的定位强调的是智媒体的转型建设过程中秉持的一种守正创新的立场，通过主流价值观的核心引领以及生产环节的全面创新来实现媒体智慧化的生产与传播。在智媒体建设过程中，智慧内核的析出是对其智能内核禀赋的延续和补充，与智能内核对智媒体传播在技术层面进行的集中探讨相异，智慧内核则在技术理性之外更多地强调其存在的现实价值，将智媒体视作一种社会化组织进行探讨，在其对传播实践的

---

① ［波］齐格蒙特·鲍曼：《流动的现代性》，欧阳景根译，中国人民大学出版社2017年版，第29页。
② 徐亚清、于水：《生命的算法：论人工智能的现代性话语》，《华中师范大学学报》（人文社会科学版）2021年第2期。

改造和人本意义的回归中彰显出智能基座之外更重要的智慧价值。

1. 主流价值引领"智慧"方向

智媒体建设过程中商业媒体和主流媒体相继发力，但由于二者在组织性质和媒介定位上的差异，在智媒体发展方向和方式的选择上并不相同。商业化的媒体机构究其根本依然是一种以企业私利性质来进行信息生产与传播的组织，以追求利润最大化为目标，传播活动是企业整体布局与规划的一部分。主流媒体则立足于信息的生产与传播，是一种具有组织优势的专门化机构，在互联网时代其业务范围逐渐扩大至各种服务的供给，兼顾经济效益和社会效益。进入智媒体时代，虽然主流媒体依然是以"关注社会发展中的主流问题、影响社会中的主流人群、以主流意识形态进行价值引领"[1] 身份存在的媒体，但在面对智媒体传播过程中出现的诸多偏差，商业媒体和主流媒体在将正确价值观渗透进生产传播过程中的意识与实践反而是趋于一致的。智媒体的智慧禀赋体现在媒体关于是非善恶的基本判断上，就此而言，两者并不存在孰重孰轻，孰优孰劣的区别。

主流媒体是智媒体传播中社会价值导向的关键领导者。传播环境的变迁、意识形态工作的现实以及媒体经营上的压力共同要求智媒体传播中传统媒体主流价值的复归与扩大。可以看到，智能技术下放赋权普通民众，过往的被动倾听者变成了智能时代主动的诠释者、能动的生产者，媒体实践的客体转变成新闻话语的制造者，主流媒体话语权旁落，依附其上的主流意识形态在众声喧哗中难以彰显。信息的获知渠道从线下转移至线上，智能设施设备逐渐成为主流，个人获取信息的工具日渐轻灵，数字叙事逐渐起势，碎片化、娱乐化的话语表达，消解了主流议题讨论的严肃性，注意力经济下主流意识形态的边界出现模糊。传统媒体的权威地位由此受到挑战，意识形态的引领功能不再如往昔般发挥富有力量且整合迅捷的作用，商业媒体的勃兴，使得与主流意识形态时有摩擦的其他意识形态藏匿其中，零散的、难以体现社会共同价值的异质性意识形态，对意识形态结构的整体稳定性造成了威胁。由于传统媒体在引入

---

[1] 喻国明：《新型主流媒体：不做平台型媒体做什么？——关于媒体融合实践中一个顶级问题的探讨》，《编辑之友》2021年第5期。

智能技术并与之融合的过程中出现了滞后，因而丧失了智能时代部分的传播主动权，与资本与技术均处于优势地位的商业媒体相比，长时期居于追赶甚至落后地位，难以锚定自身的位置，由此带来的经营模式的僵化使其陷入发展困顿。

  智媒体传播中，主流媒体要用价值观来统领生产与服务，以助于自身打破发展困境，再度彰显价值媒体的独特作用。主流媒体的智媒化升级最终要以打造新型主流媒体来实现媒体深度融合的要求与目的。智媒体时代意识形态领域出现的诸多变化进一步证明了主流媒体价值持续发挥作用的迫切需要，其不仅与良好传播生态的建构密切相关，也与社会整体态势的稳定相互关联。主流媒体的智媒化升级将党性、人民性以及专业性的价值理念进行了迁移贯彻。首先是党性原则，坚持党对新闻传播活动的领导是主流媒体智能化建设的核心。以上报集团和川报集团为例，前者始终坚持弘扬正能量，唱响主旋律，力求彰显主流媒体的责任担当，牢牢守住舆论宣传阵地[①]，至目前已经初步完成了智媒体矩阵的预期建设任务；后者旗下的封面传媒则构建纯粹的智媒体生态，但与一般的互联网公司不同，他们"是党报集团、是主流媒体办的互联网媒体公司，出身和 DNA 决定了党媒姓党的特质"[②]。其次是人民性原则，智媒体时代的用户落位于社会网络中每一个节点中，用户个性化的特征与需求为媒体生产服务的开展提供方向指引，庞大的用户数量以及因相同兴趣激发出的组织行动力量成为智媒体传播可供调动的资源。用户既是智媒体活动中接收服务的主体，同时也是需要重视的微观生产力量。在智媒体时代，用户即是"人民"，新型主流媒体建设需要重新确立媒体的"人民性"立场，依靠群众办好智媒体，从广大群众中汲取媒体转型的力量，而坚持"以人民为中心"，是对"开门办报""开门办台""开门办网""开门办平台"等思想实践的一脉相承，也体现出智能时代对愈加重要的普通受众主体价值的重视。再次是专业性原则，新型主流媒体拥有成熟的组织形态和运作机制，媒体声望和专业能力为新闻工作者

---

  ① 裘新:《冲出"跑者蓝调"的烟霭——上海报业集团加快媒体深度融合发展的实践与思考》,《传媒》2021 年第 6 期。
  ② 李鹏:《智媒体:新物种在生长》,东方出版社 2019 年版,第 69 页。

提供了职业认同和价值坚守的意义，这是商业媒体不具备的吸引力，也是主流媒体工作者主体性建构的重要方式。封面新闻在智媒体打造中提出要组建"信念坚定、敢于创新、勇争第一"的"封面铁军"[①]，背后所依托的正是《华西都市报》长久以来积累的品牌优势和影响力。可以看到，传统引擎在智媒体发展中依然是非常重要的动力来源。

商业媒体是智媒体传播生态的主要平衡者。商业媒体凭借技术研发和资本持有的双重优势，在媒体的智能化改造与应用方面处于先导性位置，创造出了许多现象级的产品，成为智媒体发展的先行者，为智能传播生态的塑造提供了思路和方案。例如，新浪公司的微博作为"全媒体的社交网络产品"，历经数十年的发展，已经进入一个较为稳定的阶段，其在用户数量、产品类型以及商业化运作方面都有着明显的优势。更重要的是，微博往往被视作一个较为理想的"公共空间"，开放的媒体生态能够支持不同主体意见表达的权利，舆论的生成和发酵也常常在此实现。诸如疫情期间关于"武汉封城""武汉解封"等热点话题的讨论均获得了超过2000亿次的阅读量。微博在舆论热点和焦点事件形成与走向的讨论上处于优势地位，智能技术则充分运用在自动生产、内容分发、兴趣推荐、热点生成、用户画像以及智能审核等众多环节。微博之外，今日头条和抖音成为代表智能时代移动资讯传播和短视频社交的现象级产品，基于机器算法的智能推荐技术实现了信息的精准化推送，满足了用户的个性化需求，达成了用户基于自身特征的"点对点"式的极致满足，智媒体以"千人千面"的信息生产方式取代了过往组织传播中"千人一面"的通用方案。与传统媒体的智能化改造不同，渗透进今日头条和抖音等产品中的智能化基因和底层技术架构，以一种全然不同的态势推动着相关产品在市场中开疆拓土，智媒体传播的底色成功地将其打造成细分领域中的头部产品。

商业组织的智媒体实践，一侧对应着数字生产力所迸发出的强劲势能，思路的提出和想法的实践往往能够快速落地，并且极有可能转化为一场足以引发行业动荡的智能革命。但作为智媒体传播中重要的主体之

---

① 李鹏：《智媒体：新物种在生长》，东方出版社2019年版，第70页。

一，难以掩盖的"逐利倾向"有意无意中将组织的"公共职能"进行淡化与模糊，凭借技术优势和政策管控上的阶段性滞后，商业媒体开始以信息主义之名推动着社会朝着数字资本主义狂飙突进，以求在后工业时代"独异性"的社会文化中建立起与众不同。通过对大量数据的调用塑造出极富吸引力的"流量点位"，扭曲了数字时代社会网络节点的本意和价值，商业资本主导下传播活动出现的"异化"现象也对平台正常的信息传播秩序产生了干扰。例如，微博尽管以公共空间的搭建和维系为其特长，但也曾一度将"流量变现""注意力经济"视作自身短期的发展方向，从而"孕育"出如同"饭圈文化"一般偏狭的互联网文化存在。热搜、打榜、黑话等新兴事物及现象的出现，无法撇清智能技术在其中发挥的推波助澜作用。而在抖音等短视频平台，智能推荐愈加成为主导，通过流量的堆砌推出若干爆款视频，引发用户争相模仿，在图像化、视觉化产生的巨大影响力背后，平台早期发展过程中的暧昧态度以及自身欠缺的影响力控制导致了诸多出格的内容和行为。"网红""网络直播"这些在互联时代诞生，在智能时代快速成长的新兴传播方式，仍然无法摆脱早期在公众面前留下的相对负面的认知印象，偶尔还是会与低俗的、无趣的文化现象产生关联。

商业媒体的智能化演进亟须主流的、正向的、有引导意义的价值观涉入，以便更好地在社会责任和逐利趋势之间找到平衡。在智能传播生态中，商业媒体的先导作用毋庸置疑，组织架构的灵活性，时机把握的敏锐性使其能够大胆地对创新生产力进行开拓与挪用，"商业媒体资金丰厚，在技术研发、产品迭代等方面具备传统主流媒体不可比拟的资源优势"[1]，是我国现代化传播体系中不可或缺的一员。商业媒体可以结合自身的组织特征和业务方向对"主流价值"的内涵进行扩充，主体思路与主流价值观保持一致，具体细节可享有一定的阐释弹性，以更好地体现出其"智慧"特征。商业媒体要将自身视作一种连接和创造价值的特殊力量，要从嵌入社会、融合异质、连接万物的角度出发来彰显自身的公共价值。智媒体发展过程中商业媒体在数据持有和处理上享有优势，但

---

[1] 蔡雯、汪惠怡：《现代化传播体系建设中的资源共享与边界重构》，《传媒观察》2021年第11期。

不应该以"数据垄断""数字霸权"的方式跑马圈地,要寻求一种"立体化"的智媒体发展思路,构建以"成员和参与主体共商、共建、共享、共治与共生"① 为特征智媒体生态圈。要做好信息服务工作,在政策的支持下,继续探索智能生产力前沿,丰富信息服务的"智能工具箱";拓展和维护平台与渠道,以资源聚合优势弥补自身在内容产制上的短板;扩大社会参与面,由专注经营向辅助管理转变,通过将数据和技术优势以共享的方式迁移至社会治理面,营造一种价值共创的社会氛围,商业媒体在具有获得感的社会参与中能够真正将自己视作一种公共性组织存在,其在智媒体发展中拥有的优势和履行的责任应该是高度一致的。

2. 人本立场赋予"智慧"力量

智媒体传播的核心在于智能技术的优势与信息传播的结合与弘扬。在体认到智能技术为传播活动在生产和文化层面带来的积极影响之后,技术背后附带的工具(科技)理性对信息生产中原本归属于人的主体地位形成的冲击也需要进行反思。如同硬币的两面,智能技术的优越性往往与其伴生问题相互对应。

人工智能技术依托数据与算法成功将个人进行画像,对其个性特征和行为轨迹做出分析,进而以快速、精准、高效的方式向用户提供个性化的信息服务,随着用户接触媒介的时间和频率增长,智能算法将会同步优化,以提供更加到位的信息服务。这一过程恰切体现出科技理性所具备特质,即"精确性、对象性思维和无限扩张性"②,原本看似并无价值牵涉的技术要素及其运行过程实则暗含着被功利性目的侵占的风险。智媒体在实践过程中已经验证了部分隐忧:基于算法的现实描摹容易产生智媒遮蔽;对于数据的清洗、归类和标签化极易滋生智媒偏见;功利目的附加在生产环节容易导致智媒控制;主体无意识的、自发的情感劳动和信息生产不仅是"异化"劳动的新形式,而且会导致智媒剥削的进一步加剧;主体行动的数据化处理在适配效率要求的同时,也将个人信

---

① 肖红军、李平:《平台型企业社会责任的生态化治理》,《管理世界》2019 年第 4 期。
② 陈昌凤、石泽:《技术与价值的理性交往:人工智能时代信息传播——算法推荐中工具理性与价值理性的思考》,《新闻战线》2017 年第 17 期。

息做出全方位的收集，其背后的数据安全和隐私权益维护问题都需要认真考量。

　　智媒体传播需要在技术（科技）理性之外，重新梳理并强调人的主体价值，通过对价值理性的强化来纠正技术理性主导智媒体发展所造成的部分偏差，中和智能技术在介入信息传播过程时过于强势的能量输出和价值维持。智媒体传播的智慧内核一方面通过对传播过程中"人本"立场的回归予以展现，技术要为作为主体的人的需要进行服务，要致力于人价值的实现。近代认识论秉持着一种"认识自然是为了改造自然，认识是实现人的统治地位的途径，是对自然的自主安排、改造和宰制"[①]的基本立场。就此逻辑，智媒体及其背后技术也理应服膺于数字时代人的功能拓展，并且这种拓展应该是一种广义层面的，有益于主体完全人格实现的拓展。韦伯认为价值理性（wertrational）是"某种包含着特定行为方式中的无条件的内在价值的自觉信仰"[②]，"要不计代价的去实践由义务、荣誉、美、宗教召唤、个人忠诚或者无论什么'事业'的重要性所要求的信念"[③]，这里的"义务、荣誉、美、宗教召唤、个人忠诚"与"权衡目的、手段和附带后果"[④] 的工具理性形成了鲜明的对比，反映着一种纯粹的、自发的、至臻至上的信念追求。将良好价值理性渗透进智媒体传播活动中，技术条件的优势和"高级"的价值关涉自然有助于形成了一种智慧化的传播生态。马斯洛也认为人的最高潜能只有在一种"良好条件"下才可能（在较大规模）上实现[⑤]，而智媒体传播中对于以"人本主义"为核心的价值理性的回归，即是当下通过技术主导的智慧传播生态的创设和维系来促进人性的充分发展。

---

　　① 赵敦华：《西方人本主义的传统与马克思的"以人为本"思想》，《北京大学学报》（哲学社会科学版）2004 年第 6 期。
　　② ［德］马克斯·韦伯：《经济与社会（第一卷）》，阎克文译，上海人民出版社 2009 年版，第 114 页。
　　③ ［德］马克斯·韦伯：《经济与社会（第一卷）》，阎克文译，上海人民出版社 2009 年版，第 115 页。
　　④ ［德］马克斯·韦伯：《经济与社会（第一卷）》，阎克文译，上海人民出版社 2009 年版，第 115 页。
　　⑤ ［美］亚伯拉罕·马斯洛：《人性能达到的境界》，曹晓慧等译，世界图书出版公司 2014 年版，第 7 页。

在具体的智媒体智慧实践中，对于"人本主义"立场的坚守处在智能化信息服务的重要位置。在有限人工智能阶段，对于技术理性的调试往往直接回溯至人的主体性中找寻答案，对于算法推荐技术的风险规避是通过"与智能算法推荐相关的人类主体进行规范性约束"[1]来实现的，这是一种传统管理思维方式的延续，也是一种较为直接的处理问题的方法。封面新闻在智媒体建设中，就提出以正能量为技术引擎植入价值观灵魂，除了用价值来主导技术之外，还强调人可以用来解决机器不能解决的问题，并纠正机器出现的偏差，智媒体生态的整体调性是由其队伍特点和基础性规范决定的。封面新闻的员工以"好种子"的身份定位，坚持"正派、阳光、健康"的价值观，通过一系列企业文化的塑造来平衡和弥补自身在技术与资本上的原始性不足，经由对组织和主体"理性"价值的强调放大自身的优势，彰显媒体从业者作为"主体的人"的能力。随着智媒体发展进入深度智能阶段，仅仅依靠人类的主体规范来对技术理性进行调和已经呈现明显的力有不逮的情况，解决这一问题要通过"打造有道德的智能化媒体"，通过构建"以智能体为中心的机器伦理"[2]来进一步实现。智媒体的智慧性一方面在于技术的自我纠偏能力，机器学习作为智媒体的技术核心，要进行积极的、正向的学习思维与程序的建立，及时筛选并剔除负面的、消极的学习内容，避免陷入螺旋式的算法困境，通过不断地优化算法设计，以多维角度还原社会现实。另一方面则是数据的合理利用能力，智能算法所依赖的数据资源已经与社会权力、社会公平密切连接，数据是否公正、算法是否透明关乎数字时代个体的切身利益，并且与社会秩序的稳定相关联。要保障数据公正，即"人们因数字数据的生成而变得可见、被表现和被对待的方式的公平性"[3]，人人都享有选择是否使用数据的权力，同时也不应被积极持有数据的一方忽视、压迫和宰制。要推动智能算法走向透明，破除因算法技

---

[1] 喻国明、耿晓梦：《智能算法推荐：工具理性与价值适切——从技术逻辑的人文反思到价值适切的优化之道》，《全球传媒学刊》2018 年第 4 期。

[2] 喻国明、耿晓梦：《智能算法推荐：工具理性与价值适切——从技术逻辑的人文反思到价值适切的优化之道》，《全球传媒学刊》2018 年第 4 期。

[3] 郭小平、秦艺轩：《解构智能传播的数据神话：算法偏见的成因与风险治理路径》，《现代传播》2019 年第 9 期。

术背后附加的知识不对等性而导致的权力结构差异，降低智媒体传播过程中媒体与用户之间日渐突出的不平等性。

作为组织社会化行为的智媒体传播，其智慧指征要通过相应规制来实现更好地表达，在伦理规范的柔性约束之外，也要寻求法律行规的强力保护与制约，通过建立完善的问责机制，明确智能技术的参与各方所需要履行的责任与义务。全球范围内已经有多个国家针对人工智能及其细分领域的发展制定了相应的法律规范。欧盟的《通用数据保护条例》、美国的《人工智能未来法案》、法国的《数字共和法案》、巴西的《通用数据保护法》均是各个国家根据自身在智能传播领域内遇到的机遇和挑战进行的防范性的应对。2021年9月，《中华人民共和国数据安全法》正式颁布实行，标志我国在数据处理、数据安全、数据活动、数据开发应用等领域已率先建立以法律为保障的风险防控机制，这也为后续智能传播活动系统性法律保障体系的搭建提供了政策指引。在法律之外，行业的自发性规范宽松而富有弹性，是行使法律准绳强制性约束之前的一道软性标准，依靠所属成员的自发约定和执行得以维系。"行业组织作为兼顾服务、沟通、自律、协调等功能的社会团体，是协调人工智能治理、制定人工智能产业标准的先行者和积极实践者。"[①] 在美国，国际标准化组织、国际电工委员会、美国计算机协会、电气和电子工程师协会为其代表，针对人工智能发展出台了包括 ISO/IEC、IEEE 在内的多个标准。在国内，则以中国人工智能产业发展联盟、全国信息技术标准化技术委员会为代表，也已出台了诸如《共享学习系统技术要求》《中文语音合成系统通用技术规范》等类型的技术产品发展规范[②]。

3. 创新技术赋能"智慧"生产

媒体作为从事信息服务的专业化组织机构，以内容生产为核心进行的业务扩展依然是其工作的重点和要义。在将智能技术引入新闻生产关键环节的过程中，迎来的是一种对信息生产全方位、全流程的智能化重

[①] 中国信息通信研究院、中国人工智能产业发展联盟：《人工智能治理白皮书》，2018年9月，第20页。

[②] 中国信息通信研究院、中国人工智能产业发展联盟：《人工智能治理白皮书》，2018年9月，第21—22页。

塑。作为把控媒介生产的核心中枢，在媒体深度融合的背景下，新闻编辑部也开始向"智能编辑部"转型升级，以更好地引领智媒体时代内容生产的重构趋势。"智能编辑部"成了"中央厨房"概念在智能时代的内涵转述，便利于不同类型、不同层级媒体进行具体的操作与落实。融媒体时代的"中央厨房"实际上已经带有明显的初期智能特征，人民日报的"中央厨房"软件平台"通过提供内容分发、舆情监测、用户行为分析、可视化制作等一系列技术工具，前后方采编人员时刻在线连接，各终端渠道一体策划，逐步形成新媒体优先发布、报纸深度挖掘、全媒体覆盖的工作模式"①。随之而来的智媒体时代的"智能编辑部"则领导了一场"智能时代的新内容革命"，信息在采集、加工、分发等各个环节都受到了智能技术深刻的洗礼。信息活动正全面迎来一个智能技术2.0的时代，即"智能化驱动的内容生产2.0，以算法为核心的内容分发2.0和以个性化与社交化交织、消费与生产一体的内容消费2.0"②。在融媒体"中央厨房"的先期导引和智媒体"智能编辑部"创新实践下，已陆续涌现出包括中央广播电视总台"人工智能编辑部"、封面新闻"智能编辑部"、上海报业集团"智媒体矩阵"等在内的带有智能技术基因的新型媒介组织生产形态，通过持续打造智能化的媒介产品和传播生态，重新建构媒体内容生产和信息服务的整体流程。

（1）智能信息采集

依靠日益成熟的物联网技术和传感器设备，新闻信息采集工作的智能化得以实现。"物联网是物物相加的互联网，是可以实现人与人、物与物、人与物之间信息沟通的庞大网络。"③ 物联网的成型依托于数字时代"万物互联"的社会背景，任何物理世界中的事物和信息都可以通过传感器进行采集，并转化为相应的数据留存。如同人身份的唯一性一般，所有物体也都拥有了标的自身身份的独特ID，人与物体之间的三方关系即是要通过这些数字信息的获取和加工来实现彼此之间更广泛的价值联动。物联网有三层结构，即感知层、网络层和应用层，分别承担信息的

---

① 叶蓁蓁：《人民日报"中央厨房"有什么不一样》，《新闻战线》2017年第3期。
② 彭兰：《智能时代的新内容革命》，《国际新闻界》2018年第6期。
③ 刘军、阎芳、杨玺：《物联网技术（第2版）》，机械工业出版社2017年版，第3页。

捕捉、传输和处理功能,全面感知、可靠传递和智能处理是物联网的主要特征。

智媒体传播中的信息采集实际上是对各种数据的采集,人与机器的密切协作共同推进了这一进程。作为主体的人在现实场景中生产出各种日常数据,智能化的设施设备则对这些数据进行收集、上传和处理,通过云平台系统的智能转化,将个性化的内容产品提供给用户。智能化信息采集行为的达成并不完全取决于机器能力的提升,而是智能技术的先进性扩展了对人们行为的捕捉能力,并将其视作一种可供分析利用的资源。优越的智能设施设备使得人们跨越时空随时获知信息成为一种可能,主体获取信息的行为轨迹记录则进一步扩充了物联网的"数据舱"。作为媒介的智能设施设备实现了人"身体的延伸","人的身、心、物以及环境无分别地、自然而然地融为一体,以致力于该活动的操持"[①],相较于过往媒介技术的离身性,具身性特征在智能时代愈加明显。由此可以对未来信息收集设备的成就做以合理的畅想,或许在智能手机之外,智能穿戴设备、植入式芯片都可以实现对人个性特征的长期的、精准化的、多面向的数据抽象。

智能信息采集已被广泛运用于信息传播具体业务的实践。新华社使用"现场云"服务于新闻的移动化在线生产,并打造"全球视频智媒体平台"作为媒体融合体系建设的样本。前者依靠云编发平台提升新闻采集效率,"笨重的采集机器将逐渐由轻便的、能力更全面的采集器取代,数字信息的处理器性能将会越来越高"[②]。后者则致力于解决信息采集的数据要点,通过智能大系统构建,来实现数据流的"自动积存、自动汇聚和实时共享"[③]。中央广播电视总台借助融媒体数据中台,对央视网全域数据进行智能化采集,日均采集数据量高达20多亿条,成为当前国内

[①] 芮必峰、孙爽:《从离身到具身——媒介技术的生存论转向》,《国际新闻界》2020年第5期。

[②] 关明辉:《"现场云":新闻移动化在线生产新模式的探索》,《新闻与写作》2018年第4期。

[③] 陆小华:《媒体融合运作体系构建方法与实现路径——以新华社全球视频智媒体平台与相关运作体系为研究样本》,《现代传播》2019年第10期。

主流媒体中最大的数据采集中心①。可以看到，利用智能化的设施设备进行信息采集逐渐成为媒体开展信息服务的首选。

（2）智能信息生产

智媒体的信息生产实现了由机器主导内容产制这一关键性的突破，这也是"人工智能＋媒体"的重要尝试。AI深度参与信息内容产制，很好的匹配了智媒体传播对于快速、迅捷以及个性化的效率追求。机器的算法逻辑完全改变了传统信息生产由专业人员进行人工采写，面向公众进行报道的"一对多"的传播格局。

机器参与信息生产主要有两种方式。一是以软件形式从庞大的数据库资源中提取新的信息，另一种是能够自动将零散的见解和知识转化为无须人工参与的可读故事的算法②。前者更符合计算机辅助报道［computer assisted reporting（CAR）］的特点，以机器对于多重事件的数据提取作为撰写报道时文章背景的信息来源，计算机这一机器在彼时更多地被当作一种便捷但并不是不可或缺的工具来进行使用。数字新闻的出现使得机器算法的价值得到了显著提升，算法很快被应用于新闻生产的多个领域，以便在繁杂的知识背景中挖掘更为深刻的见解和信息。在机器参与内容生产方面，国内外均有代表性的产品析出。美国推出了短视频机器人Wibbitz，新闻追踪程序News Tracer，信息收集机器人BuzzBots，智能编辑机器人Heliograf、Perspective，以及由"叙事科学"公司打造的集"数据分析、人工智能和编辑专业知识"③为一体的综合性算法程序Quil。在国内，腾讯推出的写稿机器人Dreamwriter被给予广泛关注。2015年9月，Dreamwriter智能程序正式发布了第一篇财经报道，仅仅用时一分钟，即达到了一般财经报道的水平。此后新华社的"快笔小新"、第一财经的"DT稿王"、"今日头条"的"张小明"、封面新闻的"小封机器人"相继推出，在财经、体育等领域迅速发挥出机

---

① 李峰：《主流媒体的智媒体转型发展之路——以中央广播电视总台"人工智能编辑部"为例》，《传媒》2021年第3期。
② Latar, Noam Lemelshtrich, "Robot journalism", Robot Journalism：Can Human Journalism Survive？, 2018, pp. 29–40.
③ Jamie Carter, "Could robots be the writers of the future?", TechRadar, www.techradar.com/news/computing/could–robots–be–the–writers–of–the–future–1141399. Accessed 1 April 2013.

器生产在效率、准确性和客观性上的优势，而在机器生产的背后，实际是算法主导的人工智能在发挥关键作用。

封面新闻在机器写作的基础上进一步开发出了智能机器人，实现了智能机器人从参与内容生产到提供智能服务的扩充升级，这一趋势也经由其他智媒体机器人的开发实践得到丰富。智媒体的内容生产获得了更大的创新空间，同时也给予了用户更多的新颖体验。与机器写作相伴，过往"阅读新闻"的信息接收方式开始被"收听新闻"的消费习惯所取代，机器的智能播报通过日趋成熟的技术手段完成对语音的自动合成，主动适配用户在不同场景下的内容需求。与听觉满足相对应，5G 技术与 AI 技术的结合，推动了信息内容视频化表达的大放异彩。影像素材可以在云上完成剪辑、加工、发布与调用，视频内容的生产变得快速而便捷。在智能技术的加持下，直播活动更加具有趣味性和科技感，AR、VR 等新技术帮助进行直播新场景的搭建，消解了用户参与直播活动时的疲劳感，并有效提升了其参与度和消费体验。此外，AI 记者、AI 主播也陆续推出，它们是智能信息生产和呈现的一种探索性尝试，在实现智能机器人服务价值扩展的同时，加强了对智媒体未来发展方向的战略布局。

（3）智能信息分发

智能技术介入信息分发环节，主要仍是依托算法系统运算对相关问题进行最优解的探寻。数据、算法以及平台为信息的智能化分发提供了一个较为完整的支持系统。将用户日常的生产生活轨迹和兴趣特征进行数据的收集与处理，通过算法程序进行计算和优化，有效地推测出用户内容偏好和潜在信息服务需求，再以平台作为信息推送、交换、流通、呈现的渠道和空间，以此成功实现信息内容的智能化分发。

以智能算法主导的信息分发流程，集成了个性内容推送和平台内容调整两方面工作。通过数据对个人特征的精准描摹，算法以智能计算和程序优化了解用户的实际需求，结合个性化的信息推送服务，受众能够在庞大的信息海洋中快速地提取到自身感兴趣的信息，有效提升了信息的到达率，在创造用户与信息之间有效连接的同时，信息资源也得到了有效利用，增强了受众对产品的黏性。在个性化的信息内容推送之外，算法也被平台广泛地应用于产品的调性调整和内容排布中。平台时常爆出的"流量事件"或是"流量高地"即是经由机器自组织行为与用户情感偏向高度结合造就的结果。普通用户心甘情愿的参与到有关热点事件、明星八卦的讨论中,乐在其中并毫无察觉,制造出一个个"流量旋涡"吸纳更多的人进入其中,机器自动捕捉用户在平台中的注意力富集区,并予以更多的流量倾斜,人机协同通常会使得事件在平台中快速发酵,并引发更多的关注与讨论。

在智媒体的算法实践中可以清楚看到信息的生产端与分发端出现了明显分离。传统媒体时代,媒体负责内容生产的全部流程,生产和分发环节密不可分,常常固定在一起,信息的分发呈现一种"一对多"的结构,受众个人的特征往往无法顾及或是暂时没有纳入到考量范围,大众传播此时的对象是一个整体,显得庞大而又模糊。进入到数字时代,互联网技术使得个体价值得到凸显,作为整体的受众概念开始被细化,按照不同的特征进一步切分,过往由媒体机构掌握的信息分发权力开始向平台组织让渡。尤其是进入智能时代,商业媒体因其对用户资源、技术手段、流通渠道、社交平台的先期布局而具备相当的优势,专业媒体由此陷入了转型中的阵痛期。

智能技术介入信息分发环节,也使得媒体的信息把关权力产生了动摇。人工智能凭借技术优越性实现了生产力的提升,具体到媒体信息把关环节,则体现为在信息溯源、比对、审核过程上的高效与精准。一是智媒体能够对信源的可靠性进行快速的查证和多方比对,并及时跟进事件进展,自动补充事件的关键信息,以保证新闻的真实性与客观性。二是智媒体能够以算法技术对发布内容进行审核,不仅节约人力成本,充分发挥了机器效能,而且算法在自主学习和持续优化上的特点也保证了即便信息内容日趋复杂和多样,审核手段也能够同步智慧化更新,"推荐算法并不是一成不变的,算法型信息分发也在不断提升'有边界的调试'"[①]。智能技术对传统新闻工作者的部分把关权力进行替代,动摇了其源自专业性的主体价值,以往通过专门化的知识、较高的职业准入门槛以及心理和实践上的优越感建立起来的行业边界正在面临一波又一波

[①] 喻国明、杜楠楠:《智能型算法分发的价值迭代:"边界调适"与合法性的提升——以"今日头条"的四次升级迭代为例》,《新闻记者》2019年第11期。

来自草根的、非专业的甚至是机器驱动生产的"叩门者"的冲击。

（4）智能信息消费

内容生产的最终目的是要导向内容及围绕内容进行的服务消费。智能技术与媒体活动的结合，为新场景下信息消费活动的开展提供了契机和技术支持。智媒体建设将传统信息消费中的内容传播转化为产品服务，将受众群体视作用户个体，将全流程的信息传播供给升级为资源和服务汇聚交换的平台，依托其所依赖的社交网络和个性化需求，创设更为丰富的消费窗口。

智媒体扩展延伸了信息消费的场景。戈夫曼认为舞台设置也即场景构成了个人认同的前台[1]，通过与社会期望相符合的表演过程，能够形成一个理想化的印象[2]。场景由各种符号组成，并且会随着传递符号的媒介变化而呈现不同的意义。过往时代的信息消费场景往往固定单一，人们会选择特定时间在特定空间内获知消息。例如，会在早餐桌前进行读报或会话活动，会在晚间时段于客厅或卧室收看电视，信息接收场景和时间一般不会出现明显的变动和更迭，其他时间则由不同的安排来填补，用于工作、社交及休憩活动。互联网时代的到来使得信息接触场景出现了变动，而进入智能时代，场景则愈加处于一个不断地创设、变动和融合的样态中，显示"随机性、接续性和伴随性"[3]的特征。智媒体时代信息接触和消费的场景无处不在，很自然地与人们的日常生活联系在了一起。没有了前后台限制，人们可以通过具身性设备随时享用自身感兴趣的信息，不必过分考量社会眼光对于个体爱好的审视。人工智能、虚拟现实等技术在软硬件领域取得的进步，进一步消解了场景的虚实分别，人们可以在社交媒体内组建"趣缘群体"，也可以在购物平台上进行"VR试衣"，可以在下班路上通过手机操纵家中的智能设备开始工作，甚至可以在未来的"元宇宙"打造真实的属于个人的"我的世界"。

---

[1] ［美］欧文·戈夫曼：《日常生活中的自我呈现》，冯钢译，北京大学出版社2008年版，第20页。

[2] ［美］欧文·戈夫曼：《日常生活中的自我呈现》，冯钢译，北京大学出版社2008年版，第29页。

[3] 王敏芝：《媒介化时代"云交往"的场景重构与伦理新困》，《暨南学报》（哲学社会科学版）2021年第9期。

智能信息消费以个性需求和社交需要的满足为重要维度。首先，个性化产品的供给匹配了智媒体时代传播对象日益精细化的特征，消费场景的扩充使得个体的消费欲望以及在此基础上汇聚形成的能量被重视，用户侧与产品侧获得了更为紧密的连结。例如，封面新闻就进行了"AI+场景应用"的创新尝试。将人工智能与高考结合，以教育大数据和神经网络算法为考生提供志愿填报服务；将人工智能与相亲活动结合，以嘉宾数据为基础，通过机器算法，筛选出较为匹配的相亲对象[1]。除此之外，智媒体还参与到个人出行、娱乐、购物、饮食等日常活动中，以智能技术来提供相应的信息支持和决策指导。此外，智媒体依托自身的社交属性激发了更为强劲的消费动力。智媒体的网络化特征使得每一个节点都蕴藏着单个或多个潜在消费对象，他们在共同兴趣驱使下建立的小团体往往极富凝聚力，产品信息通过成员之间的分享、转发、评论和推荐极易诱发相当规模的消费，信任机制和口碑效应在智媒体消费行为的达成上得到了很好的印证。即使是更大规模的智媒体消费活动也依然带有小团体消费行为的影子。通过筹建新的社交平台，充分整合内容资源，推动单一的文字内容消费朝着音频化、视频化的新方向转型，具有高度黏性的用户能够在符合自身定位、满足自身需求的平台上围绕更丰富的内容产品实施更大规模的消费。智媒体社交消费的达成，是以事件引发关注，流量创造热点，符号生成景观，数据标示价值，视觉留存注意为主要的运行逻辑，因此不能淡化其背后的流量价值，在后现代社会中，独一无二，卓尔不群正是主体的不懈追求，也代表着社会的期望。位于媒体"流量高地"中的主客体，处在"一个无所不包的吸引力市场中，这个市场中进行着可见度的角逐，只有不同凡响，才能获得瞩目"[2]。流量的汇聚终将指向消费，智媒体时代巨量化的数据标示出一种特殊的"物"的存在，这里的"物"并不是实体存在的物，而是用来"表征不同地位、声望以及时尚的内涵"，是一种作为"工具"而存在的"消费的物"[3]。

---

[1] 李鹏：《智媒体：新物种在生长》，东方出版社2019年版，第107—108页。
[2] ［德］安德雷亚斯·莱克维茨：《独异性社会：现代的结构转型》，巩婕译，社会科学文献出版社2019年版，第3页。
[3] ［法］鲍德里亚：《符号政治经济学批判》，夏莹译，南京大学出版社2015年版，第59页。

(三）智力媒体

智力媒体的定位强调的是智媒体对媒体自身和社会发展路径进行的思路厘清和理论供给，是在人工智能与媒体实践结合以实现技术赋能和内容赋能后，在知识赋能层面进行的新的探索尝试。智库作为"一种相对稳定且独立运作的政策研究和咨询机构，是实现决策科学化和民主化的一种制度和组织安排，发挥着抢占思想高地、提高决策质量、提升国家软实力的功能"[①]。智媒体与传统媒体相比，其发展需要面对更为复杂的传播生态，但其生产力工具与过往相比亦实现了巨大革新，智能技术为媒体参与知识生产、形势研判以及策略析出提供了全新的思路，其不仅是以方法和手段供给来完成工具助力，更是一种经由智能技术实现的自我整饬、自我提升以及为更深远意义上的社会发展赋能。

1. 智力服务供给匹配媒体融合要求

在社会主义现代化建设过程中，媒体成为参与并推进国家治理现代化的重要组织和工具，尤其是作为价值媒体存在的主流媒体，更要承担起重要的责任和义务。在推进国家治理体系和治理能力现代化的过程中，"建立以内容建设为根本、先进技术为支撑、创新管理为保障的全媒体传播体系"的目标与媒体不断走向深入的融合发展进程保持一致，媒体只有深度融合之后才能够实现全媒体传播甚至是智媒体传播。

智库建设是媒体融合转型的重要路径和恰当选择。"媒体与智库进一步融合，媒体智库的布局与建设纵深推进，全新竞争语境下'智库化转型'成为当下媒体融合战略的主流方式和战略命题。"[②] 政策层面率先对媒体智库化建设予以确认以拓展媒体深度融合内涵。2015年1月，中共中央办公厅和国务院办公厅联合印发了《关于加强中国特色新型智库建设的意见》，将智力资源视为宝贵资源的同时，将智库建设视作体现国家软实力的重要内容，新华社作为中央重点新闻媒体被列入首批国家高端智库建设试点单位名单。2018年3月，原国家新闻出版广电总局印发

---

① 朱旭峰：《构建中国特色新型智库研究的理论框架》，《中国行政管理》2014年第5期。
② 麦尚文、张钧涵：《融合创新：主流媒体智库化转型的价值逻辑及基本模式》，《中国出版》2021年第5期。

《关于加快新闻出版行业智库建设的指导意见》，提出要以行业智库整体建设规划为统领，加快高端智库建设，提高专业智库服务能力，鼓励主流媒体建设媒体型智库，鼓励龙头企业和行业组织兴办社会型智库。

智库价值与媒体功能在智媒体时代形成了耦合，智力服务作用于媒体价值引导的先进性、信息传播的专业性、社会参与的深度性以及组织管理的科学性。

媒体智库对社会价值取向给予科学引导。媒体的公共价值，特别是主流媒体在国内的传播生态中体现较为到位，作为社会公器，媒体要做好舆论引导和公共价值维护的工作，履行其公义性价值，而作为党的宣传事业重要组成部分，媒体要做好党的耳目喉舌的角色，传播党的思想，传递党的声音，通过对主流意识形态的维护与宣传，引导民众向善向好。党的新闻宣传事业与媒体的公共传播活动在价值本质取向上是一致的。媒体智库在面对当前社会中存在的对主流意识形态进行冲击的多元、异质的意识形态时，要充分认识到宣传思想工作的科学性，发挥智库在思想引领上具备的竞争力。"智库的核心功能是生产资政启民的思想产品"[1]，通过启用专家学者对相关问题现象采用科学的理论方法进行分析研判，以提出创新认识与政策建言。

媒体智库对信息传播活动提供专业指导。有序开展信息传播活动是媒体的主要职责，随着互联网时代向智能时代转向，媒介技术进行了迭代升级，传播工具和呈现形式随之发生了诸多变化。创新技术赋能个体参与信息生产活动，凭借对易得媒介工具的使用，引发了整个信息传播生态的变动。媒体的智库建设正是要立足媒体业务本身，探寻适配时代特征的媒体融合发展专业路径。媒体以生产高质量的内容产品为优势，智库能够为媒体常规的新闻生产提供热点选题析出、数据报告支持、知识服务转化等辅助支持，而在媒体中发布的以观点性、思想性、见解性见长的部分内容甚至直接由智库专家来完成书写[2]，智库知识产品借由

---

[1] 王斯敏、陆先高：《智库化建设：传统媒体转型发展的战略选择》，《新闻与写作》2018年第6期。

[2] 王斯敏、陆先高：《智库化建设：传统媒体转型发展的战略选择》，《新闻与写作》2018年第6期。

媒体平台进行传播，将会产生更大的影响力。媒体要不断锚定处在频繁变动中的专业价值和角色意义，智库的存在即是要将宏观的政策要求推向落地实践，结合媒体实际进行相应解读。要抽离出纷繁复杂的传播生态中的媒体价值点位和从业者专业立场，通过思路厘清、业务指导、技能提升来推动从业者队伍适配升级，以对媒体内容和业务的再度专业化支持保障从业者的主体地位。

媒体智库对社会参与面向谋求深度扩充。媒体智库的智力输出不能囿于对所属媒体发展现状和未来方向进行评估与指导，而是应该立足自身社会组织的性质定位，在媒体事务以外的社会参与面向中发挥出更大的价值。对智媒体智库而言，智能时代的数据治理、舆情监测以及政策解析等公共事务均需要其提供相应的智力支持。当前社会中的一切事物和行为均可使用数据进行标注，数据成为可以产生价值的重要信息资源。巨量数据通过机器智能计算能够为政策析出提供辅助指导，动态监测政策运行过程及时感知风险走向，为政策适时调整做出参考。此外，随着智能设施设备和社交媒体工具普及，个体的数字生产能力受到检视，社会中热点事件与舆情的产生往往来自数字个体和智能算法等多重因素的共同推动，互联网信息和舆论生态日趋复杂、不断变化甚至瞬间爆发，亟须如媒体智库这样专业化的组织机构利用智识和技术上的综合优势对舆情事件的爆点、走向、影响及治理进路进行系统的研判分析，帮助相关责任主体把握舆情演化的关键节点，做出恰当的判断和决策。

媒体智库对组织自身发展路径进行积极探索。随着媒体融合走向智能时代，媒体面对的挑战和压力显著增多，"事业化单位，企业化管理"的组织管理模式要求媒体必须要在公共价值充分发挥的基础上对自身生存前景做出判断和思考。转型的急迫性、技术的颠覆性、市场的竞争性都会将媒体组织的发展压力推高至一个顶峰。媒体智库是要在媒体惯有的实践优势、舒适区惰性之外，通过对机构运行状况的全面了解，对组织发展情况做以阶段性的总结，对影响组织持续发展和未来布局的因素进行专业性、科学性、前瞻性和全局性的思考，通过提供有力的智力支持保障企业健康发展，为企业战略的推进供能。

2. 发展路径选取影响媒体智库定位

对媒体智库进行分型，则有"内向型"和"外向型"之分①。两者的分野并不完全是由媒体智库在服务对象和内容上的差别造成的，更多是由于社会发展导致的智库能力和价值扩展在时间脉络对智库类型进行的升级和分化。

"内向型"媒体智库由媒体机构自主设立或是与第三方咨询机构合作设立，核心目的是为媒体机构运行提供专门服务。主要围绕媒体信息生产活动并在理论解析、业务拓展、现状评估及未来规划等方向上提供相应的智力参考与支持。媒体自主设立的智库主要有四种形式：传媒集团下设的研究所、互联网头部企业的战略运营部、传媒集团设立的博士后工作站以及集团内部的智力交换②。而与外部组织合作设立的智库则依托科研机构和高等院校研究人员、专业的外部咨询机构、已接受培训的机构员工以及独立董事和顾问为主要成分构成③。"内向型"媒体智库的开发从严格意义上讲并不是"媒体智库"，而是一种狭义范畴的"智库媒体"，虽然是"以媒体为平台，专注于信息生产、加工，及衍生产品打造的新型媒体"，但其对于"政策和决策资源开发"④能效的达成是有限的，更多是对于媒体业务发展策略的思考，缺失了更为宏大的社会政策面的参与。

"外向型"智库则更符合"媒体智库"的定义，是"由媒体主导发起设立，为政府、社会提供决策咨询和研究服务的研究咨询机构"⑤，其服务范围虽涉及组织内部的发展规划，但并不局限于此，而是以智力输出服务社会治理。"媒体智库概念的核心在于智库，其具备智库的两种核心特征，即：持续的思想内容生产能力和强大的传播力与影响力。"⑥通过为管理主体提供形势研判、政策析出、发展研究以及决策咨询服务，

---

① 蔡雯、蔡秋芃：《媒体办智库：转型期的实践探索和理论发展——对 2008—2018 年媒体智库及相关研究的分析》，《国际新闻界》2019 年第 11 期。
② 郭全中：《当前传媒业的智库建设》，《青年记者》2008 年第 3 期。
③ 郭全中：《当前传媒业的智库建设》，《青年记者》2008 年第 3 期。
④ 里昕：《中国媒体智库的发展特色及发展建议》，《社会科学文摘》2018 年第 1 期。
⑤ 里昕：《中国媒体智库的发展特色及发展建议》，《社会科学文摘》2018 年第 1 期。
⑥ 黄楚新、王丹：《媒体智库：发展路径与关键》，《新闻与写作》2016 年第 1 期。

为社会要素有序运行提供理论指导、价值附着、技术手段以及效果评估为更好地投身社会现代化建设，提供分属于媒体智库范畴且具有思想深度的业务支持。

进入智媒体时代，媒体智库建设已经没有了内外之分，智库的传播力和思想性特质随着媒体融合的整体趋势自然的融为了一体，做到内外兼顾。社会运行的总体状态和信息传播生态均发生了显著改变，在智能技术的介入下，媒体的社会角色同步发生变动，实现了从专业信息生产者向社会积极参与方的转变。作为媒体组织有机组成部分的媒体智库，其功能和价值也进行了相应扩充，开始全面统筹媒体和社会资源，以人才支撑、专业管理、技术先进性、优质服务为特色统揽对内对外服务，并以提供互联网治理的智力支持为起点，全面探索社会治理、全球治理空间向度中的媒体智库价值。

2015年前后，大量媒体智库纷纷建立，从中央级媒体到地方媒体，从专业媒体到商业媒体，均开始媒体智库的布局。就中央级媒体而言，新华社设立了瞭望智库、人民日报筹建人民智库、人民网拥有人民网新媒体智库、光明日报社拥有智库研究与发布中心。地方媒体智库同样迅速崛起，依托前期在信息传播中积累的区位优势，其智库大有赶超中央媒体智库的趋势。宁波日报率先成立江厦智库，南方报业集团则一举囊括经济智库、教育智库、法制智库等十大智库在内建成南方传媒智库矩阵，规模和能力都走在了同类媒体的前列。湖北日报传媒集团拥有长江智库、广州日报拥有南风窗传媒智库及数据和数字化研究院、四川日报报业集团下设封面智库和大数据媒体智库。沈阳日报社的盛京汇智库、佛山日报社的佛山传媒智库则是地市级媒体智库的代表。专业媒体方面，财新传媒建立了财新智库、21世纪经济报道设立经济研究院、凤凰网拥有凤凰国际智库、新华报业集团与省内其他媒体集团合力组建了江苏紫金传媒智库。此外，中国经济时报设有国研新经济研究院、新京报则设有智慧城市研究院。商业媒体方面，腾讯设有企鹅智库和原子智库、搜狐网则有搜狐财经思想库、网易则是网易态度智库。智库建设涵盖了几乎所有类型的媒体机构，从这一角度也可以看出智库在媒体融合转型发展中所发挥的巨大作用和价值。

3. 智能技术介入改变智库供能方式

智能技术生长与媒体智库转型之间存在着一种同构性关系。一方面，智能技术的大规模应用为智库转型赋能，在大数据、人工智能等创新技术的加持下，媒体智库能够析出更丰富、更精确、更符合社会现实需求的智力成果，新技术改变了智库的供能方式，强化了智库影响力，塑造了媒体的智库品牌。另一方面，媒体智库又在对智能技术的最新进展和应用空间进行持续探索，积极推进其与媒体实践相互融合的过程，智能生产力优势在媒体领域内的迸发与智库的研究探索密不可分。

智能技术涌现会对媒体的组织结构、运作模式及人才结构产生影响，作为媒体组织重要的构成部分、以智力支持系统存在的媒体智库也会受到相应影响。在组织结构上，技术驱力会对媒体组织架构进行改良，在保证基本路线正确的前提下，以效率和收益追求对组织内部机构进行优化，赋予不同的价值。南方报业集团在确立了智慧传播的转型思路之后，即以数据价值为核心打造智库媒体视作集团发展的重要一环，设置技术委员会、大数据研究院等专门的组织机构对技术最新发展状况和业务开展契机进行研究和探索。在运营模式上，智媒体智库改变了传统智库的运营模式，智能技术的涉入，使得专业研究更加灵活、快速、轻巧，与之对应，新媒体传播、业务营销同样也成为与专业研究具有相同重要性的业务版块。瞭望智库即进行"在线智库"的建设，依托新华社"大数据新型智库云"项目，成为新华社整体业务知识共享、专家智力支持公共平台。在公益研究之外，智库还承接横向课题和市场项目，以此实现智库在经济效益方面的需求。在人才结构上，智媒体智库的发展依然存在专业人才缺乏的问题，这将会直接导致智库在研究力量和水平上的不足，在专门的理论研究人才之外，智库运营管理、技术运行维护、产品传播推广也愈加需要专业人员的介入与支持。瞭望智库已经组建了一个多面向的专业团队，旗下由专业研究团队、新媒体团队、运营团队、传统采编、技术与数据团队构成，通过对薪酬体系、考核体系的调整，逐步培养团队成员，以产品导向磨练其业务能力[①]。

---

① 吴亮：《媒体与智库融合路径与机理研究——以瞭望智库为例》，《新闻战线》2018年第3期。

智媒体的勃兴充分依赖于对数据资源的利用，从而实现产品层面和服务层面革新。智媒体智库的打造同样以大数据为支撑，对产品的内容和形式进行相应升级，以更好匹配社会需求。作为资源和手段属性兼备的大数据被迅速引入媒体智库的智力输出过程。生产方面，对数据资源利用丰富了信息传播方式，提升了信息的准确度，推动了媒体组织创新传播的步伐。通过技术引领下的数据库建设，强化了多产品、多终端、多媒体之间联系①。智库产品能够在报告发布、趋势分析、榜单评估中对"标准化"数据进行"非标准化"处理，通过不同的点位、手段和渠道体现出自身研究的特点。服务方面则强调智媒体智库在介入社会运行时的效用发挥。智能技术能够在高端决策和社会分析上体现出智慧生产力的优势，能够以深入、准确、全面、快速的方式为相关主体提供参谋支持，媒体智库在积极参与社会运行的过程中是一个自我优化的过程，包括了机器的自我学习和组织的自我提升。封面新闻即开发了以封面指数和封面舆情为代表的智库产品，前者依托智能技术为城市发展中的产业集群建设提供指数分析供其参考，后者则以大数据技术、智能分析技术打造智慧化舆情监测系统，为舆情演化提供全阶段服务支持，以期成为智慧移动舆情领导者。

三 智媒体特征

智媒体是媒体发展演化的高阶产物，人工智能与媒体的结合所带来的生产力的提升源自智能技术对组织体系和生产工具的双重革新。技术的智能化特点往往比较明显的体现于媒体的形态改变、生产革新、呈现多样上，是一种外显特征，易于观察和把握。但当媒体作为一种组织信息生产活动的社会构成要素存在时，因组织体制机制改变而带来的媒体特征的变化则呈现一种系统性、长效性、深层次的特点。可以说，是智能技术和组织体制协同变迁的同构作用推动了智媒体特征的最终析出。

---

① 郭全中：《基于大数据和人工智能技术的智库媒体转型——以南方都市报为例》，《新闻与写作》2021年第6期。

(一) 组织特征

现代媒介作为社会系统的重要组成部分，其组织化进程已经发生了重要改变，媒体开始融入组织社会化进程，不再将自身与社会现实区隔开来，转而在内生困境和外生压力的共同作用下深入社会肌理，更好地发挥媒体的公共性职能，在广泛的社会参与中重新锚定自身位置，找寻融合发展局面中的新突破。在此基础上，以智能技术为代表的"新一代现代信息技术积极支持并推进了社会组织化，使之逐渐成为社会发展的新动力和社会运行的新机制"[①]。在智媒体作用下，当前时代个体参与数字社会建构的能力被深刻检视，多元化的组织形态不断生成，既有传统的正式组织社会化转型后带来的价值增量，也有因共同兴趣自发组建的"无组织的组织"实现的力量抒发，智媒体演化的特征在很大程度上是由组织形态及组织逻辑的变迁体现的。

克莱·舍基对"组织"概念进行了定义，指出了其具有的两层含义，"一层意思是指被组织起来的状态，另一层意思是指行使组织功能的群体"[②]。两层含义恰切的匹配了媒体在从事生产活动时受到的来自"组织体系"和"组织力量"两方面的共同牵制。

智媒体生产依然要受到"组织"在两方面产生的影响。就组织体系而言，商业智媒体依托成熟的现代化企业组织体系进行运作，智媒体价值的发挥是作为企业整体业务布局中的一个部分来进行管理的，与其他业务的开展相比并没有明显的权重倾斜。商业化的智媒体组织更加偏向于将自身视作一种交易单位而非生产单位，以进行轻量化的信息服务供给为主业，并通过对平台的维护实现多边交易。商业智媒体以积极促成市场交易行为的达成为指向，并且普遍认为是契约主导了企业的运行，通过坚持自由的交易就能够实现资源的自主有效流动。这一看似清晰自由的契约精神背后，实则为资本及权力的后续运作留下了空间。主流媒体的智媒体建设则继承了传统媒体的组织结构并有所突破，呈现一种更

[①] 谢新水、谢爱莲：《社会化数字组织：进化、特性与冲击》，《探索》2021年第1期。
[②] [美]克莱·舍基：《未来是湿的》，胡泳、沈满琳译，中国人民大学出版社2009年版，第20页。

为灵动的气质。主流媒体在长期发展过程中形成了比较完善的自上而下的"金字塔"式组织架构，在"党管媒体"思路的领导下，层层传达党的声音，进行意识形态引导工作，充分发挥自身的宣传动员功能，其在组织体系方面具有一定优势。主流媒体的智媒体布局同样参与市场化运作，遵守相应的契约精神。但究其本质，仍然是一种以行政方式参与组织的事业单位。与商业媒体不同，其在智媒体建设中将媒体的迭代升级视为工作的重心和关键，相关业务均是围绕信息服务这一核心来展开。虽然这一组织不一定建立在各方当事人自愿交易基础上，企业活动也不一定主要为企业内的当事人服务，但也并不意味着这种企业的效率必然是低下的[1]。换言之，主流媒体的智能化建设在对"纯粹的"市场化运作进行合理约束，限制部分"自由"权利的同时，实际上为媒体公共价值的发挥、良好信息传播秩序的建立以及主流舆论价值的引导创造了更好的条件，其意义更加深远。

就组织力量而言，"无组织的组织力量"将在"无边界的智媒体创新平台"上发挥价值。"无组织的组织力量"旨在强调新技术革命尤其是互联网新技术发展下新式群体的形成以及在此基础上爆发出的群体行动的力量。零散微小主体往往会因为对数字化社交工具的掌控而在相同兴趣的激发下迅速被动员起来，形成一个成员间联系紧密的"小团体"，释放行动力量并产生影响。

随着智能技术对媒体发展进程的推动，参与生产、传递与消费的各方都愈加需要在一个空间和场所内完成对要素的汇聚和流通，而平台的出现，则提供了社会交往在"云端"和现实中交汇的场域，成了承载智媒体价值的特殊组织形态。可以将平台视作一种媒介，因为它同时兼具媒介的三重身份，即内容生产机构、中介化的媒介、媒介化的运营机构[2]。智媒体平台的壮大与媒体的融合转型总体思路保持一致，并不是如往昔般仅通过行政手段实现对资源的把控和占有，以此在一个封闭的圈层内进行"保护性"的经营而取得优势地位，而是秉持开放多边的立

---

[1] 杨立岩、王新丽：《现代企业理论评析》，《学术月刊》2003 年第 4 期。
[2] 孙萍、邱林川、于海青：《平台作为方法：劳动、技术与传播》，《新闻与传播研究》2021 年第 S1 期。

场，将行政手段更多地用于理念指导，转而以更为积极的姿态投身到市场化的运作过程中。智能传播树立了一种"无边界融合"的理念，人与信息、人与自身以及人与技术自然的融为一体、合而为一①。在这种"无边界融合"理念的支持下，智媒体开始向"无边界组织"转向，媒体组织所依赖的资源类型出现了显著的分化，数据和用户已经取代资金和物料成为更符合智能时代传播需求的高价值资源。"传统经济条件下，企业主要依靠有形资源，而现代企业主要依靠无形资源。"②平台系统的特点适配了"无边界组织"的运行规则，平台生产既提供了媒体运作不可或缺的"类组织秩序"，同时也成功的勾连了微小生产力量，有助于在"无边界组织"中最大程度的发挥"无组织组织力量"的生产潜能。

智媒体的生产活动依然比较青睐"理性"观念在身心和实践上带来的确定感。这一感受过去由实在的组织机制提供，当前则寄希望于智能平台重塑的"类组织"秩序给予。"理性"组织观将组织视为追求特定目标的高度正式化集体，犹如一部设计精良的机器，旨在通过科学的方法使用、合理的角色分工来认识世界和改造世界。智能时代的传播活动中，"自然""开放"的传播观念与实践已经成为主要趋势，但媒体的信息服务作为一种组织化的公共活动，依然需要"理性"价值来进行有效的框定和约束，以此做到真正的"随心所欲不逾矩"，在对传统媒体组织底色继承的基础上对未来传播路径进行有益的尝试和探索。

智媒体的生产活动在技术生产力之外更加注重对"无组织的组织力量"的彰显。智媒体平台作为一种中介化的媒介，连接着智能生产的多重力量来源，与过去机构与机构间的组织对接过程相异，平台实现的对象连接更多的是以一种无组织或自组织的状态存在的。平台生产的一侧力量来源为大规模的终端用户，他们集生产消费身份于一体。个人因掌握互联网社交工具而在参与社会行动的方式上发生了结构性的转变，群体组建、动员达成、行动发起均超脱传统组织框架限制，在社交媒体的

---

① 陈虹、杨启飞：《无边界融合：可供性视角下的智能传播模式创新》，《新闻界》2020年第7期。

② 朱春阳、邓又溪：《迈向无边界市场：全媒体技术环境下中国传媒集团成长路径创新研究——以上海报业集团为例》，《山西大学学报》（哲学社会科学版）2021年第6期。

人际互动网络中自然诞生。平台另一侧力量归属于应用开发者，他们数量众多、规模各异、专注于不同的领域，媒体平台在自主并发应用之外，通过借助其他开发者的力量来扩充平台的服务能力，稳固平台与用户侧的关系，促使平台"正网络效应"的析出。智媒体平台的搭建旨在弥补前期对于这些"无组织"力量或者"自组织"力量的忽视，通过平台"组织性"的整合，让"更广泛的外部群体来执行互补活动以提供有吸引力的产品和服务"①，给予他们交流、互动、价值阐发的空间。

（二）生产特征

1. 数据驱动

对数据资源的占有和开发是智媒体从事生产的基础和前提，智媒体价值的有效达成需要高质量的数据资源作支撑。封面传媒的智媒体建设即以"数据驱动增长"为核心发展理念，通过数据洞察用户特征，以提供更好的信息服务；通过数据了解广告主需求，以优化业务增长及盈利能力；通过数据评估产品价值，以推动产业迭代升级；通过数据探索未来发展趋势，以支撑媒体深度融合要求②。以数据为核心的智能信息生产力的提升已经被众多转型中的媒体机构所践行。除了封面新闻以外，人民日报、央视网、上报集团、SMG融媒体中心、闪电新闻、触电传媒等媒体机构均立足自身特点围绕数据资源的收集、处理、分析与应用进行了智媒体业务的开发与布局。

智媒体生产系统要对采集到的多样化原始数据进行标准化处理，"通过将接入的图文、音视频内容进行初步的转码、清洗、去重等操作，将现有的媒资素材内容处理为易操作、易管理、易查询的标准化结构"③，以统一的标准对数据资源进行切片、标注和管理，能够有效服务于后续环节对数据的快捷提取和利用。数据的标准化操作既是智媒体以流程再

---

① ［美］阿姆瑞特·蒂瓦纳：《平台生态系统：架构策划、治理与策略》，侯赟慧、赵驰译，北京大学出版社2018年版，第13页。
② 李鹏：《智媒体：新物种在生长》，东方出版社2019年版，第233—234页。
③ 商艳青、杨默涵、阮玲霞：《智媒体时代央企融媒体建设探析——以新华智云的应用实践为例》，《传媒》2021年第20期。

造实现生产整合的一种具体方式,处理之后的数据可以尽数投入云中并用于内容的二次生成,进而延伸了高质量洁净数据的附加价值。从长远意义来讲,对数据归纳标准的制定也能够在相当程度上掌握智媒体时代内容生产的主动权。"上报智媒体"布局所秉持的"非标到标,标到非标"理念在面对数据处理时也持有相似的看法。其中的"非标到标"即是要"把纷繁复杂的数据和内容处理为标准的中间数据,在技术中台上实现关联勾稽"①,以此在后续个性化内容产品与服务供给上发挥更大的价值。

2. 移动优先

秉持移动优先战略是媒体对于智媒体传播生态的一种适配,也是对互联网传播特征的继承和发扬。

智媒体传播所依附的智能设施设备愈加轻巧便利,逐步走向移动化。以手机为代表的智能终端成为信息接触的主要方式,信息可以跨越时空界限,及时传递到人们手中,受众亦可随时随地随心的获取相关信息服务。智媒体生产以效率为要求,移动生产逐渐成为进行时。对于移动端内容与服务的供给成为媒体工作的侧重点,并以此为核心来改造信息产制的全部流程。在智能技术加持下,"中央厨房""云上编辑部"等部门纷纷建立,通过一体式采集、处理、呈现、发布平台的运行,整合生产流程,统筹传播资源,将"终端随人走,信息围人转"的传播期待变为现实。与设施设备的移动化和生产流程的移动化相对应,智能传播时代受众个体也呈现移动化特质,除了可以感知到数字时代社会网络中每一个点位的持续跳动外,其信息接触、参与、生产的场景也在随时变动。智能设备实现了人功能的延伸,具身性特征加速了主体功能外化和需求汇集。个体通过移动设施设备积极参与到社会信息生产中,数字能力经过汇聚产生更高的价值。智能设备通过对数据的捕捉即可描摹出个人的生活状态和活动轨迹,勾勒出每一个行动者的个性特征,精准地匹配主体的特殊需求。智媒体最大程度利用了智能技术来进行传播场景的拓展。信息的移动化获取、内容的多样化表达、产品的沉浸式体验均是移动服

---

① 裘新:《冲出"跑者蓝调"的烟霭——上海报业集团加快媒体深度融合发展的实践与思考》,《传媒》2021 年第 6 期。

务在与新式场景结合下产生的诸多改变。

移动优先成为各类媒体智能升级的重要战略。封面新闻以客户端网络传播效果确定记者稿分,以客户端为中心改造内容产制流程①;中央广播电视总台则与多家平台合作,对移动内容产品进行差异化定制,以满足移动传播的不同要求②;徐州报业集团加大移动传播新平台、新阵地建设,全方位打通"报网端微屏"③。扬州广播电视台成立专门的时政新闻融媒体工作室,与新闻联播共享信息,并以每日热点话题为切口进行延伸,同步推送至新闻客户端及微信公众号④。

3. 社群维系

智媒体生产要依靠"无组织的组织力量"在平台中进行有关资源的汇聚、交换和再生产,对于微小生产力量的检视是平台得以维系的重要原因。平台的多边特征决定了其必须在各方力量的协调配合下,充分发挥各自的优势,以保持平台的运行。可以将智媒体平台视作一种"中间性"组织,以自身为"界面",提供多元端口以供其他模块进行对接,形成互补,最终实现平台整体功能发挥。任何一方的消极懈怠,将会导致平台另一方在参与感、投入度和积极性上的明显降低,负面效应的叠加累计将会集中显示在平台层,导致平台运营走向失败。

智媒体平台中的微小生产力量通过形成社群进行"再组织化",由个体因相同兴趣激发所构成的松散组织力量是平台予以关注的焦点。媒体与人工智能技术的结合为个体提供了社会交往、信息传播、休闲娱乐的有力的工具,智慧化的技术特性为草根赋权,为个体的发声提供了"麦克风"。在工具属性之外,智媒体更加侧重智慧平台的搭建,以自主传播空间的设立来吸引更多的用户,培植传播生态,增强平台的黏性,推动社群、数据、技术和营销等智媒体传播核心要素有机结合,顺利运

---

① 李鹏:《智媒体:新物种在生长》,东方出版社2019年版,第156页。
② 田智辉、黄楚新、陈智睿:《理念跃升 全息赋能 多维运营——中央广播电视总台建党100周年系列活动融合传播特色解析》,《电视研究》2021年第7期。
③ 卢波:《移动优先 "融"兴未来——徐州报业传媒集团的融合探索》,《新闻战线》2021年第14期。
④ 赵亚光:《互联网环境下广电传媒"内容为王"的重构与创新》,《中国广播电视学刊》2021年第9期。

转。智媒体用户社群更多"由爱兴起",智媒体提供的便利交往条件很容易将个体"因合宜的事情"自然地联系在一起,传播工具的易用性则无形中消解了个体商议、合作和行动时的障碍。这种由社群发起的开源运动会达成诸多的附加效益,尤其是当社区中的成员能够倾听彼此的问题并通过回答来相互关照时,这种分布式和有延时的总体偿还模式就能够创造出良好的社会资本。如果说互联网增补了真实世界里的社会生活,那么新兴的智媒体平台自然成为群体中的个人创造社会资本的工具,推动拥有高储量社会关系社会的产生。

封面新闻的智媒体建设也在力求打造自己的社交分享力。从早期设立新闻话题频道进行简单的关注、评论、分享活动开始,逐步增强与用户之间的连接性,最终在内容生产上采用PGC与UGC相结合,将生产的主动权交还给用户。封面新闻推出了旨在满足年轻人需求的移动社交平台——青蕉社区,并由区块链技术赋能媒体建设,保障社群共识的达成。此外,还推出了基于年轻人兴趣的视频聚合平台——青蕉拍客、进行音频社群化营销的产品——青蕉播客。通过社群所依托智能平台的存在,封面智媒体成功建立起内容、社群和营销三者之间的互动关系。

4. 专业生产

智媒体传播的主导权分属于主流媒体和商业媒体,二者都以信息传播为立足点依靠智能技术赋能拓展自身的业务范围和影响力。

商业媒体由于缺乏自主采访权力,并且尚未进入《互联网新闻信息稿源单位名单》,因而在信息内容的产制上受到了较大的局限。其关于媒体+智能技术的道路探索更多地集中在技术侧,以资本优势和组织机制的灵活性对智能化技术前沿做以不懈追寻。此外,商业媒体也更加注重社会侧的服务供给宽泛,通过智能媒体与生活场景的叠加扩大其在零售、交通、资源、交往等更社会领域的智慧化建设,履行自身作为广义媒体的价值,从而弥补其在内容产制上的相对劣势。以腾讯智媒体建设为例,其率先进行包括机器学习、计算机视觉、语音技术、自然语言处理在内的智能技术探索,以保持技术上的先进性。再将技术产品运用于社会制度保障、创新经济发展以及特殊场景的维系上,其服务范围相对宽泛,覆盖了社会生活的诸多层面。而在内容生产方面,集中于人工智能对于影视制作的创作空间扩大，短视频生产、分发、审核生产力的增强，社交分享新玩法的打造以及游戏体验改进提升等方面。商业智媒体的技术开发与其业务需求密切关联，生产的专业性主要通过对智能技术的占有和探索得以体现，其运营上的优势无法掩盖其在政治立场、舆论引导、价值输出、规范管理以及影响范围上与主流媒体专业生产之间的差异。

专业内容的生产与传播是主流媒体智媒体升级的优势和依托。主流媒体的新闻工作者继承了传统媒体组织给予的职业认同和价值操守，能够较好的理解自身作为价值媒体工作者的主体性意义，媒体工作根本上是一项专业性公共事业。智媒体生产强调导向，智媒体建设以打造新型主流媒体为目标，媒体工作通过坚持党性原则，坚持党对新闻工作的集中领导，为各项事业的开展做好宣传动员工作，发挥主流媒体应有的传播力、引导力、影响力和公信力。智媒体生产强调真实，对事件真相的追寻和呈现是媒体的天职，在鱼龙混杂的互联网信息环境中，智媒体传播旨在引导受众体认真实的社会现况，以帮助其在数字时代"风险环境中实现不同级别的安全"[1]，经由对智媒体塑造的社会真实过程的自反性省思，个体能够更好地判断自我得失与社会走向。智媒体生产强调深刻，主流媒体传播要更好地发挥自己在内容阐释上的优势，不被浅层化的现象和热点所迷惑，不以数据涨落为衡量事件是否具有新闻价值的标准，要以多元的角度、开阔的视野、细致的书写启发受众思考事件背后的多重意义，从而更为立体的感知社会。此外，智媒体强调运营，对于平台的维护和社群的维系成为体现其专业性的全新特征。通过提供富有特色的多样化产品为用户创造良好的使用体验，勾连起组织的前台、中台、后台以形成顺畅关系。注重智媒体生态的建立，打通线上线下活动壁垒，将用户、平台、应用商圈定在一个健康的媒体生态中，通过持续平稳的运转来创造价值。智媒体强调营销，内容、社群和营销在智媒体时代已经密不可分，可以说智媒体与新营销相互成就，以智能技术为支持，革新了原有销售形式，并创造了新的形式。在影响力、社群圈层、内容版

---

[1] Giddens, Anthony, *The Consequences of Modernity*, Stanford University Press, 1991. p.54.

权等常规营销手段之外，智库智力供给、智能技术让渡、智慧场景营销、第三方平台变现成为了新营销方式的代表。

5. 视频表达

在智媒体生产中，视频化的流动表达形式已经取代单一固定的图文表达形式成为主流，技术进展、社群特质以及传播场景的变化支持智媒体主导叙事方式的变革。以界面新闻的智媒体实践为例，数字视频业务已经全面取代其传统业务，新闻 APP 也以全视频为展示架构，独立视频在内容生产与发布中占据 50% 以上的主导地位。[1]

5G 技术的广泛应用为视频化的智能传播提供了契机。5G 是指第五代移动通信技术，具有高速率、低延时、大连接的特点。5G 不仅是新一代的移动通信技术，还是实现人机物互联的网络基础设施。5G 的技术特征使其与人工智能产生了完美的结合。凭借其在传输速率和容量上的优势，视频内容能够清晰流畅的播映，技术手段的进步支持用户持续地追求视听极致体验。视频类型也在不断扩充，实现了从中、长视频到短视频、视频直播的类型拓展，通过视频实现的即时沟通交往不再受到时空区隔和传输速率的限制，信息内容的承载形式也有了多样选择的空间。5G + AI 技术革新了视频制作的手段，视频云剪辑、视频 AI 字幕识别、视频修复、视频审核等环节均在智能技术的加持下实现了生产力的跃升。5G + AI 同样创造出了诸多新的视频产品，例如"主播 + 视频内容 + 机器播报"的人机互动新模式就被广泛引入到了特色内容产品的制作过程中。

智能传播场景的拓展使得视频化表达成为合宜选择。智能技术推动万物互联时代的到来。人、机器、物三者凭借网络力量无分别的联系在一起。任何对象都可以成为影像内容的捕捉器和承载体。从人们具身使用的智能手机、平板电脑等惯常介质出发，逐渐拓展至智能穿戴设备、智能汽车、智能家居、公用监控等生活化媒介，甚至通过 VR、AR、MR 等技术创造出虚拟空间中视频化的互动与陪伴。可以预料到未来的主体活动将处在一个视频化生存空间中，"不仅意味着人们以视频这样一种符号方式存在与互动，也意味着人们日常生活的媒介化"[2]。

---

[1] 李鹏：《智媒体：新物种在生长》，东方出版社 2019 年版，第 245—246 页。
[2] 彭兰：《视频化生存：移动时代日常生活的媒介化》，《中国编辑》2020 年第 4 期。

智媒体传播的视频化取向充分考量了用户个体及社群特征。数字时代用户的信息接触习惯更加趋向于较小的能量耗费，文字表达虽然较好回归了文本本身的价值，但却囿于文章的篇幅和阅读的连贯性在无形中设置了障碍，沉浸式阅读耗时费力，与当下追求感官刺激和轻灵体验的信息接触现实相悖。视频化的传播加强了对用户注意力的吸引，智媒体传播以用户媒介使用习惯和兴趣为指引，通过对文字、数据、音视频、交互功能的综合使用来完成内容的产制。视觉体验和互动感知成为超越内容本身的侧重点，视频化易于调动用户的情绪，减少了用户获取信息时的额外耗费。视频化呈现也迎合了用户年轻化的社群特征，视频已经成为年轻人自我呈现的主要方式。通过短视频与社会建立关联，完成信息接收和自我表达；通过直播进行人际互动，获得社会成员间互动与支持；通过 UGC 平台进行视频资源整合，促进成员的兴趣聚集。智能技术与视频传播的结合，以创新技术与年轻人进行连接，可感、可玩、兼具互动性和娱乐性的内容产品更容易诱发年轻群体的参与。

第三章 智媒体传播创新实践

智能技术与媒体结合带来的生产力革新迅速在实践场域落地,在对专业信息生产进行改造的同时,其影响力已经延伸社会生活范畴,通过与多样化场景的结合,进一步发挥智媒体的"泛媒介"价值。智能技术作用下的社会已经呈现明显的"媒介化"特征,当"万物皆媒"变成现实时,对媒介价值的评估不再局限于"工具性"的中介作用,而是将其视作一种使社会互动得以成形的"系统性规则"[1]。对媒介化社会的认知呈现一种不同以往的逻辑,媒介的形式意义取代了内容价值,塑造出一种与现实紧密贴合的文化形态[2]。尤其是智能技术在与媒介结合之后,以技术座驾与其他场域的形成发生直接关联,在对其他场域产生影响的同时,也要接受对方施加的反作用,两者一并重构社会的交往互动形式[3]。由此,智媒体传播的创新实践就开辟了两条进路:一是智能技术对传播业务的重塑,二是智媒体对社会形态的影响。

一 业务能力创新

(一)智慧广电:广播影视的智能化

智慧广电是智媒体建设典型且具有相当规模的创新性实践。根据胡

---

[1] 戴宇辰:《走向媒介中心的社会本体论?——对欧洲"媒介化学派"的一个批判性考察》,《新闻与传播研究》2016年第5期。

[2] 胡翼青、杨馨:《媒介化社会理论的缘起:传播学视野中的"第二个芝加哥学派"》,《新闻大学》2017年第6期。

[3] 胡翼青、郭静:《自律与他律:理解媒介化社会的第三条路径》,《湖南师范大学社会科学学报》2019年第6期。

正荣等人对智慧广电做出的定义,行业层面的智慧广电是指使用新兴智能技术实现广电和新兴媒体形态与领域的可持续发展。国家层面的智慧广电则是指通过对广电行业的物质、信息及治理资源的综合利用,在与其他社会部门深度融合的基础上,共同推进社会的"智慧化"建设进程[1]。"智慧广电的本质是新兴信息技术与广播影视既有优势的高度融合,是广播影视数字化、网络化、智能化的新发展。"[2]

智慧广电建设是广播电视行业进行媒体深度融合的路径探索,是广播电视事业在未来一段时间内发展的核心思路。智慧广电建设涉及诸多层面,智媒体传播在广电事业中的落实并不仅仅集中在信息生产端的革新和升级,还要涉及网络、平台、终端等硬件设施设备的智能化改造以及在视听体验、服务模式、监管能力等柔性层面的智慧化建设。由此,智慧广电建设既是在全新传播生态下提升广电媒体传播能力和影响力的重要规划思路和方向指引,同时也是更大视域下数字社会和智慧国家建设的有机组成部分。广电智媒体成为一种兼具社会基础设施、社会参与主体、专业产品供给等身份于一体的存在。

智慧广电的建设同样得到相关政策确认并不断完善,以保障其顺利实施。2018年11月,国家广电总局颁布了《关于促进智慧广电发展的指导意见》,从智慧广电建设的原则、目标、任务、措施等角度出发提出统领性方案。此后,各个省、自治区、直辖市相继发布智慧广电建设实施方案,结合各自省情制定相应措施予以跟进和保障。2021年,国家广电总局联合国家发改委共同编制印发《智慧广电固边工程实施方案》和《智慧广电固边工程建设指南》,通过将智慧广电基础设施覆盖至边境地区,进一步扩大主流广电媒体的舆论影响力,发挥智媒体在边境地区社会治理中的价值,使边境地区的民众也能够享受到信息传播数字化、智能化产生的红利。同年,国家广电总局还颁布了《广播电视和网络视听"十四五"科技发展规划》,结合智慧广电发展指导意见,对十四五

---

[1] 胡正荣、王润珏:《建设"智慧广电"的愿景与路径》,《广播与电视技术》2017年第10期。

[2] 聂辰席:《广播影视要加强智慧广电建设》,载袁同楠《中国视听新媒体发展报告(2015)》,社会科学文献出版社2015年版,第326页。

期间广播电视和网络视听工作的着力点和侧重方向进行细致部署，涉及生态、内容、平台、网络、终端等全部实践环节，一个清晰的阶段性建设思路勾勒了出来。在实现智慧广电建设地理点位横向覆盖的同时，纵向路径中，在国家、省、市、县四级建设工作之外，关于智慧广电乡村工程的建设同样被提上议程，将其作为一项基础性工作展开。2022年1月，国家广电总局印发《关于推进智慧广电乡村工程建设的指导意见》的通知，指出要通过工程建设，全面提升乡村广播电视数字化、智能化、网络化水平，将主流舆论宣传阵地下沉至农村地区，借助乡村振兴战略，探索乡村治理新模式，通过推进公共服务智慧化，进一步服务"美丽乡村"建设。

智慧广电建设的主要驱力来自智能技术赋能。在为广电媒体信息生产环节带来革新之后，转而形塑其他环节，并对整个媒体传播生态进行重建。智慧广电所依托的核心技术是以5G、物联网、云计算、人工智能、大数据、区块链为代表的新一代信息技术，并通过建立智慧化的处理机构来组织协调其余的生产流程。数据汇集能力、机器处理能力、产制服务能力和媒体传播能力构成智慧化处理机构的核心能力，也是智慧广电的大脑中枢。围绕广电智慧处理中心，技术的改造作用逐渐延伸至制播、传播、监管以及设施设备其他环节，进行深度探索与实践。

技术层面创新是智慧广电发展的动力支持。要依托专业力量建设智能实验室，对前沿技术进行先导性探索，持续推进广电智慧化基础设施建设，人工智能介入传播全流程、区块链对内容信息进行确权、溯源和保护，智慧化应用场景逐步拓展。依托广电网络升级推动社会治理能力与水平提升，丰厚的广电数据资源和流通渠道为大数据开发利用、数字政府的建立提供了先决条件。产制环节坚持移动主导、视听优先战略。5G+4K+AI成为智慧广电内容产制的未来走向，高新视频、高质量音频、超高清节目以互动式、沉浸式和虚拟现实的体验助力广电节目形态和消费模式的升级。各级广电媒体已逐步建立起智慧广电新平台，以融合云平台的方式提供云上采编、转播、审核、协同服务。AI技术广泛运用于视频字幕生成、智慧播报、虚拟主播等多重环节，充分发挥智慧力量。网络传输技术不断迭代升级，为高质量内容的传送提供智慧网络架构支持。广电5G网络建设快速铺开，以对关键技术的自主性掌控实现广电5G核心网、公共服务网、物联网的搭建，逐步建成"云、网、端"为基础的新型网络总体架构。交互卫星广播电视系统、IPTV、互联网电视同样也是智慧广电建设重点升级的业务点位。智慧广电接收端则通过设备智能化升级、产品智慧化供给以及服务多样化提升来增强用户使用体验。智慧电视屏的研制、智慧家庭信息终端的打造以及智能电视操作系统的升级体现了智慧广电建设对于业务服务能力和用户反馈的重视。广电智媒体的建设希冀在智能技术的作用下开创崭新业态，既实现业务层面的革新，将智能价值渗透进思想、手段、形式等各个方面，又能够提升广电媒体服务和参与社会建设的能力。较之前者，后者更具影响力和长远意义，在此背景下，广电智媒体将专业信息生产、数字资源服务、社会生活连结、惠政助企价值聚合在一起，以科技创新强化智慧广电新供给、新模式、新业态。

（二）智慧报业：传媒集团的智慧化

传媒集团是传统媒体时代媒体融合发展的一种形式，其达成的融合是一种"硬质"融合。具有资产、组织、人力以及生产力优势的强势媒体组织对处于边缘化位置的媒体机构进行收编，形成在组织规模和生产能力上具有一定垄断能力的大型传媒集团，这些传媒集团主要以报业集团为核心扩充而来，依靠组织对资源的统一调配，降低市场竞争压力，掌握媒介运作的话语权，维持自身所处的优势位置。但随之而来的问题是，组织对资源的调配侵占了市场交换的自由度，传媒集团的发展在走向深入同时并不具备充足的活力，机构和人员处在冗余状态中，媒体经营逐渐落入发展"死水"而失去了往日辉煌。随着互联网时代的到来，商业媒体起势并勃兴，依靠资本、技术、组织上的优势与灵活性迅速占领市场，丰富的社交媒体工具为个体的信息生产赋能。传媒集团面临着来自互联网公司与数字个体对其长期持有的传播权力的分割，其庞大的体量转而成为一种负担、一种沉重的工业化大生产的象征。组织、观念、手段上全方位的落后限制了其转型的探索。

随着社会发展进入数字时代，传统媒体固化的生产和运行方式愈加难以维系，以报纸为代表的传统媒体及其所属传媒组织的转型迫在眉睫。较之党报相对稳定的订阅量，市场化报纸生存状况变得更为惨淡。报业经营出现了诸多挑战，包括市场化报纸发行量的断崖式下跌、将报纸作为获取信息首选的受众规模不断缩小，报纸阅读量降低。与之对应，选择购买报纸版面进行广告刊登的客户数量减少，受众通过电视（4.3%）、电梯电视和海报等数字户外（4.1%）及移动互联网传播（2.7%）留下的品牌印象要远高于报纸媒体（1.3%）[①]，加之报纸印刷物料成本的持续上升，传统报业集团营销收入的减少已经在所难免，在移动传播渐成主流的时代，传统报业集团在信息化浪潮中陷入窘境，甚至面临"大厦将倾"的风险。

"媒体转型"给予传统媒体及其所属媒体集团改革发展的动力。新兴媒体和传统媒体的融合，以先进技术为支撑，优质内容为根本，其目的要打造新型主流媒体，建设新型媒体集团，形成现代化的传播体系。至此，以报业集团为代表的传统媒体组织明确了自我革新的方法与路径，开始向着"全程、全息、全员、全效"的"四全媒体"建设目标挺进，通过完善和优化媒体工作，重新确立自身在数字和智能时代的传播主体性。

智慧报业建设是报业集团在媒体融合路径下结合自身转型做出的恰切选择，其总体建设路径与智慧广电大体保持一致，智慧报业的建设不能局限于纸质媒介的智慧化，而应该着眼于媒体集团的智慧化布局。报业智媒体同样需要智能技术赋能的智慧大脑进行统一的安排与调度，数据、算法与平台构成了智慧报业的技术基底，以此实现媒体专业生产层面的革新与社会服务价值的拓展。报业集团智慧化建设的"技术大脑"由基础技术平台层、数字服务能力层以及智能场景应用层三部分构成，实现对传统报业智媒升级的"信息生产单点环节赋能、采编发全链路智能支撑、中台驱动平台级产品对外输出"[②]的逐步进阶。其"业务大脑"

[①] 央视市场研究股份有限公司：《中国互联网企业广告投放趋势与效果评估》，2018年2月。

[②] 中国传媒大学、新浪AI媒体研究院：《中国智能媒体发展报告（2020—2021）》，2021年3月。

则由综合性的智媒体服务机构提供，以南方报业集团为例，全媒体产业运营中心、技术研发中心、传媒智库矩阵中心、文化金融投资中心、文创产业中心、文化产业会展中心、智媒电商平台①在内的多元化组织机构一起组成了报业转型发展的智慧引擎。

智能技术的先进性几乎被所有转型中的报业集团检视并融入媒体建设。大数据既是资源也是手段，对应智慧报业建设的专业价值与服务能力两翼。依托大数据资源，媒体建立起了数据"资源池"并逐步外化为各种形式的数字化平台，用户数据、信息数据、媒体数据共同作用于智慧报业生产平台、运营平台、服务平台和治理平台的生成。智慧报业生产流程亦进行了重塑。各级媒体的"中央厨房"纷纷建立，人工智能技术引入生产环节，"云平台"集中服务于报业的采、写、编、评、发等环节，成功将其一体化。智能算法和机器人接管信息识别、生产、分发与审核，适配信息生产效率要求的同时，使用区块链技术为信息活动确权。智慧报业建设伴随大量新颖产品析出，5G+AI+VR/AR/MR等新技术成为主要助力。人民日报推出的军装照H5产品火爆朋友圈，短视频产品《中国一分钟》以短小精悍的方式从小切口介入完成对宏大主题的创新叙事，开创了移动互联时代新闻短视频融合传播的新思路。光明日报在两会报道中推出原创中国风歌曲以及系列动画进行全媒体传播，利用AI主播视频合成技术与数据可视化对政府工作报告进行解读和传播，在报道及呈现方式上的创新取得了良好的传播效果。

在内容生产侧之外，智慧报业也在积极寻求服务侧相关业务的拓展，媒体融合进一步推动了传统媒体机构由信息供给方向服务供给方的角色转变。智慧报业除了同智慧广电事业一样参与社会治理事宜，与社会生活密切勾连之外，立足其媒介属性，在政务产品供给、智库智力供给以及知识付费服务供给方面也进行积极尝试与开拓，并取得了一定的效果。智慧报业建设结合智能技术来提升媒体的整体生产力水平，在新的传播生态中，报业智媒体兼备媒体专业素养和优越传播能力。相较于商业服务对象的不稳定性，为政府部门提供政务产品服务则是一种稳定的业务

---

① 厉思璇：《南方智媒产业园：南方报业智慧转型新引擎》，《南方传媒研究》2019年第6期。

来源，且具有一定的成长空间。政府部门可以将自己的新媒体端口交由报业智媒体进行托管，依托媒体的专业能力，统筹建设政务智慧媒体矩阵，完成服务的智慧化升级。媒体组织在运营过程中，掌握了数据资源、完善了服务界面、提升了传播技能，能够更自然、更迅速地融入社会现代化治理的过程中。以提供思想性、深度性内容产品见长的纸质媒体，可以将自身在智识储备上的底蕴转化为媒体智库建设中的优势。在向所属母体提供智力支持之外，智库价值可以进行社会面向的业务拓展，尤其是在智能技术的作用下，通过提供舆情监测、数据分析、政策解析、形势研判、决策咨询等高价值服务，更好的彰显出报业智慧化转型中智库建设的重要地位。知识付费服务是专业媒体智慧化转型可供深耕的空间。通过专业的、高质量的、有价值的内容及服务供给，专业媒体可以通过版权售卖、付费订阅的方式拓展自身的盈利空间。付费墙在国外报业的智慧化转型愈加普遍。据统计，截至2020年，《纽约时报》以750万订阅用户数量排名全球数字新闻付费订阅媒体首位，其数字订阅收入相当客观。《华盛顿邮报》《华尔街日报》《游戏情报》和英国的《金融时报》分别排名第2—5位。在非英语网站中，日本经济新闻社排名第一，我国的财新网也以51万订阅用户数量排名全球第10位。[①] 值得注意的是，大部分数字新闻付费网站的前身都是拥有深厚底蕴的传统新闻媒体。

（三）智慧平台：网络传播的生态化

平台是智媒体建设技术环节的三大支撑之一，平台化是符合智媒体发展规律的组织模式创新和发展路径探索。如果说智慧广电、智慧报业的实践是智能技术对传统媒体所进行的改造，以完成对原有媒体形态迭代升级的话，智媒体平台化建设则完全是基于数字时代智能传播生态的崭新变化，自然孕育出的一种不同于以往媒体传播的新方式、新空间和新机制。

---

① Carmen An, "These are the most popular paid subscription news websites", The World Economic Forum, www.weforum.org/agenda/2021/04/ranked-paid-subscription-news-websites-nyt-washing-post-wsj/, Accessed 29 April 2021.

智慧平台的技术特征在前文中已进行不同程度的阐述。平台的智慧内里主要由技术赋能，作为一种可编程的体系结构，其依靠数据驱动、通过算法组织，并依托用户协议进行管理。商业媒体凭借资本、技术、组织优势和灵活性率先开始智慧平台的实践，短时间内析出了大量产品和经验，以百度、腾讯、新浪、阿里巴巴、字节跳动为代表的商业媒体在平台化布局过程中将智能化思路予以贯彻，以对前沿技术的探索为主导，对共享价值的落实为中心，对"泛在智能"社会状态的维系为指向，将核心业务支持平台、技术支持平台、职能支持平台有机整合在"共享平台"中，广泛作用于基础设施布局、传播场景扩充、用户需求满足、数字社会治理等智媒体传播的具体点位。技术支持平台是彰显创新技术价值最为突出的点位，以5G、大数据、人工智能、云计算、物联网为主体所组成的智能技术群，用打造多样化中台的方式供给不同面向的能力需求，更好地对接下游业务应用并提供智慧化的解决方案。

智慧平台的优势一方面来自于智能技术的优越性以及与媒体生产结合之后提供的智媒体发展全新解决方案，另一方面则源自于平台的组织特征及其搭建完成的平台生态。无论是商业智媒体平台还是主流智媒体平台，都是要依托于强力的组织机构作为母体来进行培育和成长，这些组织往往以科层制、系统化、话语权把控来维持组织的运行，组织形态庞大，结构冗余，显得十分沉重，缺乏相应的灵活性和创新度，与数字时代轻灵的社会要求不相匹配。智媒体平台的出现，既是技术发展的创新产物，也是传统媒体组织进行媒体融合探索、寻求轻量化转型以摆脱发展困境的一种有益尝试。平台的存在即是要实现多边主体的勾连，通过创造和维系新的空间将不同业务合作伙伴连接起来，这种连接并不是严丝合缝的"齿轮式"对接，而是多元主体松散样态的耦合。与传统媒体层级式的组织架构相异，智媒平台主要以扁平化的组织架构为主，业务团队和参与主体落位于平台网络中的不同节点，以竞合关系、联盟关系、协作关系取代传统模式中单一的竞争关系。平台架构趋于灵活，平台运行走向稳定，平台主体间的合作更加紧密，平台价值创造能力也有了显著提升。

智媒体平台实际上已经成为一种市场化的生态组织。其"能力并不是由其中的某个组织自己单独塑造的，而是源自生态组织中各部分的通力协作"①。其关键能力彰显于对外部环境变动的敏锐感知、对客户价值的深刻检视、对数字创新理念的始终贯彻以及对机遇挑战的灵活应对四个方面②。在智媒体平台生态中，可以觅得"平台生态圈"和"平台生态层"两种不同的存在。商业智媒体以其组织的庞大体量和宽泛业务面向，以打造"平台生态圈"为主要的运行模式，主流智媒体平台则兼顾"平台生态圈"和"平台生态层"布局，依托先期积累的组织体系优势，着力打造完善的"平台生态"。

"平台生态圈"主要由四个参与主体构成，分别为平台提供商、用户、互补品提供商、第三方服务商③，它们在平台空间中占据不同的"生态位"，积极发挥各自的生产效能。对应在智媒体平台中，媒体机构承担了平台提供商和平台运营商的角色，以提供媒体信息和服务致力于用户需求的满足，在自主产制内容之外，还要依托大量的外部应用开发者进行补充服务。对于智媒体平台而言，"二次售卖"原则依然存在，平台可能不会直接向应用提供者和用户这些"无组织的组织力量"收取费用，但凭借社群成员自发的数字生产和"双边"及"多边"互补关系的形成，平台积累了大量的内容数据、用户数据、产品数据，造就了一个相对活跃的平台网络空间。依托于源源不断的数字资源，智媒体平台可以通过分析数据流量塑造"注意力高地"，通过多方议价将其售卖给广告商，以获取更丰厚的收入。

"平台生态层"则是主流媒体平台化打造期冀实现的阶段性成果。主流智媒体平台在勾连起各方信息互动的同时，更侧重于社会服务价值的输出，作为集技术优势与组织力量之长的新型主流媒体平台，凭借先进的数字理念和丰富的运行经验深度介入社会生活，在问题析出与呈现上发挥主流媒体的专业价值，在问题化解与处理上发挥社会组织的协调

---

① ［美］戴维·尤里奇、杨国安：《组织革新：构建市场化生态组织的路线图》，袁品涵译，中信出版社2019年版，第82页。
② ［美］戴维·尤里奇、杨国安：《组织革新：构建市场化生态组织的路线图》，袁品涵译，中信出版社2019年版，第109—110页。
③ 王建平：《工业4.0战略驱动下企业平台生态圈构建与组织变革》，《科技进步与对策》2018年第16期。

能力。数字时代主流媒体平台参与社会治理的中心快速向数字治理过渡，逐步构建起一个由县级融媒体平台、省级融媒体"云平台"、中央级融媒体平台三个层次主流媒体平台协同作用的组织生态。县级融媒体平台注重连接，通过平台服务功能的拓展，将乡土社会长久以来形成的情感纽带进行延续，促进小范围成员之间密切沟通的同时积极维系基层社会关系。省级云平台侧重服务，通过"智慧云"搭建服务平台，既完成专业信息服务的智能化改造，又为省域范围内政府部门政务服务的有序运行提供支持。中央级融媒体平台负责引领，国家媒体在社会治理层面往往站位高远，视野开阔，其不仅是媒体融合发展实践的先行者，更是深化改革创新的排头兵。

二　社会价值拓展

（一）智能产业：赋能新经济发展

产业的智能化升级要为新经济发展赋能，人工智能以其技术优势和丰富的场景应用在数字经济布局中占据重要位置。

智能产业的发展主要指向三大路径。一是对人工智能新兴产业的培育，涵盖了智能软硬件、智能机器人、智能运载工具、虚拟现实与增强现实、智能终端、物联网基础器件等诸多细分产业。二是对现有产业布局进行智慧化升级以激发其创新活力。人工智能与诸多行业的发展前景深度关涉，通过彼此融合提升以制造业、农业、物流业、金融业、商务活动为代表的传统行业智能化水平。三是对智能企业的扶持，以智能领军企业布局智慧工厂建设，推动企业生产全流程的智慧化再造。

智能产业的发展同样将媒体的智慧化升级囊括在内。作为一种重要的社会组织和产业形态，智媒体利用和享受社会发展新旧动能转化带来的巨大发展红利，推动自身走向高质量现代化的发展路径。智媒体与其他产业共享人工智能技术在产业基础层和技术层的新突破。基础层涉及芯片开发、数据储存处理、基础算法优化等核心环节，技术层则主要围绕具体的应用维度来提供相应的手段支持，例如，智媒体依据用户画像实现的个性化内容推送需要机器学习技术的支持，高质量视听内容的呈现需要计算机视觉和语音处理技术的不断进步。智媒体传播场景依托智能产业扩散至更为广阔的应用层。越来越多的产业在现代化布局中逐渐认识到产品的媒介功能，开始积极地介入信息的采集、传递与呈现过程，以广义媒介进行定位，参与数字要素市场建立，提供数字信息服务。信息服务窗口不再局限于报纸、广播、电视、互联网这些主流媒介形态，遍布汽车、家居、穿戴设备等生活设施上的"屏幕"同样开启了智媒体传播的新窗口。

现代产业与智能技术的融合产生了诸多积极效应。智能技术直接推动了生产力水平的提升，自动化设施设备引入生产环节，生产要素得到优化，资本质量与劳动力质量同步增强；智慧化机器与高质量人才协同，扩大了企业的创新空间，也赋予了企业更大的生产灵活性，继而推动产业整体布局趋于合理；与现代化生产相匹配的管理模式出现，效率原则渗透进企业管理、资源配置、市场交易等全部环节。

（二）智能城市：搭建移动交互界面

技术的发展，推动城市向智能化转型，技术越来越多地参与到城市运行过程中。人与技术的联系更为密切，贴合程度也愈深，麦克卢汉所言的媒介是人延伸的观念被放大到了极致，技术几乎与人合二为一，成了城市人的潜在属性。马克·波斯特提出了"交互界面"的概念，"高品质的界面容许人们毫无痕迹地穿梭于两个世界，因此有助于促成这两个世界间差异的消失，同时也改变了这两个世界之间的联系类型"[1]。这一概念完美的存在于日常生活空间中，当下的城市就仿佛一个巨大的交互界面，实体城市和虚拟城市在其中紧密联结，而与技术高度结合的城市人就成了一个微型化、移动化、可拓展的人机复合体，用以匹配城市这一交互界面延伸出的社会系统端口。在这一过程中，身体和城市并无明显的分别，身体并未脱离城市而存在，并且二者还在相互界定。智能技术加持下的人具有了更强力的传播和连接特征，身体传播的重要性得

---

[1] ［美］马克·波斯特：《第二媒介时代》，范静晔译，南京大学出版社2001年版，第25页。

以彰显。

城市本身就已经成为带有地方独特价值的传播节点，城市即媒介。在网络社会中，流动空间的存在使节点的个性特征被放大，异质性因素随之有了更大的生存空间。哈贝马斯认为的公共领域应具有一致性、理性和隐含同质性的潜在空间，但城市中的现实是"网络时代的到来使得原本高度同构的社会出现了裂变，信息的自由流动和丰富形式重构了不同阶层的知识、观念和心象"[①]。异质性因素增加，社会共同体的认同感降低，城市逐渐成了利益群体博弈冲突的聚焦点。因此，寻求"可沟通的城市（communicative city）"[②] 成为必要。

智能技术介入数字城市建设成为一种可供选取的方案。以 5G、物联网、人工智能、大数据、云计算为代表的智能技术被用于提升城市的"自主思考"能力，在完成新型基础设施建设的同时，城市的智慧禀赋延伸至经济、服务、治理、创新、声誉等多个层面，一个立体的智能城市被打造出来，展现出一种由内而外的现代化智慧城市气质。《全球智慧之都报告 2021》指出，纽约、新加坡、伦敦等国外城市以及香港、北京、上海等国内城市在全球智慧城市的建设中排名前列[③]。5G 技术参与信息基础设施建设，大数据平台服务城市数据储存、调用与管理，人工智能技术对生活场景的拓展、对社会服务便利性的提升，智能应用对市民关系的连接、城市管理的优化等手段被智慧化建设处在优势位的城市普遍采纳。智媒体也是参与智能城市建设的重要力量。凭借完备的技术设施和完善的服务网络，智媒体在智慧城市建设中可以迅速融入、积极调试并有效发挥作用。以"智慧广电"服务城市建设为例，由资源、管理、应用三个技术层构成的广电"智慧服务云"，依靠对城市数据资源的整合、分析和挖掘，成功将信息传播、政务服务、综合治理、公共民

[①] 吴予敏：《从"媒介化都市生存"到"可沟通的城市"——关于城市传播研究及其公共性问题的思考》，《新闻与传播研究》2014 年第 3 期。

[②] 吴予敏：《从"媒介化都市生存"到"可沟通的城市"——关于城市传播研究及其公共性问题的思考》，《新闻与传播研究》2014 年第 3 期。

[③] 俞俊、薛亮、陈悦：《数字化转型与科技人才推动全球城市的竞争》，《全球城市研究（中英文）》2021 年第 4 期。

生、产业发展业务①串联起来，通过广电覆盖网络、高速传递渠道以及智能接收终端，将智慧城市的建设点位进一步下沉，扩大至智慧乡镇、智慧社区的打造中。

（三）智能教育：助力知识传播共享

智能技术有力推动了教育领域的信息化过程，在和社会发展的关键节点完成适配之后，产生了一系列全新反应。

智能技术与教育的融合是国家信息化建设重要的部分，推动教育现代化是实现教育强国目标，培养信息化人才，提升国家教育质量的关键举措。2018年4月，教育部印发了《教育信息化2.0行动计划》，明确指出要"以人工智能、大数据、物联网等新兴技术为基础，依托各类智能设备及网络，积极开展智慧教育创新研究和示范，推动新技术支持下教育的模式变革和生态重构②"。

当前的教育理念已经发生显著变化，"以学生为中心"的"生本"教育理念得到全面贯彻和实施，致力于全面发展的综合素质人才培养已经逐渐取代"唯成绩论"的偏狭教育模式成为主流。教育现代化建设的路径与目标囊括了教学水平提升、教育资源优化、教育公平实现、未来人才培养以及信息素养培育等多个层面，技术进步成为实现上述变革的最大动量。智能技术与教育事业的融合逐渐形成一个生态，其底层由以人工智能为代表的新技术突破赋能，中层是技术作用下教学、管理、评价系统的智能化以及教育理念的智慧化，上层则实现了教育场景的智能化拓展。

技术优势最直接的转化为教学手段的更新与丰富，人机交互、计算机视觉、虚拟现实被用于教育平台和智慧校园的打造。5G技术、云平台则被用来共享数据资源、实施在线教育以拓展网络教学空间。大数据被用来分析学生的学习习惯以做出更为精确的指导，在人工智能推动下对

---

① 陈益、林宝成、魏贤虎、杨龙祥、彭凤强：《省域广电"智慧城市"顶层设计》，《电信科学》2019年第1期。
② 教育部：《教育部关于印发〈教育信息化2.0行动计划〉的通知》，2018年4月，教育部（http://www.moe.gov.cn/srcsite/A16/s3342/201804/t20180425_334188.html）。

学生进行跨学科知识体系建构的思路引入教学环节。智能技术能够对教育事业的总体发展过程进行调适，通过技术手段平衡教育资源，缩小数字鸿沟，推动教育普惠化，更好地实现教育公平。就目前而言，人工智能技术助力网络课程、实验平台、教师培训等事项的落地，不同区域、不同层级的教育教学主体均可在云上实现汇聚，通过网络终端享受到基本一致的教育资源。智能技术发展亟须专业人才作为支撑，同时也要承担培养未来人才的重任。当前人工智能与其他行业融合发展实践面临专业人才缺乏的问题，教育信息化既是技术成果在教育领域内共享的过程，也是以前沿科技应用开拓学生视野，启迪学生兴趣，引导其进一步探索研究的过程。国内众多学校不仅拥有智慧化的校园环境、教学设备，还开设了相关的智能课程，在培养学生综合素质的同时，有意侧重学生智慧化认知体系的建立。在高校，专门设立进行高阶科学研究的智能智慧学院，开发以芯片、处理器、算法为代表的前沿技术和程序应用。在中学，则引入编程课程、游戏课程、实验课程来进行早期的数字化人才的培育[1]。

（四）智能医疗：创新现代医疗服务

智能技术推动医疗信息化进入全新阶段，人工智能技术与医疗行业的深度融合有力的协调并解决了医疗资源分配不均、医疗成本居高不下、医务人员能力有别、医疗质量参差不齐的行业痼疾。技术优势为医疗行业发展带来焕新活力的同时，也为其探索现代化的医疗服务体系赋能。

智能医疗是指"在协助人或解放人的状态下，以提升院内外医疗服务效率效果为目的、以人工智能为核心干预技术手段介入传统的院内外医疗环节，从而产生相应软硬件产品的新型医疗应用技术"[2]。与智能技术在其他行业的作用机制一致，医疗行业的智能化也主要集中于三个层面，即基础层、技术层和应用层。基础层主要是对医疗数据提供收集存储服务以及芯片、设施设备开发制造；技术层则对数据资源进行处理利

---

[1] 商汤智能产业研究院、商汤人工智能教育研究院：《AI 教育白皮书：智能时代的教育变革与创新实践》，2020 年 12 月。

[2] 艾瑞研究院：《中国人工智能＋医疗与生命科学行业研究报告》，2021 年 11 月。

用，针对不同的信息类别进行专门化研究，提供细分化的技术支持。涉及语音识别技术、图像识别技术、机器算法技术等多重面向；应用层则针对丰富的医疗服务场景给予广泛的智能化产品业务支持，其中涉及智能医疗设施、智能医务管理、智能医学教育、在线诊疗服务、远程医疗支持、智能药物研发、可穿戴医疗设备等多样类别。

智能医疗发展要经历计算智能、感知智能和认知智能三个阶段[①]。在这一过程中，医疗服务与智能技术的结合逐渐走向深入，由初期机器提供简单的算力支持到中期智能技术辅助医疗活动，通过影像呈现技术、远程会诊技术、算法评估技术来提升疾病诊断与治疗的准确性。当前的智能医疗发展正处在由感知智能向认知智能过渡的阶段，待智能医疗发展趋于成熟时，人工智能将以人机协同的方式，由技术接替医务工作者执行部分诊疗活动，在医务人员价值主导，智能技术驱动先进诊疗仪器设备运用及智能算法对病情判断和施治方案析出将会联合发挥作用。

智能医疗服务场景并不局限于以医院为代表的传统医疗机构，在社会整体数字化、智能化生态背景下，智能医疗服务场景也进行了弹性延展，既可以囊括微小的家庭健康系统，也可以扩大至连接疾病预防服务、公共卫生服务、综合医疗服务、政务服务、信息服务、生活服务的区域性卫生系统[②]。智能医疗产业同样存在着诸多细分领域，它们与社会发展的经济面密切相连，并且关涉医疗行业的不同主体。对医疗机构而言，将会涉及公共卫生领域的宣教、判断、防控与监督、机构的智能化运行与管理、医学影像技术的提升、医疗机器人的研发、精准医疗等方面；对于医疗服务接受对象而言，则涵盖健康管理、数字就医、可穿戴设备应用等方面；对于第三方服务提供者而言，则会涉及医疗支付、医保控费等方面。

（五）智能家居：建造家居生态圈

家居环境的智能化是智能技术对人们日常生活空间进行的改造与升

---

① 36氪研究院、中国信息通信研究院：《2020人工智能医疗产业发展蓝皮书》，2018年9月第4页。
② 中商产业研究院：《2018中国智慧医疗行业市场前景研究报告》，2018年4月。

级，作为人们休憩场景的主要支持者，家庭空间的智能化升级将以便捷、舒适的体验为导向，"以住宅为平台，基于物联网技术，由硬件、软件系统、云计算平台构成的一个家居生态圈"[①]。在智能化家居场景中，主体与智能设施设备发生关联，可以实现远程操控，自主学习等功能。家居设备既可以是一个智慧家电单品，进行智能运行，发挥相应功能，同时也可以在家庭网络的支持下实现互联互通，进而营造智慧全屋的高智能家居场景。

现实生活中对智能家居的体认主要集中在终端产品和应用服务层面，但智能技术对家居行业的塑造还需要基础层和技术层的大力支持。智能家居布局的基础层主要涉及元器件和底层技术支持，包括芯片、传感器、智能控制器、通讯模块、数据收集等关键部分；技术层则涵盖语音交互与控制技术、云服务/大数据平台、供应链技术、操作系统技术、应用开发技术等内容；产品及服务层处于外显位置，应用析出较为丰富。产品端以智能家电、智能家具、智能照明、智能卫浴、智能安防、智能网关为主要部分，基本覆盖了入户、看护、客厅、厨卫、阳台、卧室等不同的应用场景；服务端则致力于智能家居的统一管理和个性化全屋定制服务的提供。

智能家居发展经历了不同的阶段，从最初的智能单品到中期的产品联动再到后期全屋智能的实现[②]，用户态度也随之发生了改变。对于智能家居从最初的好奇心驱动、尝试性应用、功能化使用逐渐拓展，将更多个人化的期待寄托其上，期冀实现更多层面的满足。智能家居产品兼具"智慧化体验"和"情感化诉求"的复合价值。[③] 智能技术的革新与应用充分满足了用户对于安全、舒适、便捷的居家生活理念的要求，并以持续不断的自我优化追求极致服务。智能家居产品从更深远意义上承担了广义媒体的价值。智能音响、智能摄像头、智能猫眼、智能闹钟以

---

① 千际咨询：《2021年智能家居行业发展研究报告》，2021年10月。
② 第一财经商业数据中心：《用AI营造有安全感的家：2021智慧家居趋势报告》，2021年12月。
③ 第一财经商业数据中心：《用AI营造有安全感的家：2021智慧家居趋势报告》，2021年12月。

图像、声音为介质实现跨越时空的即时传输，门里门外、咫尺天涯的界限被无形中消弭；烟雾监测、温/湿度感应、智能灯光、智能冰箱以传感器为介质实现人身体功能的延伸，在沙发中休憩的个人可以毫不费力地与光线强度、贮存温度、环境舒适度等家居要素建立联系并进行控制。智能家居以其智慧型特征被赋予拟人化人格，在家庭的私密环境和亲密关系中，人与智能家居的互动更容易形成一种"人—机"新型互动关系，以往通过人际互动才能够传递的安全感、陪伴感、幸福感等情感也意外的在"人—机"互动关系中塑造和体现了出来。

第四章　智媒问题的现实表征

智媒研究的重要组成部分就是智媒批判研究，唯有厘清智媒问题与不足并予以解决，才能推动智媒的良性健康发展。智媒应该是以人为本，增进人类福祉的，在智媒创新和应用普及的同时，也需要警惕智媒带来的问题，明确智媒实践隐含的风险，对此进行提早的预防和应对。本章将首先梳理智媒批判研究的基本情况，在此基础上对智媒问题的现实表征和典型特点进行阐释。

一　智媒批判与智媒问题表征

本部分主要对智媒批判的总体情况进行说明，厘清当下的研究现状和批判路径，指出智媒批判的局限性，并综合既有文献提出了智媒批判的框图，用以理解智媒问题的具体表征，此外也在总体上梳理了智媒问题的共性特点。

（一）智媒批判的研究现状

自 2016 年阿尔法狗打败李世石以来，智媒发展迅速，相关研究也日趋深入和细致，关注到机器人写作、算法分发、社交机器人、大数据分析、传感器新闻、数据新闻、可视化新闻等诸多内容。其中重要的部分即是对于智媒的批判与反思，苏涛和彭兰将 2018 年视为中国新媒体研究的反思之年，对人工智能、区块链等技术展开了多维思考和批判反思。①

学界在厘清智媒基本应用和运作机制的基础上，一是基于诠释主义视角重点关注智媒使用对于个体、群体、社会等主体的价值，阐释主体在智媒实践中的认知理解和意义阐释；二是基于对智媒的价值负载及权力介入的基本判断，积极倡导人文关怀和价值介入，关注智媒对社会公平公正、公共利益以及社会凝聚等方面的影响，对智媒应用进行批判性反思；三是将视野在时间维度上扩展到未来、在社会维度上细分群体、在空间维度上关注城乡和具体区域，尤其是弱势群体和偏远地区。

智媒批判有着重要的价值意义和时代的紧迫性。一方面，伴随着智媒基础设施的建设，泛媒介生存已然成为人类的生存境遇，人类迫切需要理解我们所处的媒介环境，包括其中的风险和危机。另一方面，国家和社会发展对智媒实践提出了一系列的要求，例如国务院印发的《新一代人工智能发展规划》要求制定人工智能发展的法律法规和伦理规范。助力智媒的良性发展，为其他行业的智媒应用推进铺平道路应该成为媒体行业的时代责任，寻求智媒生产力的安全释放，建设安全、公平、美好的智媒环境就成了至关重要的工作。智媒批判的目标正在于明确智媒实践隐含的风险，充分理解智媒实践的问题和不足，进而为智媒发展指明方向，在智媒应用实践中规避风险，提前预防。

既往智媒批判的路径大致可以分为以下三条：一是基于效果考虑的"善恶"视角。学界和业界习惯从善恶、乐观和悲观、技术决定论和技术中性论等视角来讨论媒介技术与社会相关问题。例如谢洪明等人将人工智能的态度分为"传统派""谨慎派"和"乐观派"三种。②

二是基于智媒逻辑的"媒介"视角。聚焦智能媒介来讨论，包括抽象、普遍意义上智媒逻辑批判，例如"反连接""媒介与思维意识"；也包括对具体智能媒介和现象的批判，例如"深度伪造""信息茧房""算法黑箱"等等。

---

① 苏涛、彭兰：《反思与展望：赛博格时代的传播图景——2018年新媒体研究综述》，《国际新闻界》2019年第1期。
② 谢洪明、陈亮、杨英楠：《如何认识人工智能的伦理冲突？——研究回顾与展望》，《外国经济与管理》2019年第10期。

三是基于具体问题的"社会"视角。"社会"视角选择从"隐私问题""版权问题""权力问题""公共性问题""数字鸿沟问题"等相关问题出发回溯智媒的作用和影响，在此基础上寻求问题的解决。

三种路径有其讨论的价值和意义，不过概言之，"善恶"视角处于自说自话的境地，一直都没有什么定论，也无法反映智媒实践的全新情况，忽视了智媒应用的具体情景；媒介视角与社会视角则往往存在"盲人摸象"的困境，在具体问题上阐释有余，但无法从整体和全局厘清智媒时代的问题。

具体来看，智媒批判研究存在以下局限性。需要提前说明的是相关局限往往是由一系列综合因素导致的，大致包括论述对象的自身的复杂性、研究领域的针对性、研究者的知识背景和兴趣偏向、文字叙述连贯性的要求等等。笔者在下文的批判阐述中会尽量避免相关问题，不过在具体问题的论述中也还是会或多或少的存在相关问题。

一是研究议题比较分散，聚焦性很强而理论整体性建构不足。对于算法分发、大数据分析、人工智能、社交机器人、自动化写作等问题阐释较为详细充实，不过对于彼此之间的关系、综合作用机制以及实践效果缺乏讨论，有必要从智媒的总体层面出发，综合考察在智媒的系统性影响。

二是智媒研究存在"易近性偏差"（accessibility bias）。在国外的社交媒体研究中，虽然推特的影响力和用户的活跃度远不及脸书，但由于推特平台上的数据更加容易收集，因此相关的成果要远远超过对其他平台的研究。对于智媒研究来说，一方面由于许多文科出身的新闻学者缺乏对算法和自然语言等跨学科知识的了解，因而无法对社交平台上的信息传播现象进行有效的实证分析；另一方面往往关注大型、主流以及数据容易获取的智媒应用，对于一些小众、细分的智媒应用缺乏关注。

三是智媒批判存在批判过"粗"，针对性不足的问题。例如在对"媒体组织"的批判中往往将媒体生产的不当之处、智媒运作的伦理问题与智媒实践带来的负功能三个部分混杂在一起，造成了智媒批判的混乱，也不利于问题的归因和针对性应对。例如隐私侵犯可能是由于系统安全性不足导致，也可能是由于媒体平台的恶意为之，而隐私侵犯可能导致用户的恐慌和相关信息犯罪等。"智媒生产的不当之处"往往是无心之失，或者说由于智媒发展的不足所导致的智媒问题，例如识别率不高、系统的崩溃、算法逻辑的局限性、写作模板的欠缺或者说智媒应用的 UI 界面设计不合理，等等。"智媒的媒体伦理问题"则是由于媒体、平台以及相关主体为了自身的利益需求有意为之或者故意不为所导致的智媒问题，诸如故意的隐私权侵犯、蓄意的算法偏见和歧视、出于经济利益的剥削和欺骗等等。而对于社会负功能而言，其原因包括智媒自身的局限性、伦理缺乏等诸多原因，并非单一原因导致，主要侧重于从主体影响层面来考虑问题，关注对个体、群体、社会文化等维度造成的影响。概言之，区分三个维度要求研究者关注智媒问题产生的主观动机和目的、技术自身的局限性和不足等相关因素。

四是诸多表述中存在武断的为现象归因的情况，缺乏内在机制的描述，想当然的认为因果关系的存在。例如"完全依靠机械的数据和机器的计算进行推送，会导致人的扭曲和异化"。基于数据和机器的推送到底是何以导致了人的扭曲和异化，其中的逻辑并未阐明。这些论述的存在往往会带来用户的迷惑、也意味着对智媒实践的偏见和误读，不利于智媒问题的针对性治理。

五是相关描述中也未能区分智能媒介与智能媒体的关系，究竟问题是作为载体和形式的智能媒介导致的还是作为机构和组织的智能媒体导致的。例如新闻失实究竟是由于数据偏差和数据分析模型缺陷造成的，还是由于媒体组织的错误解读、故意删减内容导致的。区分这一点也是为了能够对问题进行准确归因，毕竟媒介的问题与媒体的问题有着不同的处理方式。

六是研究对象的混杂。诸多表述中未能点明关注的研究对象，对于个体、群体、社会等对象的智媒问题存在一定的差异，但是在表述中未能对具体的情况进行说明。例如就算法推荐而言，给个人带来的可能是信息窄化、观点固化，给群体带来的可能是群体极化、圈层固化，而给社会带来的可能是共识无法达成、社会凝聚力不足。

七是具体问题的机械拼凑。当下的智媒批判研究往往是简单地将一些批判点罗列在一起，缺乏整体的逻辑串联，往往洞察有余而结构性不足。

八是概念使用的混杂。以"强人工智能"为例，不同学者讨论的并不是一个东西，看似讨论的是"强人工智能与人类的关系"，但是实质上讨论的是不同的话题。具体内容后文会专门阐述，简单来说在一些学者看来，不少鼓吹"强人工智能"的学者们所理解的"强人工智能"本质上只是一种"强大的弱人工智能"，并非真正意义上拥有人类意识和自主决策能力的"强人工智能"。既然概念认知都不同，那许多的争论其实是失去了意义的。

（二）"智媒问题"框图及说明

基于大量的文献综述，笔者提炼了"智媒问题框图"用以理解智媒问题的现实表征。

（涉及主体）			复杂化	范围扩展	风险性	新形态	隐蔽化	其他
既有问题	共性	遮蔽类						
		控制类						
		剥削类						
		侵权类						
		歧视类						
	个性	（问题A）						
		（问题B）						
全新问题								

该框图综合考虑了以下几个维度和相关情况：一是智媒问题需要基于不同主体来进行关照，例如笔者就媒体与媒体人、个体用户、相关群体、社会文化和政府等主体进行了具体阐释，当然也可以进一步聚焦于专业媒体、自媒体、社交媒体、城市与乡村、亚文化和主流文化、游戏玩家、粉丝等具体的主体，都是基于本框图进行延伸思考，出于篇幅考虑就不一一展开了。

二是当下的智媒问题既有"既有问题"的延伸，也存在全新问题。对于既有问题而言，共性的问题大概可以分为遮蔽、控制、剥削、侵权和歧视这五类，下文会具体展开说明，而对于具体主体也存在一些个性问题，比如媒体的价值偏移、群体间的数字鸿沟、社会运作中的"公共性隐忧"，等等。当然智媒实践也带来了诸多新的问题，例如个体层面的"信息过载""信息溺亡""责任负担""连接重负"等；社会层面则是"加速社会""风险社会"等。

三是既有问题在智媒实践中存在诸多全新的状况，也可以理解为智媒问题的时代特点，共性的特点有：问题更加复杂、发生频次增多、全新的样态、表现更为隐蔽、影响范围更广、证实更为困难，等等。这些问题体现在"遮蔽""侵权""控制""剥削""歧视"等问题维度中，例如诉诸意识的控制、全景全时全程监视、深度伪造带来更强的环境建构能力、难以证实和发现的歧视、隐蔽而深入的剥削、大数据调用背景下知情同意的难以保证，等等。

四是该框架主要涉及的是对具体问题的描述，并不涉及抽象的观念的讨论，诸如人类福祉、健康、活力、正义、善等等。此外也要注意对于"概念理论"的内容拆分，尤其是"信息茧房""数字鸿沟"等理论往往涉及诸多维度和内在逻辑，并不适合将其划分到单一维度。例如"信息茧房"会涉及信息环境的遮蔽、偏见的固化、用户的思维意识控制、社会共识削弱、阻碍思想表达和交流等诸多问题。

五是智媒实践的是多元主体共在的场域，使用者、商业资本、开发设计者，乃至于监管主体都有着不同的利益需求，不同主体间亦存在着冲突和矛盾，所谓"彼之蜜饯，我之砒霜"，智媒问题归根到底还是人与人之间的问题。例如对"遮蔽问题"而言，既存在数据自身的偏向性带来内容的偏向性；也需要注意到权力介入带来的遮蔽。例如就"算法黑箱问题"而言，既存在基于深度学习的不可理解性和大数据的复杂性导致的黑箱，也存在着出于商业利益和权力操控考虑的有意造成的黑箱。

六是在智媒实践中，相关维度的问题往往交织融合在一起，并没有明晰的边界。例如"表面公正、客观、权威的算法，实际上用不同程度带有偏见的话语影响着受众，帮助受众形塑意识，用构建的'超真实'取代真实"。涉及偏见、控制和遮蔽三个维度的内容。例如"嵌入到算法中的价值观、偏见或意识形态会影响社会公众的行为以及公正、无偏见的信息获取"①中涉及偏见、遮蔽、控制、社会不公等内容。本文对智媒问题维度的划分是为了更好的理解智媒问题的本质和内涵，只有先对问题进行拆分才能更好地进行问题治理和风险规避。此外厘清智媒问题的维度也可以辅助对一些概念的理解，比较典型的就是"信息茧房"这类复合性概念，从遮蔽、控制、偏见、剥削、侵权等诸多维度入手才能真正理解"算法推荐问题"的多重含义。

七是需要注意到问题之间的相互作用和影响，问题间交织的影响也加剧了智媒问题的复杂和剖析智媒问题的困难。智媒批判中存在许多对"问题的影响"的阐述，例如信息茧房的影响、算法歧视的影响、数字鸿沟的影响。例如遮蔽问题的存在可能导致控制问题的大量产生；智媒控制、智媒剥削和智媒遮蔽的过程中往往伴随着侵权行为；偏见歧视问题的目的可能是控制和剥削；控制和剥削也需要加强对用户的监控，也会加剧对用户隐私数据的侵犯。

八是"智媒问题"框架可以用于梳理可能存在的风险，有些问题可能目前来看还不是很明显，但是伴随着智媒体的深入嵌入，相关问题会进一步凸显和放大。例如目前智媒体实践中展现出的对乡村群体的偏颇呈现还不算严重，但是伴随着智慧城市的布局，城乡之间数据化进程存在较大的差异，在此意义上智媒实践会加剧对乡村的偏颇呈现。

（三）智媒问题的共性特点

一是智媒问题的隐蔽性和不易察觉性。例如算法偏见歧视以隐蔽的方式来运作，往往难以决策，也难以证实。汪怀君和汝绪华提到这样的一个案例：招聘公司 HireVue 通过游戏来招聘员工，但是往往年长的员工和女性都不玩游戏，因此看似是平等的招聘，实则暗含着年龄歧视和性别歧视，这种就业歧视往往是隐蔽而无法确证。②例如用户隐私侵犯的隐蔽性，一方面算法数据收集的过程是以温和而隐蔽的方式在大数据

---

① 徐琦：《辅助性治理工具：智媒算法透明度意涵阐释与合理定位》，《新闻记者》2020年8期。
② 汪怀君、汝绪华：《人工智能算法歧视及其治理》，《科学技术哲学研究》2020年第2期。

"后台"进行的，因此用户很难觉察到隐私数据泄露；另一方面基于大数据交叉分析和基于群体的信息预测往往可以绕过具体的用户而获取到用户的隐私信息。

二是影响范围扩展。首先体现在全流程、全环节影响。算法偏见、算法不正义、算法控制等问题普遍存在于程序设计、数据采集、内容编辑、分析创作、分发传播、数据解读等环节。例如隐私侵犯出现在信息采集、信息处理和信息应用等环节，包括在用户不知情、不了解的状况下对用户数据的采集；通过数据交叉分析的方式获取用户隐私信息；在信息应用中滥用隐私数据，进行非法售卖；基于用户隐私数据对用户进行区别对待和歧视等等。其次是体现在影响的时空范围广，例如失实内容会由于算法分发而迅速扩散，偏颇的观念也会迅速在社会层面放大；再者体现在影响人群和对象广，智媒环境将全人类和各行各业都牵扯其中，包括老人小孩，还包括政府机构、文化团体、企业组织、城乡居民，在此过程中智媒问题也扩散到社会的方方面面。

三是问题影响的"不确定性"和"风险放大"。智媒处于迭代发展之中，可能产生新的形态，也伴随着新的风险。风险，是事态发展中存在的发生某种损害的可能性。乌尔里希·贝克提出"风险社会"概念，认为"在风险社会中，未知的、意图之外的后果成了历史和社会的主宰力量"[1]。智媒实践的风险性来自于智媒实践的全流程、全环节，涉及政府的社会治理、媒体的伦理规范、个体的权益福祉。伴随智媒发展可能到来的是悬在头顶的利剑和更大的脆弱性；人类面临极大的不确定性，需要时刻防范不期而遇的危险，应对意料之外的问题。张超认为，"智媒实践带来了失实风险、决策风险、偏见风险、隐私风险和声誉风险等风险类型"[2]。

例如由于人工智能的复杂性、数据的巨量复杂状态以及深度学习的不可知性等因素，智媒应用使得世界的运作愈加复杂化，普通人无法理解智媒带来的影响，人类并不总能控制技术的后果，逐渐丧失了对智媒

---

[1] 赵瑜：《人工智能时代新闻伦理研究重点及其趋向》，《浙江大学学报》（人文社会科学版）2019年第2期。

[2] 张超：《新闻生产中的算法风险：成因、类型与对策》，《中国出版》2018年第13期。

的把控感。尤其是由于科幻影响作品的渲染，大大加剧了人类对于现实世界的风险感知。

例如媒体面临的失实风险，写稿机器人一旦错误往往难以及时更正，难以追溯到失实发生的原因，而且考虑到自动分发机制通常会大大增强其危害。

例如用户面临的隐私风险。在隐私问题中，不只需要关心实际发生的隐私侵犯问题，更重要的是用户处于隐私焦虑之中，用户不知道自己的隐私会如何被侵犯，被侵犯到何种程度，在什么样的情况下被侵犯，又会在什么时候造成消极的影响。

例如政府面临的决策风险，智媒大量应用于社会治理和决策当中，而且形成了对于智媒的依赖性，一旦智媒崩溃或发生故障，社会治理和决策就会陷入混乱。此外政府及相关人员并不能完全理解智媒的决策和治理，无形之中也增加了人们对智媒决策和治理的不安感。

四是智媒问题的全新表现形态。例如基于海量传感器和大数据分析的全新监控手段；例如基于大数据交叉分析和大数据数据预测的隐私侵犯路径；例如基于AI技术进行"换脸"操作对于隐私和肖像权的侵犯；例如打着"情感劳动"和"休闲娱乐"幌子的劳动剥削；例如智媒偏见从文字偏见到算法偏见、图像偏见、搜索引擎偏见；例如诉诸娱乐化的隐形控制、假以"幸福""健康"名义的新型控制以及"诉诸共识和认同"的柔性控制；例如通过游戏化机制增强用户黏性，掩盖数据采集和隐私窃取的目的。例如斯蒂文斯理工学院和宾汉姆顿大学共同完成的一项研究发现，通过智能手机等可穿戴设备所提供的移动传感数据可以识别人们的 PIN 和密码，且在第一次尝试中就能达到80%的正确率。[1]

五是智媒问题的"高频率"和"高危害"。彼得斯指出"基础设施规模越大，越可能慢慢地不为人所意识到，同时带来的潜在灾难也可能更大"[2]。作为基础设施存在的智媒在其运行中确实会造福于人，但是也给人类带来了更大的脆弱性，内容失实、歧视偏见、隐私侵权等问题都

---

[1] 李垫：《反思传感器新闻带来的伦理困境》，《传媒观察》2017年第9期。
[2] ［美］约翰·杜海姆·彼得斯：《奇云：媒介即存有》，邓建国译，复旦大学出版社2020年版，第37页。

比以往发生的更为频繁，往往人们也缺乏有效的应对方式。

六是问题的复杂性。问题的复杂性一方面是智能媒介的自身复杂性，例如基于深度学习的算法或混合算法推荐模式；另一方面是智媒系统和总体运行的复杂性，智媒的研发应用涉及诸多学科、行业、部门，需要大量工作人员的配合与协作。例如智媒问题的责任归属和责任分担难以厘清；例如智媒问题的原因难以追溯，无法从根源上理解问题；例如智媒真实性面临着方方面面的干扰因素，难以真正意义上保障写稿机器人创作的真实性。

二 智媒批判的总体维度

从总体逻辑来看，算法改变了信息分发模式，进而重新塑造了权力模式，筑起了信息高墙，导致了对现实的遮蔽，构建了基于用户偏好、符合权力主体利益的拟态环境，权力主体通过算法的筛选把关、议程设置等方式将价值观和利益诉求嵌入其中，导致了对相关群体的歧视和偏见，在此过程中也隐含着对用户的控制和规训，同时也造成了隐私滥用等问题。接下来将具体介绍智媒遮蔽、智媒歧视、智媒控制、智媒剥削和智媒侵权的主要内涵、具体问题表现及相关影响，初步厘清智媒问题的表征。

（一）智媒遮蔽

1. 智媒遮蔽的类型

基于信息分发、把关筛选等智媒权力，智媒实践中存在遮蔽类问题。遮蔽是控制的重要机制也是歧视偏见的重要表现，本身也意味着对用户知情同意权的侵犯，可以说遮蔽问题是理解智媒问题的逻辑隐线。从遮蔽的对象和内容来看，智媒遮蔽包括以下几类情况：

一是对现实世界的遮蔽，智媒建构的拟态环境往往是非真实、非现实的，或者说存在对现实的突出强调和片面呈现。智媒建构的拟态环境可能更符合用户的兴趣偏好，但一定程度与多元的真实世界脱节。

二是对原因、机制、逻辑和关系的遮蔽。用户往往不理解收集的个人数据作何用途、不理解相关的结论如何做出、不理解为何推送的是这些而非那些内容；用户也难以理解算法权力的运作机制和新型的剥削路径，在此意义上遮蔽了智媒实践中的权力运作和利益交换，掩盖了社会不公和侵权行为的存在。更为典型的就是智媒运作机制的"黑箱化"，传统媒体运作虽然也存在把关筛选机制，但是把关原则和机制是清晰的，在智媒时代，算法的过滤逻辑和把关机制往往不为用户所了解，甚至于算法的开发设计者都无法理解。

三是智媒实践中存在的真实和虚拟的混淆、人机成果混淆等遮蔽类问题。一方面用户很难区分人类新闻工作者和算法创造的内容，在社交媒体上也不容易区分正常用户和社交机器人，对于新闻内容来说，人们往往无法区分记者创作的稿件和写稿机器人创作的稿件，"人们对于算法、人类和混合作者生成的新闻，在感知信源可信度和信息可信度上没有差别"[①]。另一方面智媒应用日益消弭真实与虚拟的区别，普遍认为虚拟世界也是真实的。尤其是一部分用户终日与智能媒介"打交道"，沉浸在虚拟世界之中，在他们看来虚拟世界才是真实的，也更容易亲近，没有现实世界交往的诸多问题，对虚拟对象和以智媒为中介的交往产生过度依赖，进而感觉现实交往又累又无聊，从而变得孤僻而厌世，造成雪莉·特克尔所言的"群体性孤独"。

四是意识层面对于真实的消解和解构。比较典型的就是后真相时代对真实和真相的不信任，以及沉浸于虚拟世界对现实世界的无所谓和逃避。在此意义上，智媒实践所带来的不仅仅只是现实的遮蔽，而是现实的替换。正如鲍德里亚对媒介造成"社会萎缩"分析，社会现实已经被无处不在的智媒所重塑，"地图先于领土"的现象在智媒时代体现得淋漓尽致。此外，人们也更愿意相信脑海中的真实而非现实所见，更加倾向于基于情感关系和群体认同的信任性真实而非基于理性和实践的真实认知。

---

① Tandoc Jr., Edson C., Yao, Lim Jia, Wu, Shangyuan, "Man vs. Machine? The Impact of Algorithm Authorship on News Credibility", *Digital Journalism*, Vol. 8, No. 4, pp. 548–562.

2. 智媒遮蔽的表现

智媒遮蔽的责任主要在于媒体，智媒遮蔽集中表现为"现实的偏颇呈现""内容失实""数据造假""运作机制的不透明和算法黑箱""结论的不可解释"等问题。在用户层面则表现为：由于信息偏颇吸收、信息窄化带来的社会认知偏颇，局限在信息茧房之中，自我认知存在严重偏差；在群体层面则表现为智媒对弱势群体及其生存状况的遮蔽。接下来就智媒遮蔽的具体表现进行阐述：

一是数理逻辑无法复刻现实。杨保军和杜辉指出，"算法将万千世界简单化为若干模型，这势必无法完整体现世界的复杂性"[①]。数理逻辑仅仅是理解世界的一种视角，当媒体基于数理逻辑为用户建构并呈现世界的时候，这个世界依然是残缺不全的世界。张超评论称，"现实生活并不能总是被数学'模仿'。即使是最复杂的算法和最大限度的大数据挖掘，也会将多维度的问题变成简单的模型，把复杂的世界模拟得简单"[②]。而用户日益依赖智媒来认知世界，在此意义上，智媒实践导致了用户对真实世界的认知偏颇，也意味着智媒对现实的遮蔽。更何况现实世界是多维而丰富的，类似伦理道德实践、非理性行为、艺术创作行为等并非都是可量化的，"数据孪生""世界数据化"等操作在源初就是对现实的偏颇呈现。基于数理逻辑建构的世界与现实世界之间存在着难以逾越的鸿沟，认清这一点才能透过智媒建构的表象触达社会的现实景象。

二是智媒失实的状况大量存在，智媒实践无法保障新闻的真实性，由于算法程序的局限性、数据集的偏差等原因，算法新闻实践存在大量失实的案例。例如2016年10月《华盛顿邮报》对Facebook算法推送的热门新闻进行了核查，发现在三周时间内各大热门板块中存在8条明显的虚假新闻。

首先是由于数据错误、数据不完整等问题，算法新闻会产生内容失实的问题。片面的数据、错误的数据、失真的数据，不仅不会更真切地

[①] 杨保军、杜辉：《智能新闻：伦理风险·伦理主体·伦理原则》，《西北师大学报》（社会科学版）2019年第1期。

[②] 张超：《作为中介的算法：新闻生产中的算法偏见与应对》，《中国出版》2018年第1期。

映射环境和事物，反而可能成为一面哈哈镜。① 由于数据的使用涉及算法新闻生产的诸多环节，因此包括数据输入、数据输出、数据处理的全流程都会产生新闻失实的隐患。例如如果输入的数据信息包含错误，那么机器人协作也会产生失实报道。《洛杉矶时报》的机器人 Quakebot 曾错误发布地震报道、United Robots 的足球新闻摘要中曾出现错误比分。② 例如"嗡嗡喂"（Buzzfeed）网站的数据新闻《空中间谍》（Spies in the Skies）用算法分析飞机数据、揭秘美国空军的秘密活动，但算法会把一些跳伞运动错误识别为间谍机。③ 此外，考虑到智媒实践中存在大量对社交媒体上的私人数据、第三方数据与二手数据的使用，这类数据的真实性无法保证，而且媒体往往也不会去主动验证，因此新闻失实的可能性大为提高。

其次是基于智媒的数据造假和事实伪造大量存在，进而破坏新闻内容的真实性。虽然数据本身不会撒谎，但人们会用数据撒谎。当下的技术手段很容易做到对图像、音频和视频资料的剪辑和拼贴，达成诸如换脸、去除重要信息、添加虚假信息等不当操作，进而会导致新闻失实的发生。例如智媒实践中存在深度假新闻（deep fakes）的制造，2018 年 11 月，白宫因 CNN 资深记者阿科斯塔（Jim Acosta）在总统新闻发布会上拒绝交回话筒并攻击实习生，取消了他的通行证。事后许多人提出质疑，白宫公布的视频经过了"技术处理"，借助人工智能技术生成了"深度假新闻"，使得阿科斯塔的动作显得更为粗暴和富于攻击性。④

此外，诸多文献开始关注基于 AI 的深度伪造问题。宽泛而言，深度伪造（Deepfake）是指相关软件可以通过 AI 换脸、语音模拟、视频生成

---

① 彭兰：《机器与算法的流行时代，人该怎么办》，《新闻与写作》2016 年第 12 期。
② Green, D., AI - powered journalism: A time - saver or an accident waiting to happen?, 2019Retrieved from https://www.journalism.co.uk/news/automatically - generated - journalism - risks - unintentional - bias - in - news - articles/s2/a747239/.
③ Nahser, Three examples of machine learning in the newsroom, https://medium.com/global - editors - network/three - examples - of - machine - learning - in - the - newsroom - 1b47d1f7515a.
④ 史安斌、王沛楠：《2019 全球新闻传播新趋势——基于五大热点话题的全球访谈》，《新闻记者》2019 年第 2 期。

等方式，对既有图像、声音、视频进行篡改、伪造，自动生成音视频产品。①也有学者认为"深度伪造"（Deepfakes）是"深度学习"（Deep Learning）和"伪造"（Fake）的结合，基于"生成性对抗网络"（Generative Adversarial Network）的机器学习技术将现有图像和视频组合并叠加到源图像或视频上，从而产生假视频。②"深度伪造"能够"言"所未言，"行"所未行，进一步挑战了真实性理念，"深度伪造"内容的存在会让用户产生普遍的质疑，进而降低人们对新闻媒体的信任感。此外，由于深度伪造对网络安全、隐私安全、道德伦理等维度的恶劣影响，该技术也被视作智媒时代最危险的人工智能技术之一。

三是智媒实践中对于现实的偏颇呈现，干扰了用户对世界的真实认知。首先是伴随着算法对内容筛选把关和分发推送，智媒建构出一整套的"拟态环境"，智媒建构的"拟态环境"往往与客观现实存在较大差距，甚至于完全相反。把关并非只是内容筛选的过程，还是建构现实的过程，在此过程中权力主体竖起了"信息高墙"，用户又主动搭建起了"过滤气泡"，主动排斥着内容的输入，网络也不再主动给用户提供应该被看到、可能会需要的内容。不同于传统时代以"媒体"为主的拟态环境建构，智媒时代的拟态环境是以个人兴趣偏好为主的"个性化拟态环境"③。用户的信息接触愈发单一化和狭隘化，信息的多样性也大大削弱，用户沉浸在算法和个体共同构建的拟态环境中，知识结构窄化，对现实的认知偏差越来越大。此外考虑到智媒实践中失实情况的大量的存在，智媒建构的拟态环境不仅是偏颇的呈现，更可能是错误的呈现。更为重要的是信息携带着观点和价值，信息茧房的潜在意涵则是用户将可能看不到与自己意见相左的观点。在此意义上，智媒实践不仅给个体带

---

① 蒲晓磊：《11家互联网企业因"危险技术"被约谈 深度伪造技术需要立法规制》，《法治日报·人大视窗》2021年3月30日，http://epaper.legaldaily.com.cn/fzrb/content/20210330/Article07001GN.htm.

② Botha, J. and Pieterse, H., Fake news and deepfakes: A dangerous threat for 21st century information security, In Proceedings of the 15th International Conference on Cyber Warfare and Security. 2020 Norfolk, USA.

③ 张帜：《智媒时代对新闻生产中算法新闻伦理的思考》，《海南大学学报》（人文社会科学版）2019年第2期。

来了信息认知偏差、信息的同质化和信息的失实,还造成了用户对于意见气候的偏颇感知和观念固化。

四是基于扩散和重复的环境建构,导致用户无法准确认知社会现实。依靠算法推荐、社交机器人等智能媒介,一些内容可以精准快速扩散,而另一些内容则被遗忘和遮蔽,如果不及时调整分发机制,信息分发的马太效应会越来越强,用户的信息环节也会愈加偏离真实。尤其是考虑到,智媒对于假新闻的传播扩散也是一样的迅速,例如社交机器人在美国大选期间大量传播扩散假新闻,以此建构虚假的意见环境,希望以此来影响民众的选举意愿。2017 年,印第安纳大学 Shao 等学者通过对 2016 年美国总统大选期间的包含 40 万个讯息的 1400 万 Twitter 文本分析,指出"社交机器人在假信息的传播初期阶段异常活跃,随后人类用户转发这些经由社交机器人发布的假新闻,进一步加速了假新闻的扩散"。

五是智媒实践未能反映和发掘真相。智媒的发展普及降低了人们获取信息、探求真相的成本,也提高了人们追求真相的机会,因此人们往往寄希望于大数据分析、智能监控可以帮助人们洞察真相,了解事实,触达真理,但是实际的情况是智媒未必能够帮助人通达真相。事实的获取有着诸多的干扰因素,而真相的触达则更为复杂。张志安提到,"事实是确已发生的事物的客观状态,具有一种稳定的、可见的属性,而真相则是人们在事实的基础上通过关联事实的深度挖掘、做出的解释和判断,具有一定的隐蔽性、复杂性和不确定性"[1]。即使新闻报道的所有信息都是真实的,依然可能是经过裁剪编织的假象,并未必能够触达表象背后的真相。

首先因为算法、大数据等智媒自身的复杂性和不确定性带来了新的遮蔽,导致人们追求事实真相的难度增大。其次是往往由于智媒神话以及在此基础上对数据分析的结论不加审视的接纳反而导致人类停止了对真相和事实的探索,进而遮蔽了现实。再者说并非所有的事件都是简单的新闻要素报道就可以厘清真相的,像是地震报道点出时间、地点、

---

[1] 张志安、刘杰:《人工智能与新闻业:技术驱动与价值反思》,《新闻与写作》2017 年第 11 期。

震级、历史情况即可，像是体育报道给出输赢结果、参赛队员、比分情况、以往战绩等情况即可。更多的事件涉及复杂的关系和隐晦的判断，需要亲临现场，结合既往经验进行大胆判断，小心求证才能获得事件的真相，对于这类事件而言已然需要调查记者的躬身实践，绝非智媒应用可以替代的。最后是大数据分析反映的往往是"相关关系"而非"因果关系"，因此即使数据是真实准确的，也并不意味着最终的结论就能反映真相；缺少因果关系的阐释，甚或是因果关系倒置都可能导致严重的新闻失实。① 尤其是考虑到媒体将相关关系不加说明的呈现反而会误导用户，产生一系列的负面影响。例如当环境记者拿到了一组数据表，人工智能算法帮助他们找到了一条值得报道的线索，该地区的大量卫星图片和数据都"显示"某地区四个监控点均呈现石油开采与森林退化之间的相关关系。但当记者信心满满前去报道时，发现二者之间并没有因果关系，森林退化是由火灾、伐木场等原因造成的。②

六是智媒实践中带来的自我认知偏差。一方面用户和社交机器人及其他语音智能设备的交互实践也是用户进行自我认知的过程。智媒的顺从、迎合以及一味忍让的态度可能会干扰用户的自我认知，不利于用户理解真实的社交关系和社会交往过程，由此带来对社会现实和自我认知的偏差，也导致社会交往能力的削弱。另一方面自我认知偏差会引发"韦瓦第效应"。史提尔（Claude Steele）在20世纪80年代发现："顶尖大学里，SAT成绩相当的学生当中，黑人在大学课程的成绩表现通常比较差。"在《Whistling Vivaldi：How Stereotype Affect Us and What We Can Do》一书中史提尔分析了该现象并对其做出了解释。史提尔认为最合理的解释是：社会上弥漫着对黑人的智性能力不利的刻板印象，黑人学生感受到此刻板印象，产生不利于表现的压力。智媒实践中将带来了自我认知的偏差，而对自我认知的偏差会导致刻板印象（stereotype threat）的普遍存在，而且在弱势群体和亚文化群体身上的体现会更明显。刻板印

---

① 杨保军、杜辉：《智能新闻：伦理风险·伦理主体·伦理原则》，《西北师大学报》（社会科学版）2019年第1期。

② The Future of Augmented Journalism，https://insights.ap.org/industry-trends/report-how-artificial-intelligence-will-impact-journalism2017.

象会切实的影响到相关主体的表现，成为"自我实现的预言"，只不过这种预言是消极负面的。

七是智媒遮蔽往往表现为对弱势群体或相关群体的不予呈现、代表不足和突出呈现。用户确实是重要的数据来源，但是问题在于并非所有的群体都可以作为数据来源，都可以在数据结果中呈现。如果一个个体的行为并没有在监测网络里面被收集，那么，对该个体而言，这就意味着他在这个数据集里面不存在，这就构成了"代表性偏低、不足或者缺失"的问题。① 郭小平和秦艺轩也指出，"由于贫困，生活方式或者地理位置，生活在大数据边缘的人总会被非随机的、系统性的遗漏，他们的生活比一般人群更少'数据化'"②。例如谷歌的图像识别训练数据库 ImageNet 中，有近四分之三的图像来自欧美国家，而占世界人口三分之一的中国和印度，在 ImageNet 里的数据量加起来只有百分之三。这就导致 ImageNet 训练的智能算法在识别第三世界图像时，往往会识别错误，例如会将东方的新娘识别为艺术表演。此外吴冠军也关注到社会治理中存在对"余数生命"的关注不足的问题，并将其视为智媒伦理的重要命题。其指出，"基于算法等技术，智媒时代将会完成'肉身人'向'数字人'的关键转化，生命呈现为各类档案和数据。但是并非所有的个体和群体都能被算法考虑在内，因为有的群体并不生产数据，甚至于根本没有触网，那么这部分群体往往不被算法分析所呈现；此外对于一些少数群体，往往其特性和需求会淹没在大样本之中，在算法分析中被忽视"③。

关于"代表性不足"的问题有以下几个点需要说明：首先"代表性不足"会加深边缘群体本就不可见或者能见度过低的历史性问题。较为典型的案例就是网络感知的灾情和现实情况的不一致。克劳福德举例称，面对飓风灾害，纽约似乎是受灾最严重的地区，但实际上还有受灾更严

---

① 林曦、郭苏建：《算法不正义与大数据伦理》，《社会科学》2020 年第 8 期。
② 郭小平、秦艺轩：《解构智能传播的数据神话：算法偏见的成因与风险治理路径》，《现代传播》2019 年第 9 期。
③ 吴冠军：《健康码、数字人与余数生命——技术政治学与生命政治学的反思》，《探索与争鸣》2020 年第 9 期。

重的地区，只是由于这些地区基础设施不足，电子设备没电，而且当地居民也缺乏社交媒体发文的意识。①

其次则是"代表性"不足带来的社会不公和相关群体生存处境的恶化。如果以"代表性不足"的数据作为决策的依据，往往会对代表程度偏低的问题或人群造成不公。郭小平和秦艺轩将相关问题称之为"智能算法的选择性失明"，其认为"选择性失明"往往会导致相关群体的边缘化，边缘群体将丧失社会流动机会、经济获益机会和政治平等权利，加剧带来群体间的数字鸿沟和社会不公。②例如在"飓风案例"中"代表性不足"导致社交媒体对灾情呈现的不客观，直接导致救灾力量的不足；例如"智慧城市"的建设也意味着城乡差距的拉大，尤其是考虑到未能享受"智慧城市"红利的人群往往就是社会经济地位低、生活处境较差的人群。

再者也需要我们转换视角，关注到数据的"代表性偏差"的问题。数据并不意味着真实情况，林曦和郭苏建认为，"海量的数据并不一定会准确地反映现实世界的情况，从数据到现实，中间还横亘着一个鸿沟。这个鸿沟最大的根源在于，有些社群无法发送任何数据信号或者只是发送了少量的数据信号，从而导致在数据呈现、数据表达上的'失真'"③。例如社交媒体的使用者往往都是年轻人，那么他们的观念并不能代表所有的人群，相关的现象在"舆论研究"中已有许多讨论，相关问题也延伸到智媒实践当中。此外对于智媒实践而言，如果说这种情况是无意造成的偏差，这就是对于用户的遮蔽；而如果说这种偏差是有意造成的，那这意味着对用户的偏见和歧视。

最后值得补充说明的是，不仅需要关注边缘群体的"被呈现权"，还需要关注边缘群体不被呈现的权利和需求。边缘群体往往抗拒国家对他们的"数据捕获"和信息读取，因为这往往意味着控制和利益的损

---

① K. Crawford, "The Hidden Biases in Big Data", Harvard Business Review, http://blogs.hbr.org/cs/2013/04/the_hidden_biases_in_big_data.html.
② 郭小平、秦艺轩：《解构智能传播的数据神话：算法偏见的成因与风险治理路径》，《现代传播》2019年第9期。
③ 林曦、郭苏建：《算法不正义与大数据伦理》，《社会科学》2020年第8期。

失。例如 Berdou 提到在印度，有些机构（学校或者药店）不愿意在地图上被呈现出来，他们担心自己会遭遇"见光死"，即数据上的能见度带来国家的强势干预，而干预的结果就是他们被关闭，因为这些机构本身就是非正式的存在，并未履行相关的手续、登记程序，但是却实实在在地为地方社群提供了不可或缺的公共产品。①

八是真实性自身的消解，建构的"拟态环境"成为人们意识中的"真实"。一方面算法分发的等智媒实践消解了"真实性"的意义，助推了后真相时代的到来和后真相新闻的出现。基于社交媒体的加持，用户的信息接受模式愈加碎片化和短化，算法分发又带来了同质化和信息窄化的问题，用户往往对智媒按照自己兴趣偏好建构的拟态环境深信不疑。后真相时代人们更愿意基于情绪和既往经验而非"理性"和"推理"来进行事实判断。虽然人们并未丧失对真相的追求，但是往往会相信断章取义的"真相"，这些半真半假的新闻混杂着情绪在群体和网络世界大肆传播，同质化新闻经由算法分发再一次回到用户的信息界面，进一步让用户确证了既有认知的正确性。此外一系列的新闻事实反转也进一步削弱了用户对获取"绝对真相"的信心，由此后真相时代真实性消解，用户对真实世界的认知偏差扩大。

另一方面则是"超真实"符号世界的到来，鲍德里亚提出了"超真实"的概念，认为超真实以符号取代了真实，人们是在符号的镜像中认识这个世界，信息不再生产意义，而是在消解意义。在这个过程中，真实与虚拟的界限逐渐消失，引发了意义的内爆。② 这两个维度在智媒实践中得到了进一步融合，用户沉浸于基于智媒营造的信息环境中，不断强化自身的观念和认知，与真实世界产生断裂，也愈加相信智媒建构的拟态环境，最终的结果就是超真实空间的出现，意义的内爆。

---

① E. Berdou, "Mediating Voices and Communicating Realities", https://assets.publishing.service.gov.uk/media/57a08ab7e5274a31e000072e/IDS_MediatingVoices_FinalReport.pdf 2011, p. 16.

② [法]让·波德里亚:《象征交换与死亡》，车槿山译，译林出版社2006年版，第80页。

3. "算法黑箱"及影响

"算法黑箱"作为"智媒遮蔽"的重要表现形式，有必要深入具体的对其进行了解。首先是关于"绝对黑箱"和"相对黑箱"的区分。"绝对黑箱"是不为"全人类"理解的客观存在的"黑箱"，例如基于深度学习的算法分析或无监督式机器学习算法分析，完全依据算法模型和计算机运行，输入和输出均为未知，即便是专业的开发设计者也无法理解算法运作的内在机理。需要明确的是并非所有算法都会带来"黑箱"，对于协作过滤、优先级排序算法、分类算法等并不存在"绝对黑箱化"运作的情况，"绝对黑箱"主要与"深度学习"技术相关，此外在混合算法使用中也会存在"绝对黑箱"。

"相对黑箱"则属于部分人知晓而另一部分人不知晓的情况，涉及算法机制的"公开透明"问题。例如算法因为语言和技术门槛过高而导致用户无法识别和理解；例如一些公司机构的算法数据库并不对公众开放，因此公众无法对其进行了解和监督。对于"相对黑箱"而言主要存在的是"人"的问题，尤其是媒体平台、互联网企业制定的排他性商业决策。对于"相对黑箱"而言，往往处于"黑箱之中"的是普通用户和传统媒体而新型媒体和平台以及专业的开发设计者，例如普通用户可能完全不清楚算法推荐的逻辑和机制，但是对于媒体平台而言算法推荐的规则逻辑都是清晰明了的，只是出于商业利益考量而选择了对公众保密。

其次是关于"不可见"的黑箱、"不可理解的黑箱"、"不可解释的黑箱"的区分。"黑箱"作为一种隐喻，指的是为人所不知的那些既不能打开、又不能从外部直接观察其内部状态的系统。[1] 不过对于算法而言，即便看到了代码和运作的过程，也无法理解和解释。杨庆峰认为"不可解释性"具体表现为以下几点：一是表现为"不透明的黑箱状态"，对于人工智能的运作机制和分析过程的难以解释。二是表现为"为与科学解释无法分离的技术解释"，人工智能中的解释问题并不纯粹是科学解释，智媒输出的是相关关系而非科学解释要求的因果关系，从相关关系往往难以转换到因果关系。三是表现为对类人行为的不可解释，

---

[1] 陶迎春：《技术中的知识问题——技术黑箱》，《科协论坛》2008 年第 7 期。

普通用户会惊讶于智媒的话语表述、情绪表达和功能应用。①

基于以上的判断，算法黑箱问题客观存在，而且"黑箱化"存在多种样态，打开黑箱意味着"公开透明""可理解""可解释"等，关于打开黑箱的内容将在应对部分展开，在此不做赘述。

再者是需要对算法黑箱的间接影响进行说明。一是算法黑箱对于用户对现实世界认知的遮蔽，隐含着对用户信息选择权和知情权的侵犯。考虑到算法黑箱的存在，智媒实践中普遍存在生产过程不透明、结论不可解释等问题，用户乃至于算法工程师都对技术机制和运作不甚了解。尤其是由于传播地位的严重不对等，普通用户不理解算法推荐机制和推送的逻辑，甚至有用户对"算法推荐"的存在都浑然不知，而且这种状况也直接干扰了用户对社会现实的认知和理解。二是处于"黑箱"状态，意味着无法监管和治理，监管主体往往无法理解算法运作的具体机制以及相关算法与现实影响的内在联系，因而也丧失了对智媒评判和监督的可能性。三是处于"黑箱"状态，无形之中增加了偏见歧视、隐私侵犯等问题发生的可能性，为权力的操弄提供了隐蔽的空间。四是"算法新闻"的"黑箱化"运作使得媒体人无法参与其中，也无法理解算法新闻的价值逻辑，同时也无法对其进行调整，在此意义上媒体人丧失对内容的把关决策能力。五是"算法黑箱"也遮蔽了问题的存在，尤其是当"算法黑箱"披上了"客观中立"的外衣，人们愈加不会质疑算法新闻所存在的问题，可能会导致人们忽略掉算法新闻生产中存在的偏见和失实。六是"算法黑箱"的存在进一步加剧了"责任困境"，智媒运作过程与机制的不透明往往导致无法进行问题的溯因和归责，到底是程序设计者、内容生产者还是智媒使用者应该承担责任往往难以说清楚。

（二）智媒歧视

与"智媒歧视"相关的内容有"算法偏见""算法歧视""大数据偏见""大数据歧视"等，一贯都是智媒批判研究重点关注的话题，在此先将智媒偏见和歧视的情况大概阐释清楚，后续章节还会就其产生原

---

① 杨庆峰：《从人工智能难题反思 AI 伦理原则》，《哲学分析》2020 年第 11 期。

因、治理困境以及可行应对进行讨论。

相关论述中，偏见与歧视往往联系在一起，许多文献并不加以区分，例如算法歧视有时被翻译为 algorithm discrimination，有时候被翻译为 Algorithmic Bias。① 在此意义上的算法歧视包括了思维认知层面的偏见，也包括了具体的歧视行为。如果细究来看，偏见侧重心理层面，而歧视侧重于行动层面；偏见更多是指基于无知和片面认知的武断判断。Hazlitt 认为，"偏见是未经详细的调查研究就对某一事物过早判断"；道格拉斯·W.贝斯黑莱姆认为，"偏见"是人们对事物所持的观点或信念缺乏实践的检验，或者与检验的结果相悖，或者与逻辑推理得到的结果相悖，或者不符合客观实际。② 相较而言，歧视则往往是明知如此依然为之的不当行为。出于表述的连贯性，本文一般不具体区分"智媒歧视"和"智媒偏见"，对于一些侧重于行为和效果讨论的地方使用"智媒歧视"。

智媒实践中的偏见往往针对的是群体和某类现象，但是偏见和歧视的影响却切实地落在了个体的身上。伴随着智媒实践，尤其是算法的聚类逻辑和贴标签的思路，既有偏见和偏颇观念进一步放大、加深和固化，歧视现象愈发严重，表现也更为隐蔽。

1. 智媒歧视的现实表征

首先是在智媒实践，智媒歧视有了新型的表现样态，包括大数据歧视、算法歧视、人工智能歧视、智能搜索引擎歧视等形式，其中主要讨论的就是基于算法的偏见歧视。算法歧视（Algorithmic Bias）指的是"人工智能算法在收集、分类、生成和解释数据时产生的与人类相同的偏见与歧视"③。郭小平和秦艺轩认为，"算法偏见是算法程序在信息生产与分发过程中失去客观中立的立场，造成片面或者与客观实际不符的信息、观念的生产与传播，影响公众对信息的客观全面认知"④。智媒歧

---

① 例如汪怀君和汝绪华将算法歧视翻译为 Algorithmic Bias。
② ［英］贝斯黑莱姆：《偏见心理学》，邹海燕、郑佳明译，湖南人民出版社 1989 年版，第 7 页。
③ 汪怀君、汝绪华：《人工智能算法歧视及其治理》，《科学技术哲学研究》2020 年第 2 期。
④ 郭小平、秦艺轩：《解构智能传播的数据神话：算法偏见的成因与风险治理路径》，《现代传播》2019 年第 9 期。

视有着全新的表现形式,例如搜索引擎中"自动完成"功能中出现的歧视问题。"自动完成"(Auto-Complete)的功能,即用户在搜索框输入关键词后,根据词条的历史搜索量为用户自动显示或补全相关文本。[①]"自动完成"功能在一定程度确实帮助用户缩减了搜索的时间成本,提高了搜索的效率。不过"自动完成"功能中补全的关键词隐含着既有历史搜索的偏见,例如2012年9月,德国前第一夫人贝蒂娜·沃尔夫起诉Google,因为Google搜索引擎"自动完成"的搜索结果把她的名字跟"妓女""伴游女郎"放在一起。此外"自动完成"功能也会被资本等利益群体所滥用,成为宣传营销的工具。

其次从歧视的主体来看包括对女性群体、黑人群体等弱势群体的歧视。一是种族歧视。例如微软、IBM、Face++三家公司的人脸识别工具在识别男性、肤色较白的人脸上的表现要优于女性、肤色较深的人脸,谷歌的照片应用还曾将黑人标记为大猩猩。例如当用户在Google中输入关键词"三个黑人少年",Google搜索结果自动呈现的照片中大都是消极晦暗、甚至与犯罪新闻相关的黑人,而输入"三个白人少年"之后的搜索结果呈现的照片大都是青春活力、积极阳光的白人少年。[②]二是性别歧视。例如当"谷歌翻译"将西班牙语的新闻文章翻译成英文时,提及女性的短语经常会变成"他说"或者"他写"。[③]例如AI的照片识别往往会把围裙在厨房做饭的人物识别为女性。三是弱势群体歧视。算法对弱势群体的歧视更隐蔽,涉及范围更广,危害也更甚。包括工作、医疗保险、刑事司法等领域都会遭遇歧视,弱势群体面临着不公正的对待和不公平的结果,长此以往还会造成圈层的固化,导致社会结构性风险的增加。例如早在2015年《应对大数据挑战》报告就提出了"公平能否算法化"的问题,特别指出"要警惕大数据对穷人或者弱势群体的歧视"。

[①] 郭小平、秦艺轩:《解构智能传播的数据神话:算法偏见的成因与风险治理路径》,《现代传播》2019年第9期。

[②] 郭小平、秦艺轩:《解构智能传播的数据神话:算法偏见的成因与风险治理路径》,《现代传播》2019年第9期。

[③] 汪怀君、汝绪华:《人工智能算法歧视及其治理》,《科学技术哲学研究》2020年第2期。

再次是从歧视内容来看，涉及工作、消费、保险、政治等领域。例如 Twitter 的算法推荐中存在政治偏见，故意放大右翼内容。例如消费层面的典型的歧视就是差别定价和大数据杀熟等。差别定价本身是被市场所允许的，不过差别定价有一个明确的边界："商家不能针对某个具体的个人或特定群体歧视性提价。"[①] 但是基于大数据分析相关组织机构往往对老用户和特定群体进行价格歧视。

从次智媒偏见还体现为对用户的"简单化约"。用户行为都被量化为各种数据，输入到自动控制系统里面，经由算法加以分类、运算，然后用于社会生活的各类应用。智媒记录了用户的身体参数、健康情况、信用记录等等数据，基于用户的社交媒体使用情况来理解个体，但是忽略了对现实中个体的直接考察，基于数据呈现的性格、爱好、品格等内容往往是片面而不准确的，基于对用户片面的认知而进行的算法分发和内容推荐往往是带有偏见的。薛孚和陈红兵评价称，"人成为数据的表征，不是主体想把自身塑造成什么样的人而是客观的数据来显示主体是什么样的人"[②]。虽然各类媒体平台在大肆宣传"用户至上"和"用户需求"，但是在实践中却存在着对"用户"的简单化约，忽略了以人为本的基本理念。基于流量经济和经济利益的考虑，往往忽视了用户真正的需求，进一步扩大和固化了对相关群体的刻板印象和偏见。

最后，智媒偏见也包括对智媒自身的偏见。一是指基于无知带来的对智媒的盲目崇拜和盲目恐惧，基于想象理解智媒实践及其未来，并将相关观念落实到了具体的决策和实践当中。二是人类习惯于通过刻板印象和标签方式来理解他者，这也带来了对于"智媒"理解认知的定型化和武断理解。面对变化中的智媒，人类主体难免处于无知当中。静态片面的智媒认知使得智媒丧失了蕴含的可能性。例如认为智能 VR 就是用来玩游戏的；例如认为算法精准推荐一定会带来信息茧房；例如认为写作机器人依然停留在呆板、僵化、缺乏情感的状态。

此外还可以按照内容生产环节来理解智媒偏见，偏见存在于算法设

[①] 汪怀君、汝绪华：《人工智能算法歧视及其治理》，《科学技术哲学研究》2020 年第 2 期。

[②] 薛孚、陈红兵：《大数据隐私伦理问题探究》，《自然辩证法研究》2015 年第 2 期。

计运行的每一个环节,包括采集环节的代表性不足;分发环节的歧视性分发;应用环节歧视性服务、大数据杀熟,等等。

2. 智媒歧视的现实影响

一是智媒偏见和歧视的反馈循环。智媒偏见往往渗透到算法程序设计和数据分析之中,进而导致结论错误和内容失实;这些错误的结论和内容通过算法推荐等路径被人们所吸收,由此进一步固化和加深既有偏见,造成歧视的反馈循环。

二是智媒偏见本身就违背了公平公正的新闻职业观念,智媒偏见的存在进一步影响了媒体的公信力和用户对媒体的信任感,在此意义上媒体难以发挥应有的舆论引导和价值引导功能,当然这也意味着媒体"公共性"的消解。

三是智媒偏见和歧视意味着"可能性的丧失"。偏见意味着对现象、事物和过程的固化认知,在此意义上引发的一个要紧问题就是"可能性的丧失",人们失去了对于现象的多元理解、失去了达成目标的多元路径,也丧失了对未来的想象和解决问题的方式方法。

四是智媒偏见导致不同地区的人们、收入水平和性别种族存在差异的人们之间的信息资源的分配不均,接触的信息存在较大差异,进一步扩大了数字鸿沟。

五是智媒偏见的存在加剧了对现实的遮蔽。算法分发和内容推荐中伴随着对用户的偏见,这些偏见会影响用户信息环境的均衡性。例如,某算法根据某种偏见将某一类人列为重点犯罪监控对象,但不无吊诡的是,对这类人的关注貌似会证实其预设,却也可能会遗漏真正应该监控的对象。[①] 基于算法的程序设计偏见会导致对现实世界犯罪情况的不客观呈现,容易造成公共管理系统的漏洞。

六是智媒偏见往往意味着"多数人的暴政"(the tyranny of the majority),遮蔽了弱势群体和异质声音的出现。Harper指出,"数据采集过程抹除了社会情景和细节信息,基于'大数法则'进行预测造成了对离群值和差异的抹除;以及对既有网络的强化、偏袒造成了对新声音、

---

① 段伟文:《人工智能时代的价值审度与伦理调适》,《中国人民大学学报》2017年第6期。

弱小声音的抹除"①。智媒运作的逻辑就是关注"核心节点""总体情况""多数意见",与此同时也就意味着对弱势群体、个别情况和具体情景的忽视。例如对于媒体生产者来说,多数人实时搜索了什么,什么就是热门,但是却忽视了"多数人"的代表性、正当性和准确性。

六是智媒偏见往往带来用户身份和角色的固化。彭兰评论称,"在数据的监测和算法的评估下,人们的身份、地位和行为都被数据与算法打下烙印,这使得他们只能被圈定在与自己条件相吻合的社会位置和职业角色里"②。仇筠茜和陈昌凤认为,"数字身份档案"往往会坐实"网络分层"(web lining)③ 而"网络分层"意味着对于用户的偏见,也意味着对用户的变相控制。一旦为用户贴上某个标签,归到某个类属,用户所获取的新闻信息和相关信息服务都会与之相符,在此意义上用户丧失了自我选择权,失去了定义和阐释自我身份的主动权。

(三) 智媒控制

学者们普遍认为人工智能带来的问题在本质上依然是个"控制问题",也将智媒批判落在"控制与反控制"的话题之上。④ 智媒控制首先表现在对个体的思维意识、决策判断和实践行为的控制和影响;其次表现为对媒体的控制,典型的体现就是把关筛选、分发编辑,乃至于写作、策划职能都被让渡,在此背景下媒体的价值理念都发生了偏移。再者表现为社会治理层面对群体和事件的控制,主要问题在于控制实践中引发的社会不公和歧视偏见。

---

① Harper, T., "The Big Data Public and Its Problems: Big Data and the Structural Transformation of the Public Sphere", *New Media and Society*, 2017, 19 (9), pp. 1424–1439.
② 彭兰:《假象、算法囚徒与权利让渡:数据与算法时代的新风险》,《西北师大学报》(社会科学版) 2018 年第 5 期。
③ 仇筠茜、陈昌凤:《黑箱:人工智能技术与新闻生产格局嬗变》,《新闻界》2018 年第 1 期。
④ 谢洪明、陈亮、杨英楠:《如何认识人工智能的伦理冲突?——研究回顾与展望》,《外国经济与管理》2019 年第 10 期。翟振明、彭晓芸:《"强人工智能"将如何改变世界——人工智能的技术飞跃与应用伦理前瞻》,《人民论坛·学术前沿》2016 年第 7 期。耿晓梦、喻国明:《智能媒体伦理建构的基点与行动路线图——技术现实、伦理框架与价值调适》,《现代传播》2020 年第 1 期。

1. 智媒控制的媒体层面

从媒体层面来看，伴随着智媒实践的普及扩散，媒体格局也随之发生变化，传统媒体逐渐丧失了内容价值判断、把关筛选、编辑策展、议程设置等权力；与此同时也意味着媒体人生产自主性丧失及其"劳动异化"。

普遍认为权力的转移会引发一系列伦理问题，内在的逻辑如下：既往的媒体理念是值得提倡的，而专业媒体人的筛选把关、判断决策对于媒体理念的维系是至关重要的，但是伴随着智媒实践，不再需要专业媒体人做这些，专业媒体人也不再具备相关能力，由此会导致既有媒体理念的坍塌。而媒体理念所提倡的公共性、价值引导、多样性等理念及其实践都会受到冲击。例如传统媒体丧失了对优质内容的评判权力，往往会以点击量、转发量、评价量等指标来评判文章的价值，而非文章内容的深度、全面、客观、翔实、文笔等内容，虽然点击量高的文章也会有优质内容，但是更多情况下量化指标并不能完全反映文章的价值，符合量化指标的内容往往是犯罪、暴力，甚至是黄色内容。单以量化指标不足以衡量媒体的引导力和影响力，基于量化指标的内容生产容易落入流量陷阱。在此意义上，量化指标严重忽略内容的人文价值和公共性，而价值引导和公共性一直都是传统媒体的核心价值理念。

此外智媒对媒体和媒体人的控制还体现为智媒生产的依赖性。首先体现在伴随着智能媒介对媒体生产实践的嵌入，媒体对智能媒介的依赖增强。媒体生产对智能媒介的依赖是全流程、全领域的，包括路径依赖、设备依赖、采写依赖、平台依赖、渠道依赖，等等，一系列的依赖直接削弱了媒体的自主生产能力。没有智媒辅助，媒体人无法对新闻稿件进行把关审核、无法进行新闻的采写、无法捕捉当下的热点、无法判断新闻的价值、无法和用户建立联系，等等。

2. 智媒控制的个体层面

基于智媒对个体的控制的路径大致可以归纳为两条：一是诉诸人类自身的直接路径；二是诉诸现实环境的建构，进而控制主体的思维意识的综合路径。这两条路径又有具体的表现形式，具体描述如下。

直接路径主要有以下表现形式：一是基于大数据预测的身体控制和

实践干预。智媒时代，用户不仅面临着智媒的监控和凝视，而且通过大数据技术可以预测未来，进而智媒往往可以介入和干预当下。对于个体未来行为的预测本就是一种新型的控制，而且是一种更为精准和隐蔽的控制。彭兰认为，"牛津分析"等机构对人们态度立场的影响正是因为他们可以通过数据分析判断不同人群的心理定位，以此为前提来定向推送信息，对人们感知到的信息环境进行控制，用有偏向的信息来影响人们的态度。[1] 此外诸如写作辅助平台、热点检测平台等也会对媒体人"身体流动"阐释影响，往往是热点分析工具决定了媒体人的采访场所和活动路径；例如通过大数据分析进行预测判断，进而调控人类的信息消费行为。

二是对思维意识的塑造与规训。权力主体利用智媒会直接影响着用户的认知、思维、态度。例如媒体生产的量化指标对于内容价值评判的影响；例如推特和脸书上的社交机器人基于交互和扩散对用户观点的影响。计算宣传（Computational Propaganda）理论认为，人们会利用算法有目的地在社交媒体网络上分发虚假或误导性信息，从而影响政治话语或操纵公众舆论。[2] 例如"剑桥分析事件"中政党利用算法分发影响选民的政治态度、干扰选举意愿。

三是基于价值评分和数字标签对个体的界定。一方面基于算法对人进行评分的现象将在智媒时代大量存在，包括个体对个体的评分以及组织机构对个体的评分。"评分"也是定义用户的一种方式，智媒会基于用户的"数字痕迹"对用户进行价值评分，进而将用户进行分类和界定。另一方面在"用户画像"（User Profile）的过程中，算法为用户贴上某个标签、划入某个群体，通过贴标签的方式将用户框定在既有的群体中，这些标签一定程度可以反映用户的政治倾向、兴趣爱好和消费倾向，基于这些指标和赋值可以辅助相关机构对主体的控制。在智媒时代，价

---

[1] 彭兰：《假象、算法囚徒与权利让渡：数据与算法时代的新风险》，《西北师大学报》（社会科学版）2018 年第 5 期。

[2] Tucker, J. A., Guess, A., Barbera, P., Vaccari, C., Siegel, A., Sanovich, S., Stukal, D., Nyhan, B., "Social Media, Political Polarization, and Political Disinformation: A Review of the Scientific Literature", *SSRN Electronic*, 2018.

值评分和标签系统作为用户控制的重要组成部分。"你是什么样的"不是由自己说了算的，而是由分值和标签说了算的。而且这种分值和标签意味着切实存在的权力，如果没有达到一定分值或者低于一定分值，或者没有具备某个标签将无法接受某类服务，参与某种实践。"价值评分"系统中掺杂着大量的偏见，假以"科学高效"之名，权力主体完成了对用户的规训控制。

此外从群体层面来看，标签化操作致力于在松散的人群中发现潜在的人群，因为在营销、控制、宣传等实践中，相比个体而言，围绕群体进行规则的设计和手段的安排更为高效和低成本；所以智媒实践中往往会将大的共同体切分为一个个的小群体，但这也使得社会共识弱化，大的共同体支离破碎；与此同时在群体内部，用标签和重复的内容强化人们的群体归属，也进一步加固不同群体间的"墙"，带来了圈层固化的问题，使得区隔难以消除，这也反过来使得群体的特质更为明显，更容易进行相关控制和商业营销。

四是智媒对用户决策的代理。对于个体而言，智媒将协作或者独自为用户做出越来越重要的决定，而且决策代理的情景会愈加广泛。段伟文评价称，"人们本来是想用人工智能体代替我们做一些事情，使之成为人类的代理，但却很可能不得不面对它们发展为人类监护者的可能"[①]。此外，在热点追踪、精准分发、快速写稿等方面智媒展现出超越人的能力，媒体人的日常工作也愈加依赖智媒的协作。

五是强化了用户对智媒的依赖。依赖也是智媒控制的独特形式，依赖一方面体现为路径依赖，智媒使用本身成了用户的内在需求，用户沉迷于"刷内容"和"点赞"行为本身，很可能会演变为社交媒体成瘾、短视频成瘾等问题。用户的使用习惯一旦养成往往难以更改，例如固定的搜索习惯和 APP 使用可能会导致用户的视野窄化。另一方面体现为情感依赖。例如诸多应用通过游戏化机制来增加用户黏性；例如智媒开发设计惯常使用一些拟人形象和卡通形象，基于用户情感投射的控制也是智媒控制的重要技巧。此外也包括刚刚提及的用户对智媒的决策依赖，

---

① 段伟文：《控制的危机与人工智能的未来情境》，《探索与争鸣》2017 年第 10 期。

事事都要寻求智媒的建议，丧失了自我决断力。

综合路径主要有以下表现形式：一是智媒建构的拟态环境会影响用户的认知、态度、情感和决策，在此意义上进行着对用户的规训和控制。媒体基于算法的信息推送，尤其是同质化信息的重复推送，既可以理解为对受众需求的迎合和满足，也可以理解为对用户的控制。智媒建构的拟态环境并不等同于客观现实，智媒环境在潜移默化地影响着用户的思维意识和态度观念，在智媒环境中，信息被算法框定，人的认知也被算法设定。正如智媒遮蔽部分所描述的那样，智媒实践中权力主体诉诸信息把关审查，直接影响用户对现实的接触，在此意义上建构拟态环境；如果考虑到权力主体建构的拟态环境往往反映着建构者的利益需求，那么在此意义上权力主体将干扰用户对现实世界的认知并影响自身的思维意识。藤竹晓提到"拟态环境的再环境化"反映的正是拟态环境建构对个体的控制效果，拟态环境的建构并非只是现实世界的偏颇呈现，更重要的是如此这般的拟态环境会对个体对于社会的认知产生影响，而且个体会基于这种认知与社会环境进行交互，进而产生实实在在的影响。例如社交机器人会通过大量转发和复制信息的方式来营造意见气候，进而干扰用户的认知和判断，而用户会基于意见气候来调控自己的行为，从而媒体达到用户控制和引导舆论的目标。

二是对主体和环境的监控与监视。监控可以是视频类监控，也可以是网络监控，通过网络对在线行为进行实时监控。万物皆媒状况下，任何物品（移动设备、应用程序、智能家居、可穿戴设备，乃至于路边的电线杆和垃圾箱）都可以作为传感器进行数据的采集、存储和分析，用于对用户和现实世界的监视；与此同时，用户行为数据足迹可以做到永久性存储，人类面临着全时、全程、多维的监视：智媒可以在无人的状态下可以每天24小时全自动、全覆盖地进行实时监控；在智媒技术和海量数据加持下，智媒监控也更为细密、深入和多维，监控渗透到身体健康、兴趣偏好、行动轨迹、消费行为、社交关系等方面。

监控本身作为用户控制的独特方式，身处"全景监狱"之中人们会不自觉地调整自己的言行，也会接受权力主体的规训和约束。而且智媒时代的监控带来的控制意涵还不仅仅只是监控本身，更为重要的是基于监控数据的数据分析可以以极高的准确率预测个体行动,尤其是基于大数据技术的交叉分析可以获取用户大量的隐私信息。伴随着智媒对个体生活的渗透,智媒对个体的了解也更为细密和深入,智媒控制能力获得质的转变。

三是基于情景识别和预测的用户控制。正如刚刚提到过的,基于大数据的控制并不一定需要直接针对个体进行操控,智媒可以基于群体和现象的数据预测,进而对某类情景进行规定,而身处其中的用户往往不得不按照情景规则来行事,在此意义上,智媒间接完成对个体的操控。岳瑨评论称,"在大数据时代,政府、公司、算法专家是时代的'牧首',他们既可观察'羊群',也可观察其中'某一只羊'"[1]。也正是基于此,智媒对用户的控制更为深入、也更为隐蔽。

四是智媒通过对现实世界的改造或解构来改变主体对世界的认知理解和依赖。所谓的改造指的就是基于智媒逻辑对交通、出行、购物、娱乐等环节的内嵌和重构,加强用户在社会生活中对智媒的依赖。所谓的解构则意味着对虚拟世界以及虚拟—现实交互世界建构,元宇宙概念的提出正是契合了人们对于虚拟世界的认知,人类逐渐接受和适应了虚拟世界的数字化生存。对于用户而言,虚拟化身与现实自我一样重要,也愿意为了虚拟房产而一掷千金;对于用户而言现实世界不再是生活的唯一,他们也愿意栖息在元宇宙之中。此外,通过价值评分和量化系统除了可以界定用户之外,也可以重新打造社会关系,构建交往情景,在此意义上影响用户之间和用户与现实世界间的连接和交互。

五是智媒控制在当下兼具硬性的规训和柔性的控制。波兹曼写道,"人类心甘情愿地成为娱乐的附庸,毫无怨言,甚至无声无息,其结果是我们成了一个娱乐至死的物种"[2]。当人们习惯于接受娱乐化信息,丧失了理性思考能力;娱乐化信息也占据了个人的时间和精力,丧失了反思和批判的动机。智媒时代,也是一个娱乐时代,其间不仅有全时遍在的监控,还有柔性而无形的控制,权力从压迫性行为转变成柔性控制,

---

[1] 岳瑨:《大数据技术的道德意义与伦理挑战》,《马克思主义与现实》2016年第5期。
[2] [美]尼尔·波兹曼:《娱乐至死》,章艳译,中信出版社2015年版,第4页。

弥散在"欢声笑语"的日常生活中对用户施予控制。正如彭兰所言，"尼尔·波兹曼在《娱乐至死》中警告的两种力量正在'合体'，一直看着'你'的'老大哥'，也可能正是将'你'带向'幸福沉迷'的工业技术"[①]。

（四）智媒剥削

智媒剥削的情况大致包括对用户的时间、精力、金钱和情感剥削，主要讨论用户的情感劳动和作为"数据生产者"的用户；对媒体人的工作和成果的剥削，主要讨论的就是"失业"恐惧；以及媒体机构间的剥削，尤其是平台媒体对传统媒体的剥削，传统媒体被视为平台媒体的"内容奶牛"，用于为平台媒体提供内容。

1. 媒体组织与媒体人

首先是平台类媒体和互联网企业对传媒媒体和其他内容生产者的剥削，例如传统媒体充当了平台类媒体的"内容奶牛"，虽然获得了内容渠道和曝光量，但是盈利状况并未改善，并未获得合适的利润分成。此外盈利困境带来了媒体生产的恶性循环，传统媒体缺乏足够的资金进行自我革新和转型。例如平台垄断对于媒体和新闻生产者影响，基于平台的逻辑和价值理念，在剥削生产者的价值同时，也伴随着对生产者的规训和控制。

其次是传统媒体对于智媒设施的投入占用了媒体本就有限的资源，进一步削弱了调查报道、深度报道、专题报道等耗时费力的媒体实践。例如 James 提到"调查报道作为一项重要的公共服务因记者规模和资金的削减日渐减少，导致普遍的深度内容供应不足"[②]。

再者是媒体裁员与媒体人失业。"裁员"也被视为是资本出于经济利益考虑的剥削形式，不过剥削并非只是媒体人面临的特殊问题，而是智媒时代普遍面临的问题，制造、金融、翻译、管理等行业的从业人员

---

① 彭兰：《增强与克制：智媒时代的新生产力》，《湖南师范大学社会科学学报》2019 年第 4 期。

② James T. Hamilton, *Democracy's Detectives: The Economics of Investigative Journalism*, Massachusetts: Harvard University Press, 2016.

都面临被人工智能替代的风险。客观上,传统媒体确实存在为节省成本而裁员的情况,尤其是伴随着写作机器人的出现,记者被列为 9 大即将被机器人取代的职业之一。此外,媒体对于新闻人的供稿要求增加,工作压力大幅增加。2010 年 9 月,美国《哥伦比亚新闻评论》杂志的封面是一只在轮子上拼命踩着轮子的仓鼠。这个仓鼠就暗示着新闻人,需要不断地劳作以生产更多的新闻稿件。① 当下的媒体人工作更多报酬更少,还面临着更为细密的剥削和管理,典型的表现就是"页面浏览量""评论点赞量""页面停留时间"等诸多量化指标。美国记者 Maggie Jackson 用"数字泰勒主义"来描述媒体人面临的剥削状况。"泰勒主义"在 20 世纪初由弗雷德里克·泰勒提出,主旨思想就是基于流水化生产,大幅提高工厂的生产效率。效率是最高原则,在工作中需要人适应机器而非机器适应人。而"数字泰勒主义"的对象则从"产业工人"转向了"新闻民工",媒体人需要适应智媒机器生产并重塑自身的思维意识,保证智媒生产的高效运作;倘若无法适应,那就只能任其淘汰。

最后还有版权问题,在智媒内容分发过程中经常出现新闻和数据来源被模糊、新闻内容剽窃、恶意建立跳转链接、洗稿、二次创作等侵权行为。伴随着一系列的治理举措,版权环境得到了一定程度的改善,但是版权侵权隐患依然不容乐观。此外伴随着写作机器人的普及应用,机器人写作内容的版权归属和认定尚不明晰,全新形式的版权侵犯将长期存在。

2. 用户与数据生产者

智媒时代,数据本身成了资产,个人数据信息的商品化程度加深;与此同时用户也面临着新型的智媒剥削。正如方师师所言,"通过社交媒体的沉浸式传播和精准传播,用户被卷入更多的时间、金钱和数据"②。

基于当下的智媒实践,首先表现为绝大多数的用户被卷入到智媒生产实践中,日益成为维持智媒系统运转的"零部件",用户的个人隐私数据、休闲时间、注意力和社会关系都被卷入了"商品化"的逻辑,智

---

① 邓建国:《机器人新闻:原理、风险和影响》,《新闻记者》2016 年第 9 期。
② 方师师:《算法如何重塑新闻业:现状、问题与规制》,《新闻与写作》2018 年第 9 期。

媒运作中存在的隐秘的人类劳动，例如数据依然于人的采集和标注，数据分析的"最后一公里"依然需要人来完成，看似智能和自动的背后是人类的数据生产和全新劳动形式。而且用户充当着免费的劳动力，也正是在此意义上出现了"数字劳动批判""数字劳工""平台剥削""平台资本主义"等的相关批判议题。在平台资本主义框架下，对于主动或被动上传数据的用户，其数据生产、上传和分享的实践被研究者视为新形式的"平台劳动"，也是媒体和互联网企业对用户实施的新型"劳动剥削"形式。McCarthy 评论称，"用户记录自己的身体健康数据、运动数据、网页浏览、社交媒体上的互动，这些都创造了大量的内容和数据，这些用户其实是参与了一定形式的无报酬数字劳动，公司管理、储存这些内容和数据，对其进行商业化处理，从中获利"[1]。用户的每一眼的浏览、每一个字的发言、每一个点赞都纳入到智媒运作之中，如果从智媒生产视角来看，这些都可以算是"数字劳动"，用户生产了智媒实践赖以运作的"数据石油"。

其次是智媒实践中存在诸多形式的劳动剥削。资本驱动之下，不单单是通过"机器人劳动"之类的取代人类的劳动；与此同时也需要注意到在智媒调控下的平台劳动以及全新形式的劳动剥削，例如"刷短视频""玩工""刷单""数据标注"等。大量用户或基于利益的考虑或基于兴趣和娱乐的考虑，心甘情愿且积极主动地成为智媒系统的"螺丝钉"，被嵌入到智媒实践中。在此意义上用户异化为工具的附庸，而用户则成了资本利益主体实现商业目标，进行资本积累的手段。例如近年来比较流行的"自我量化运动"，用户会主动收集自己的行为信息，其中有些是自愿的，有些则是通过产品的游戏化设计、激励机制等巧妙推动的，在不知不觉中用户陷入数字劳动之中。

再者是用户的数字劳动成果往往不为用户所有。用户在智媒实践中留下了大量的数字轨迹，也主动生产了大量的数据内容，参与了平台的运作，但是用户并不具有对数据信息的所有权，数据的控制权和访问权都被科技公司所垄断和占有，用户也未能从平台劳动中获益。在此意义

---

[1] M. T. McCarthy, "The Big Data Divide and Its Consequences", *Sociology Compass*, 10 (12), 2016, p. 1137.

上，智媒完成了对用户的三重次剥削：数字劳动的一重剥削、收益不予分配的二重剥削以及成果需再次付费的三重剥削。

最后是"数据殖民主义"全新剥削形式。库尔德利提出的"数字殖民主义"比较好的概括了当下的基于资本驱动的智媒剥削样态，其认为"数据殖民主义"就是将历史殖民主义的掠夺行径与抽象的计算方式结合在一起的新型殖民主义。① 具体而言就是，依托人类经验和日常生活的数据化现状，资本主义将用户的数据货币化以及将用户数据化的日常生活纳入资本运作之中。在过去普遍意义上的日常生活游离于一般经济关系之外，但是通过数字平台这一关键手段，日常生活完全被纳入市场化网络。② 库尔德利认为将日常纳入资本运作的方式，或者说"数据殖民主义"有两种基本形式：一是社交媒体平台获取数据并进行商品化和价值提取；二是数字劳动，在库尔德利看来，"数字平台上和围绕着数字平台存在的准劳动力的增长，以及各种形式的低薪劳动力，构成了日常生活被资本占用的第二种方式"③。相关逻辑上文都有具体阐释，碍于篇幅，在此不做具体阐释。

此外还有一种特殊的"剥削"问题，那就是一些人类干脆失去剥削价值，被排斥在全球化的经济或社会体系之外。卡斯特在《千年终结》提出了"信息化资本主义黑洞"的概念，其中的现象在智媒时代体现得更为典型。"信息化资本主义黑洞"用以描述"数字穷人"失去了"被剥削的价值"，或者说彻底丧失了劳动的价值，只能接受失业、彻底被边缘化的命运。卡斯特写道："现在世界大多数人都与全球体系的逻辑毫无干系，这比被剥削更糟。我说过总有一天我们会怀念过去被剥削的好时光。因为至少剥削是一种社会关系。我为你工作，你剥削我，我很可能恨你，但我需要你，你需要我，所以你才剥削我。这与说'我不需

---

① 常江、邓树明：《从经典到前沿：欧美传播学大师访谈录》，北京大学出版社2020年版，第323页。
② 常江、邓树明：《从经典到前沿：欧美传播学大师访谈录》，北京大学出版社2020年版，第328页。
③ 常江、邓树明：《从经典到前沿：欧美传播学大师访谈录》，北京大学出版社2020年版，第329页。

要你'截然不同。"① 在此意义上"数字穷人"成了"美丽新世界"中"多余的人",将被高度发达的智能社会无情地抛弃;当人类丧失了劳动的价值和必要性,也失去了实现价值、获得尊严和自我肯定的途径,生活的意义丧失,在此意义上人的存在荒谬化了。②

(五) 智媒侵权

1. 侵权问题概述

侵权行为是一种侵害他人权益的行为,包括对他人人格权益、财产权益以及其他合法权益的侵害。③ 在个人层面,《民法典》人格权编中明确提及了"姓名权/名词权""肖像权""声音权""名誉权""隐私权"。例如《民法典》规定,任何组织或个人不得以丑化、污损,或利用信息技术手段伪造等方式侵害他人的肖像权,未经肖像权人同意,不得制作、使用、公开肖像权人的肖像。

此外在智媒实践中还涉及自主权、知情权、平等权、被遗忘权等权利,如果从用户生产内容的角度来说,也包括个人的"数据使用权""著作权"等权利;在媒体层面,主要包括媒体的版权、著作权、名誉权、表达自由权、出版自由等权利,涉及洗稿④、盗用、未经同意转载等问题;而对于国家主体而言,智媒侵权则可以理解为是智媒实践对于国家主权、信息主权等方面的侵犯。

在智媒时代,数据被视为智媒运作的"石油",围绕数据的所有权、知情权、采集权、保存权、使用权以及隐私权等用户权益侵犯的问题日益严重,引起人们的普遍关注。例如在"数据有价"的背景下,智媒实践中存在对用户的数据资产及相关合法权益侵犯,用户对于自己生产的数据往往没有所有权,甚至没有使用权或者说需要付费使用。

---

① [英] 曼纽尔·卡斯特:《千年终结》,夏铸九等译,社会科学文献出版社 2003 年版,第 434 页。
② 孙伟平:《关于人工智能的价值反思》,《哲学研究》2017 年第 10 期。
③ 杨保军、杜辉:《智能新闻:伦理风险·伦理主体·伦理原则》,《西北师大学报》(社会科学版) 2019 年第 1 期。
④ "洗稿"一般指取他人文章的核心内容,经过拼贴、删减、修改后整合成一篇新文章,并署以原创或并未引用的行为。

2. 隐私权侵犯

数据化在带来便利生活的同时，也隐含着隐私侵犯的风险，尤其是伴随着主体的数据化，大量的隐私信息暴露在网络空间。智媒时代的隐私侵犯行为体现为在用户不知情的情况下的数据采集、分析和应用，以及造成用户隐私泄露、隐私滥用等问题。2021年9月15日，联合国人权事务高级专员呼吁：各国应暂停使用或侵犯隐私的人工智能技术，其中包括公共场所的面部扫描跟踪系统。

按照信息内容来说，隐私信息涉及个人身份信息①、个人偏好信息、个人行为信息等主体不愿意让他人知晓但不影响社会秩序的信息。根据GDPR的规定，隐私数据包括用户的身份信息、IP地址、cookie数据；指纹、虹膜设别、声纹等身体识别数据以及种族、民族、政治观点、性取向等相关数据。对于这些内容的非法采集、窃取、滥用等行为都属于对用户隐私的侵犯。例如"网络臭虫"（web beacon）可以计算访问网页的人数，跟踪访问者在网站内所看过的网页，以及计算横幅广告打开的次数等。②

当下的隐私侵犯形式多样、过程隐蔽，大致可以分为隐私信息在用户不知情的状态下的采集和使用、将个人敏感数据纳入采集范围、隐私信息泄露、软件预留"后门"获取用户信息、隐私信息贩卖等等。例如脸书多次被卷入数据泄露风波，2018年3月16日脸书爆出个人数据泄露丑闻，剑桥分析公司（Cambridge Analytica）借助2014—2015年在脸书推出的一款心理测验在未经用户授权的情况下获取了高达5000万用户的个人信息，将其用于分析选民的投票倾向，服务于特朗普的总统竞选。例如一些智能设备在设计之时就预留了"后门"，可以通过后门获取用户数据并监控用户行为。

例如2019年一款名为"ZAO"的AI换脸App大肆流行，不过其中存在泄露个人隐私、侵犯肖像权等问题。例如我国发生"史上最大数据窃取案"——"瑞智华胜涉窃案"，将近30亿条用户数据泄露；例如法

---

① 个人身份信息包括姓名、年龄、出生日期、家庭情况、所学专业、大学毕业院校、学历程度、兴趣爱好，等等。

② 李娟、李卓：《智能时代信息伦理的困境与治理研究》，《情报科学》2019年第12期。

国独立机构信息与自由全国委员会（CNIL）在对部分人工智能儿童玩具进行测试后发现，这些玩具存在泄露个人隐私的安全隐患。一些智能玩具与手机无线连接的距离达到近 10 米时，可以隔着房屋进行操控。[1]

此外智媒时代的隐私侵犯还体现在基于大数据的隐私预测和基于数据交叉分析的隐私挖掘。相关主体并未告知用户数据的使用语境和相关用途，用户往往并没有允许相关平台对数据进行的二次乃至多次利用，也未允许相关平台对数据进行交叉分析，用户也并不理解数据分析和数据再使用意味着什么，在此意义上用户失去了对自身数据的控制权，相关平台在用户未授权和不知情的状况下的对用户数据的使用也侵犯了用户的隐私权和知情权。

"数据挖掘"指"通过对数据的二次乃至多次分析发现其潜藏的价值"[2]。薛孚和陈红兵提到，"数据挖掘会预测用户的消费偏好，并据此影响用户的消费行为，数据挖掘也会引发身份泄露，通过数据的交叉分析和二次开发，一些原本不危害个人隐私的数据就可能关联出隐私信息，例如美国在线曾公布大量匿名化处理的旧搜索数据以供研究，但是《纽约时报》还是通过把关键词综合分析后，发现数据库中的某号代表的是佐治亚州利尔本的塞尔玛·阿诺德。大数据分析给隐私保护带来了诸多困境，这部分内容会在下一章具体讨论"。

接下来还是回到隐私权概念本身来理解隐私侵犯的形式。"隐私权"是指自然人享有的私人生活安宁与私人信息秘密依法受到保护，不被他人非法侵扰、知悉、收集、利用和公开的一种人格权，而且当事人对他人在何种程度上可以介入自己的私生活，对自己的隐私是否向他人公开以及公开的人群范围和程度等具有决定权。[3] 在这一定义中涉及了隐私权两个方面的内涵，即"知情同意"和"自主自决"。在此意义上"隐私权侵犯"表现为相关主体在尚未获得用户"知情同意"的情况下进行信息的采集、公开和使用，在此过程中用户失去了对个人隐私信息的控制权。

---

[1] 莫宏伟：《强人工智能与弱人工智能的伦理问题思考》，《科学与社会》2018 年第 1 期。
[2] 薛孚、陈红兵：《大数据隐私伦理问题探究》，《自然辩证法研究》2015 年第 2 期。
[3] 孙伟平：《人工智能导致的伦理冲突与伦理规制》，《教学与研究》2018 年第 8 期。

一是"知情同意"。"知情同意"(Informed Consent),又称知情承诺原则,指在与当事人确立咨询关系之前,咨询者有责任向当事人说明自己的专业资格、理论取向、工作经验、咨询或使用过程中的潜在风险、目标及技术的运用以及保密原则等,以利于当事人自由决定是否接受相关事宜。[1] 在智媒语境下,知情权主要指用户在任何情况下都有权知晓个人信息的使用情况及其用途,并加以同意或授权;与此同时,数据采集和使用者对数据的采集使用也应该基于用户的同意和授权。严格来说,包括数据的采集和使用、基于算法的信息把关筛选和信息推送、热门话题榜的产生、数据新闻的生成等在内的智媒实践都威胁到了用户知情同意权。也就是说,从知情同意层面,即使智媒实践中并未直接暴露个人隐私,事实上也侵犯了用户隐私权。

此外,也有在用户"知情同意"状况下强制性的信息获取,属于是对隐私权的直接侵犯。匡文波提到,"部分应用或者设备在用户知情却不能拒绝('不同意就停用')的情况下获取远超过自身正常应用需要调用的用户权限,获得用户的数据信息"[2]。

二是"自主自决"。个体自决性,即个人具有决定隐私信息的对象、范围等的能动性。[3] 在"自主自决"意义上,隐私的内涵超越了"当事人不愿他人干涉的个人私事和当事人不愿他人侵入或不便侵入的个人领域",而扩展为个人"控制、收集和使用个人信息的权利"。[4] 获得用户授权的服务商无权私自向第三方透露用户信息,也无权将用户数据转手,自身也不能将数据信息作为协议之外的他用。

也有学者专门谈论"资讯自决权"。资讯自决权,指"每个人基本上有权自行决定,是否将其个人资料交付和供他人使用"。[5] "资讯自决

---

[1] 王绍源、任晓明:《大数据技术的隐私伦理问题》,《新疆师范大学学报》(哲学社会科学版)2017年第4期。
[2] 匡文波:《智能算法推荐技术的逻辑理路、伦理问题及规制方略》,《深圳大学学报》(人文社会科学版)2021年第1期。
[3] 薛孚、陈红兵:《大数据隐私伦理问题探究》,《自然辩证法研究》2015年第2期。
[4] 薛孚、陈红兵:《大数据隐私伦理问题探究》,《自然辩证法研究》2015年第2期。
[5] 易继明:《人工智能创作物是作品吗?》,《法律科学》(西北政法大学学报)2017年第5期。

权是指基于自己之想法,所得出个人权限,即基本上由个人自己决定何时于何种方式在何种范围内公开个人生活事实之权",包括个人信息知情权、使用权、控制权、安全请求权和获取权。[1]

"自主自决"的内涵类似于"积极隐私权"概念,"积极隐私"概念一贯强调"用户对隐私的控制权"。例如美国华盛顿大学法学院教授丹尼尔·J.索乐（Daniel J. Solove）在《了解隐私》（Understanding Privacy）一文中说到,"隐私是人们自主决定是否把他们的思想、情感、情绪等信息传达给他人的一种正当权利"[2]。在智媒时代,这一观念受到学者们的普遍认可,例如薛孚和陈红兵认为大数据时代的隐私权的内涵是"人们能够自主决定是否把他们的思想、情感、情绪等信息传达给他人"[3]。柳亦博也指出,"隐私作为一个公民在社会生活中不愿为他人（或一定范围以外的人）所知悉的秘密,至少应该让他享有自由决定是否将某些信息数据化的权利"[4]。

最后关于"隐私权侵犯"想要说明的是隐私侵犯问题的严重性不只是在于隐私信息的泄露和滥用,更重要的是隐私权侵犯还会带来一系列的伴生影响,对个体的主体性、思维意识和行动决策都产生了消极影响。Reiman关于隐私风险的论述较有代表性,在此进行简要介绍,Reiman主要指出了隐私风险的四种情况[5]:一是"自由的外在丧失",即各种各样的因缺乏隐私而使得人们的行为易为他人所制约的情况。例如如果用户认为自己的隐私信息有被他人知晓的风险,而且这些信息泄露会给自己带来损害,那么用户将不再暴露自己隐私信息,更为审慎的发言,更为警惕的行动,在此基础上言论自由和活动自由都会受

---

[1] 彭礼堂、饶传平：《网络隐私权的属性：从传统人格权到资讯自决权》,《法学评论》2006年第1期。
[2] 薛孚、陈红兵：《大数据隐私伦理问题探究》,《自然辩证法研究》2015年第2期。
[3] 薛孚、陈红兵：《大数据隐私伦理问题探究》,《自然辩证法研究》2015年第2期。
[4] 柳亦博：《人工智能阴影下：政府大数据治理中的伦理困境》,《行政论坛》2018年第3期。
[5] Jeffrey H. Reiman, "Driving to the Panopticon: A Philosophical Exploration of the Risks to Privacy Posed by the Highway Technology of the Future", *Santa Clara Computer and High Technology Law Journal*, 11, 1995.

到侵犯。① 二是"自由的内在丧失",即"否定隐私直接限制了人们的自由的情况",吕耀怀和罗雅婷指出,"隐私不只是保护自由的一种手段,而且它本身在许多情况下就是自由的体现。如果人们的某些行为不能作为隐私而受到庇护,那么他们就可能与某些重要的行为选择权无缘"②。例如在监控情境中,用户可能丧失自然行动的自由。正如库里肖夫效应所揭露的,当某人知道他正在被人观察时,他自然会意识到外部观察者的视角,并将其与他自己的视角一起加之于他的行为之上。这种双重的视角使得他的行为变得不自然。③ 三是符号化的风险,雷曼所谓"符号化风险"参考了"圆形监狱"的观念,认为通过显示并告知用户,他们的一举一动和发言表达都是可以被他人观察和识别的数据,进而给用户带来的自我所有权的丧失。"圆形监狱"象征着我们的个人主权被向外移交给一个唯一的中心,我们成为它随意观察的数据,也就是一种被公共设施所记录的信息。四是心理—政治变异的风险,在生活中,如果用户的思想、愿望、爱好都处于他人的监督之下,那么用户的个性和已然被剥夺了,这样的个体呈现"单一""均质""同质化"的特点。个体就将丧失批判反思思维,变得顺从和麻木,成为马尔库塞所担心的"单向度的人"。

3. 著作权侵犯

智能新闻侵害著作权可以划分为两种情况:第一种情况是智媒实践对由人创作的作品的著作权的侵害。例如机器人新闻以互联网上的海量素材为创作基础,这些素材中包括大量用户的原创作品,如各种文章报道、新闻摄影作品、各种评论和数据等,在自动内容生成过程中难免侵犯了公民的著作权。

第二种情况是智媒创作作品的著作权及利益分配。如果说机器人取代人类是基于想象的未来,那智媒著作权就是切实存在的当下问题,尤

---

① 参见吕耀怀、罗雅婷《大数据时代个人信息收集与处理的隐私问题及其伦理维度》,《哲学动态》2017 年第 2 期。

② 吕耀怀、罗雅婷:《大数据时代个人信息收集与处理的隐私问题及其伦理维度》,《哲学动态》2017 年第 2 期。

③ 参见吕耀怀、罗雅婷《大数据时代个人信息收集与处理的隐私问题及其伦理维度》,《哲学动态》2017 年第 2 期。

其是考虑到智媒生产的高效性，智媒创作内容将在未来占据较大比例。不过按照现有法律的规定，智媒创作的内容是否符合著作权保护的条件还存在争议；而且由于人工智能现阶段还不具有独立的人格意义，不能算作法律意义上的"人"，所以人工智能的创作物为非智力成果。

此外《著作权》本身也在不断进行修订，例如在原《著作权》法中时事新闻被视为单纯事实消息而不受法律保护，第三次修改后的《著作权法》于 2021 年 6 月正式生效，其中专门将原来的"时事新闻"修改为"单纯事实消息"，用以应对新闻侵权现象，例如未经授权的新闻转载行为和新闻洗稿问题。

三 智媒实践的伴生问题

上文从智媒批判的总体维度出发对智媒问题进行了说明，接下来将回到相关主体和领域，对存在的智媒问题补充说明，尤其是智媒实践带来的社会负功能的阐释。本节所涉及的问题往往综合了多重因素，包括智媒本身的不足和缺陷、媒体机构的伦理失当行为、社会文化中的既有问题，等等。

在智媒批判的既往论述中，往往不会细分主体，一句描述会涉及媒体、个人、社会等诸多维度。例如"算法应用不仅会冲击新闻客观性与公共性等核心价值，算法权力异化还会影响个体自治，侵害主体权利，甚至带来动摇政治格局和社会稳定等严重后果"[1]。这里涉及了媒体、个体、政治和社会维度。例如"算法短视加深了用户偏见，可能会导致信息茧房和回音廊效应，进而造成人与人之间的区隔，更使虚假消息得以借算法传播"[2]。这里涉及了个体层面的用户偏见，群体层面的圈层化以及媒体层面的虚假新闻扩散。

---

[1] 徐琦：《辅助性治理工具：智媒算法透明度意涵阐释与合理定位》，《新闻记者》2020 年第 8 期。

[2] 赵瑜：《人工智能时代新闻伦理研究重点及其趋向》，《浙江大学学报》（人文社会科学版）2019 年第 2 期。

如果只是针对具体智能媒介的问题批判，这样的描述问题不大，但是如果回到实践之中，往往会忽略掉具体情景和具体对象的差异性和独特性。此外，智媒实践中的问题往往是综合因素导致的，可能是媒介技术的不完善，也可能是媒体的伦理失当行为，还可能是社会既有问题的表征和延伸，因此务必不要武断的进行因果判断。

（一）智媒业态和媒体人

相关智能媒介的应用以及其他智媒体的崛起重塑了智媒业态，也带来了一系列的问题。主要表现在内容生产工业化、生产局限性和价值理念偏移等方面。

1. 内容生产工业化

智媒体的生产实践逐渐表现出"工业化"特征，一方面指的是内容技巧化、套路化、模板化。有学者将其总结为以下几点：（1）工具使用能力和标题党能力，例如"震惊体""福利体""故弄玄虚体"；（2）"热点导向思维"，内容生产者被建议从微博、头条、知乎等平台的各类话题榜单中寻找的选题；（3）快速借鉴能力，借鉴他人的内容风格、语态和形式，包括表情包、惯用语、视频色调，等等；商业变现思维：运用软文广告、电商盈利、付费变现、会员制度等方式，促进跟平台的共同盈利。此外也包括对于"泛娱乐化内容"的偏重，忽略了具有深度内容和多元内容的生产和分发；浮躁的点击量慢慢代替踏实深度的新闻报道，泛娱乐化新闻取代严肃新闻成了主流；过于注重内容的形式美感和趣味性，忽略了内容的深度和公共价值。对于价值理念的批判后文会具体谈到，在此不赘述。

另一方面"内容生产工业化"也指写作机器人、社交机器人和各类智媒写作辅助平台的出现，以低廉的成本生产出大量的内容。以美联社为例，仅2013年就使用算法自动生成了3亿条新闻，是世界上所有新闻媒体所产新闻的总和。较于传统的新闻生产，"内容生产工业化"极大提升了内容的数量而且成本低廉，也有助于媒体人的内容生产实践，尤其是考虑到机器人写作在一些垂直细分领域和小众话题上的内容实践还是有其可取之处。不过与此同时也伴随着"同质化""质量不足""泛娱乐化""平庸化""媒体风格缺失""知识性不足""标题党""信息过载"等问题。具体来看：

一是基于"工业化生产"的逻辑，趣味性、情感性、娱乐性较强的内容更易获得用户的点击和观看，可以增强用户黏性，也容易带来经济收益，因此媒体生产往往倾向于泛娱乐内容而减少了"深度复杂内容"的推送，忽视了对于用户的价值引领，只是在一味的迎合。尽管在一定程度上可以兼顾趣味性和知识性，但是总体而言，媒体生产"泛娱乐化"倾向还是减弱了内容的知识性、深度性，也削弱了媒体的公共责任担当。

二是由于缺乏全样本、大数据的支持，写作机器人也无法生产更有意义、有价值的内容，仅仅是形式的酷炫并不能掩盖内容的"平庸化"。进一步而言高效而低廉的算法新闻生产，很容易带来"供大于求"的局面，进一步加剧了本就严重的"信息压力"，用户进一步陷入"信息溺亡之中"。

三是过去的媒体在长期的实践中往往形成了独特的媒体风格，但是基于内容工业化的效率逻辑，尤其是一系列量化指标的存在，诸多媒体往往缺乏自身的独特风格，似乎都是"标题党+高饱和度+表情包+娱乐化+情感性+故事性"等技巧的大杂烩，内容毫无特色而且带来了用户的审美疲劳。

2. 智媒生产的局限性

如果说"内容生产的工业化"是由于媒体运作理念导致的话，智媒生产的局限性往往是由于一些客观存在的原因导致的生产的困境，主要就是智能媒介的逻辑及其特点，在尚未发展成熟的当下，将智媒应用在媒体实践中，难免会带来一系列的问题。虽然不能称之为伦理问题，但是依然会对个体和社会生活产生诸多负面影响。以下对智媒生产中存在的不足和局限性进行简要列举。

一是写作机器人的高效运作依赖于既有模板的稳定性，而模板的稳定性受制于客观对象自身的稳定性以及结构化数据的完整性，本质上还是对既有数据和经验的归纳分析。不过目前来看模板自身的灵活性和适应性尚存不足，缺乏举一反三的创造性，也缺乏深刻独到的创见，内容千篇一律容易造成审美疲劳。尤其是面对社会突发类事件以及结构化数据不足的新闻领域，基于模板的新闻创作往往应对吃力，在观点提炼、风格语调、内容深度和人情味等方面都存在较大不足。

一旦遇到全新的新闻场景和现象状况，目前的 AI 都是无法单独处理的，往往人的创作力补足和加工。写稿机器人不会联想和联想，实质上是缺少想象力和个性化的"模板填写者"。写稿机器人目前都是需要提前预置模板的，模板对内容的丰富度和深入度都会产生较大影响，如果数据的不足或者模板的设计不当都可能会导致最终的生产内容出现背景信息、创造性和反思的缺位。多名一线记者在一次工作坊中表示，自动生成的文章可看性低、内容无聊，对读者"没有吸引力"。[1] 写稿机器人本质上属于弱人工智能，缺乏人类的思维意识和判断力，无法给予感知思维的加工和处理，在知识逻辑上无法自洽，需要人类为其嵌入规则。例如如果人类没有提前训练告诉它人生理构造的不同，AI 有可能写出女性得前列腺癌的文章。此外，写稿机器人不具备舆论监督的能力，没有大局意识，哪些问题可以报道，在什么时机报道最适宜，报道之后会取得怎样的效果等，写稿机器人都无法判断，也不擅长发表具有引领作用的深刻见解。[2]

二是用户的需求和偏好是会变化的，一味地依托用户过去的行为轨迹和兴趣偏好来进行内容推送反而会禁锢个体的视野，限制个体的发展空间，影响个体的成长和发展。

三是诸多传统媒体在生产资料和生产技能方面的落后。张淑玲指出，"由于不具备独立研发智能算法的技术能力和人才资源，多数媒体只能寻求与技术公司合作，以业务外包、网络协作的方式完成基于算法的新闻生产。在技术公司、互联网公司乃至金融资本的夹击下，专业媒体面临着新闻内容分发渠道被挤占的被动境地"[3]。

---

[1] Neil Thurman, Konstantin Dorr and Jessica Kuncrt, "When Reporters Get Hands – on with Robo – Writing", *Digital Journalism*, 2017, Vol. 5.

[2] 靖鸣、娄翠：《人工智能技术在新闻传播中伦理失范的思考》，《出版广角》2018 年第 1 期。

[3] 张淑玲：《破解黑箱：智媒时代的算法权力规制与透明实现机制》，《中国出版》2018 年第 7 期。

四是新闻的事实核查愈加困难。方师师指出,"由于缺乏传统媒体的信息核查机制,算法仅仅负责将信息高效地分发出去,并不对内容本身负责,而新闻本身的客观全面真实等要素由于并不会给流量带来太大效果而不被重视"①。此外考虑到写稿机器人的高效产出,仅靠人工审核很难保证核查的效果和速度。

3. 价值理念偏移

伴随着智媒的发展,媒体的价值观偏移、公共性缺失、舆论引导力和价值引导力显著削弱,学者普遍对媒体业态持担忧态度。

一是媒体的价值理念发生偏移,智媒实践冲击了真实性、客观性、公共性等核心价值观念。首先表现在相关媒体平台对内容把控的偏差,媒体在激烈的竞争中为了生存和迎合受众需求,已经把生产新闻的效率置于新闻质量之上,在新闻实践中将大量泛娱乐化、三俗内容推送给用户,进而使得严肃议题和公共议题边缘化。例如2017年12月"今日头条"因传播色情低俗信息被北京网信办约谈;2017年4月"快手"和"火山小视频"因传播涉黄赌类直播等不良信息被勒令整改。内容把控偏差正是由于资本逻辑的驱动,泛娱乐化内容大量存在的原因就是这类内容更能吸引用户的关注,从而服务于商业利益。在此意义上,主流价值导向被资本市场的热点所取代。

其次表现在智媒内容分发的优先级发生了变迁。智媒实践中逐渐形成了一套有别于传统媒体新闻价值的内容价值判断标准。王茜指出,微博"热搜"算法价值的四个要素为时新性、流行性、互动性和导向正确。②"今日头条"算法价值观念主要包括场景、内容、用户偏好和平台优先级。③ 问题的一面是智媒实践体现出对趣味性、用户需求和平台利益的重视。例如对于平台媒体来说,新闻内容带来的流量比质量更重要。德维托分析指出,平台优先级(Platform priorities)是影响 Facebook 信息

---

① 方师师:《算法如何重塑新闻业:现状、问题与规制》,《新闻与写作》2018年第9期。
② 王茜:《批判算法研究视角下微博"热搜"的把关标准考察》,《国际新闻界》2020年第7期。
③ 王茜:《打开算法分发的"黑箱"——基于今日头条新闻推送的量化研究》,《新闻记者》2017年第9期。

流呈现的因素之一，Facebook 会在用户信息流中优先呈现自己平台上的视频而非 YouTube 上的视频。①

问题的另一面则是对"公共性"理念的冲击。媒体作为社会公器应当以人为本，服务于民，维护公共利益和社会秩序。喻国明认为传媒的公共性在于"引导公众关注本地事务及公共事务，同时少受权力集团和资本集团的干扰"②。但是从当下的智媒实践来看，一些媒体重视流量和点击量，关注商业利益而非传媒的公共性，忽视了那些"延期报偿"但具有重要的公共价值的内容分发，在实践中过度迎合算法逻辑和用户兴趣，忽视了价值引导和公共利益，培养出来的是"吃瓜群众"而非"理性公民"。

二是媒体的社会守望功能削弱，舆论监督作用弱化。媒体有责任传递社会现实的信息，而且需要客观、准确、真实、公正的予以呈现。不过从智媒实践来看，本应充当社会公共利益守护者的媒体反而被商业利益、政治集团利用；媒体不仅没有成为社会的"瞭望者"，反而成为误导着用户。此外媒体作为舆论的监测者、引导者和议程设置者，但是在智媒实践中，一方面舆情的监测和引导都转移到大数据和智媒系统中；另一方面传统媒体也丧失了舆论的引导力和独立监控能力。也就是说，伴随着媒体对智媒的依赖增强，媒体的舆论监督和价值引导力将被削弱。

三是传统媒体的价值引领作用无法有效发挥，社会控制能力和话语权受到极大削弱。智媒时代，社会面临着价值意义重构的重大问题，在此过程中传统媒体如果不能担当起主流价值引领的作用，将会加剧社会共识的分化和价值观的偏移，进而引发社会层面的危机。然而智媒实践的现状是，算法将内含不同价值观的内容分发给不同的用户，一方面缺乏对于价值观念的把控和引导，社会主流价值观念在无形中被消解。另一方面又进一步强化了不当的价值观念，进一步撕裂了本就脆弱的社会共识。

---

① DeVito, Michael A, "From Editors to Algorithms", *Digital Journalism*, Vol. 5, No. 6, 2017.

② 喻国明、陈艳明、普文越：《智能算法与公共性：问题的误读与解题的关键》，《中国编辑》2020 年第 5 期。

四是媒体公信力缺失。媒体声誉是人们根据媒体的行为对媒体进行的整体性评价，是媒介主体的一项总体性的无形资产。① 一方面如果一味地屈从于流量逻辑，罔顾社会责任和公共利益，缺乏事实核查以及客观公正的视角，到头来难免降低用户对媒体的信任感。

另一方面如果媒体生产由 AI 及智媒系统所主导，缺失了人的判断和纠偏能力，也会降低用户对媒体的信任度。例如不论文章实际上是由机器还是由人类写作的，受试者对"被宣称"为人类写作的文章评价更高。②

不过客观来说，由于智媒运作的复杂和多元主体的介入参与，智媒时代的声誉管理相对复杂而且不可控，媒体公信力的建立需要长时间的积累，但是公信力的透支往往只需要一两个错误的行为，而且用户对媒体的形象一旦形成往往难以消除。

（二）智媒体与用户个体

智媒实践还给用户个体带来了一系列的独特问题，一方面是不被觉察的主体异化和主体性丧失以及一系列的被感知到的不适感：包括不信任、选择压力、信息压力、恐惧不安以及风险感知，等等。接下来将对这两部分问题进行具体的说明。

1. 主体性危机

主体性危机具体表现为人类的愚蠢化、低智化、个性的丧失、自主性丧失、批判意识削弱等问题。

一是人类愚蠢化、低智化。人们日益担心智媒实践会导致人类沦为"低智能人"，造成麦克卢汉意义上的"中枢截除"，信息窄化、深刻知识摄入不足，人类日益失去判断和决策能力。一方面，智媒实践反而加剧了用户的"知识贫乏"状况，用户大量接触同质化而缺乏价值的"娱

---

① 高贵武：《新媒体环境下的主流媒体声誉管理刍议——基于利益相关者理论框架》，《国际新闻界》2017 年第 1 期。
② Haim, M., Graefe, A. and Brosius, H. B., "Burst of the filter bubble? Effects of personalization on the diversity of Google News", *2018 Digital Journalism*, 6 (3), pp. 330 – 343. doi: 10. 1080/21670811. 2017. 1338145.

乐化内容",导致信息接触不足,理性和思维训练欠缺。另一方面则是智媒应用间接导致的判断与决策能力丧失。伴随智媒自主化、智能化、自动化发展,人类逐渐将一部分决策权让渡给智媒,包括信息选择权、消费决策权、行动决策权等,随之而来的是人类决策能力的丧失。

二是人的自主性被削弱,乃至丧失。王晓梅认为,个体自主包括"行动者自主"和"行动自主"两部分。[1] 一方面是个体具有自我决定的能力,能够"构建自己的目标和价值观";另一方面是以自己认为的"有助于实现目标和增强自我价值的方式作出决定、计划和行动"。[2] 智媒影响着用户的自主性和自主行动,主要体现在以下几个维度:

首先是用户无法理解和控制智媒运作,关于数据采集、信息分类、内容分发的过程用户往往无法理解,在此意义上用户失去了自主性。其次是智媒直接干扰用户对事实的判断,不再需要用户自主决策,自行进行把关筛选和内容生产,在此意义上干扰用户的内容选择和自主决策,用户逐渐丧失自主行动的能力。例如基于算法的精准化内容推荐,用户成为被动接受信息投喂的"信宿",逐渐失去了主动检索和信息获取的能力。其次是用户对于决策权的主动让渡,习惯于通过智媒进行决策和选择。目前来看,算法广泛应用于用户决策之中,在此过程中牺牲了个人自主权,在此意义上削弱了用户的"决策能力"和"判断能力"。最后是主体自制力的削弱,用户容易沉溺于算法推荐带来的虚幻的幸福感之中,难以控制自我的信息消费行为,导致社交媒体成瘾和短视频成瘾等问题,自制力的削弱本身也是人类自主性削弱的重要体现。

三是用户批判反思能力削弱,乃至丧失,对于智媒问题缺乏否定和批判,习惯于服从和接受,沦为马尔库塞所描绘的"单向度的人"。匡文波认为"智能算法延伸了我们的智能判断能力,也让我们在技术中被驯化,逐渐丧失了思辨能力"[3]。

---

[1] 王晓梅:《个体自主性的实现》,《自然辩证法研究》2016年第3期。
[2] Friedman, B. and Nissenbaum, H., Software agents and user autonomy, In Proceedings of the 1st International Conference on Autonomous Agents. Marina del Rey, California, USA: ACM. doi: 10.1145/267658.267772. February, 1997, pp. 466-469.
[3] 匡文波:《智能算法推荐技术的逻辑理路、伦理问题及规制方略》,《深圳大学学报》(人文社会科学版)2021年第1期。

四是用户的社会性缺失，一方面体现在缺乏公共参与意愿和动机；另一方面则体现在沉溺于虚拟交往形式，淡化了其他交往途径。

五是个体的"精神麻醉"。按照相关学者的论述，"麻醉"有三个层面的含义，一是个体过度沉溺于某类媒介视野或相关娱乐情景，进而导致社会行动力的丧失，例如游戏成瘾、社交媒体成瘾、短视频成瘾等情景中用户沉溺于休闲娱乐之中而丧失了社会参与能力。二是虚拟—现实的交融和混合，尤其是虚拟环境对于现实的遮蔽和建构。例如"人工智能将人类带入'浸媒体'时代，随着 VR 设备以及传感器技术的应用，人类也从原来的文字、视频、声音变为一种虚拟交互的综合式体验，人工智能带来的现场感也可能会导致媒介负功能'麻醉精神'的蔓延"[①]。三是继承了经典的"电视与暴力"研究中"免除抑制假说"的观点，认为媒体呈现的色情、暴力内容会导致人们对暴力色情的道德感知力削弱，在此意义上会令人泯灭道德感，忽视甚至拒绝承担道德责任。

六是主体异化，智媒发展加速了人类的异化进程，所谓异化，按照马克思的观点来说就是"对人的本质的扭曲"。在智媒实践中，人类异化为对象化、工具化的存在，逐渐丧失自主决策能力、批判反思能力、理性思考能力乃至于实践行动能力，削弱了人的"价值理性"，在此意义上主体性衰微，危及了"人之为人"的尊严。正如人类下棋不是为了完成功利性的目标，而是生活意义所系，所以不能以智媒的逻辑来理解人类的行为，人类之本质在于自我意识和意义系统，不能因为对于智媒工具理性的强调而漠视人类的价值理性和人类的独特本质。

2. 价值观偏移

一是价值观偏颇和观点固化。算法基于用户兴趣偏好的同质化信息推送会窄化用户的信息接收，往往同质化信息的观点倾向大体一致，也就意味着用户沉浸在相似的"观点"环境中，缺乏相左和相反的观点接受，长此以往很容易造成用户的观念强化和固化，导致价值观的偏移。

二是用户沉浸于虚假满足之中，满足于泛娱乐内容带来的愉悦，无

---

① 徐靖德：《人工智能的未来冲击和相关反思》，《传媒观察》2017 年第 5 期。

法洞悉自己的真实需求，忽视了自身的长远利益和需求。

三是对用户价值理念冲击。人类的价值系统，粗泛地区分，可以分为外在价值和内在价值，即所谓"有用"与"无用"之辨。工具价值，即当我们说什么东西有用时，是就这东西对于它之外的某个目标、目的或者是功能而言的，比如钱可以拿来购买面包充饥，这叫工具价值。由于它把其他东西当作自己服务的对象，所以它没有内在价值，只有外在价值。外在价值即是那些工具性的价值，最终服务于人类的内在价值诉求。而内在价值则指的是一些基本的要素，比如自由、快乐、尊严、情爱、创造、自我超越，等等。这些东西不是为了其他东西而存在，相反，生活中没有了这些东西，就等于失去了值得欲求的内容。

当下的问题是对于外在价值、工具理性的强调，忽视内在价值和价值理性，存在的矛盾是智媒的工具合理性与人类价值的冲突。马克斯·韦伯将人的理性行为分为工具理性行为和价值理性行为，工具理性在认识和改造世界的过程中指导人类"如何去做"，而价值理性告诉人类"为什么要做"，二者的有机统一才能对满足人类需求的生产实践活动进行有效结合与指导。此外，当下也缺乏对"工具理性"的反思，媒体实践依然是以如何能够更大程度的发挥"工具理性"，提高浏览量和曝光量为主，而非本着价值理性追求公共利益和长远价值。

3. 心理不适感

一是信息过载与信息溺亡，人类面临着选择的压力和信息疲劳。首先是伴随着信息爆炸式增长，人类陷入"信息过载""信息溺亡""信息超载"的困境当中，基于传统方式根本无法对数据信息和用户进行有效的价值适配。也就是说，海量数据的背后是价值密度的稀释，从海量数据到有效信息之间有着人力难以逾越的鸿沟。

其次是基于算法的同质化信息推荐也会造成用户的"信息疲劳"问题，大量用户面对着同质化的信息接触，往往摆脱不掉；尤其是考虑到用户的兴趣爱好和关注点会不断发生变化，算法基于过去搜索和点击信息的推荐难免造成用户"信息疲劳"的问题。

再者是用户往往缺乏从海量同质信息中挑选出有价值的信息，当下看似丰富的互联网内容并无法掩盖"信息泛滥之下的知识贫乏"①，当用户想要搜索某个有价值的内容时，往往会感觉空无一物，都是同质化内容的再现，由此生出焦虑、疲倦和懊恼之感。

二是"连接的重负"。彭兰从人—人、人—内容和人—服务的过度连接描述了用户在智媒连接下的不堪重负。过度的连接，已经开始成为人的负担，甚至是一种威胁。首先过度连接带来人们的心理失衡，面对过度的社交联系和服务推荐，用户感觉不知所措；其次过度连接挤压了线下连接，线上过于丰富的连接反而会使人们的互动简单化、功利化，过度的连接也可能带来新的狭隘与孤独；再者过度连接也意味着隐私信息的暴露增加，隐私风险被放大，在未来违背用户意愿的"数据连接"将给用户带来越来越多的威胁。② 不过值得说明的是，彭兰反对的并非"连接"，也不支持"断连"的观点，真正反对的是"过度连接"或"连接的异化"，在其看来"断连"应该是一种情景性选择，"连"与"不连"，判断与选择权应该在用户手上，断连的目的应该是减轻用户的负担，保护个人隐私。③

三是对于智能媒介以及智媒应用的恐惧。智媒恐惧包括超越恐惧、取代恐惧、控制恐惧等，担心智媒发展会在智能上超越人类，在工作中取代人类，在决策和判断中控制人类。人们借助智能机器而实现的认知延展实际上超越了人的判断能力，超越了整个社会总体的理解和掌控能力；人们也担心"超级智能"或"强人工智能"的出现会造成对人类的取代，例如对于媒体人及其采写实践的取代，在此意义上担忧智媒会失去控制，人类会受制于智媒，正如上文提到的，担心会带来主体性危机和主体异化。虽然说相关恐惧往往是由于不了解而导致的，也有科幻影视作品的渲染，但是随之智媒的普及扩散，用户的恐惧心理是客观存在的。例如哲学家们担心人成了技术社会这部机器的齿轮，从思想和行动

---

① 高贵武、薛翔：《协同与互构：智媒体的实践模式及风险规避》，《青年记者》2019年第27期。

② 彭兰：《增强与克制：智媒时代的新生产力》，《湖南师范大学社会科学学报》2019年第4期。

③ 彭兰：《增强与克制：智媒时代的新生产力》，《湖南师范大学社会科学学报》2019年第4期。

上沦为机器的奴仆。[1]

四是用户的"信任感"缺失。在具体实践中，人类对智媒应用、智媒结论和智媒决策处于盲目信任和不信任的两端，关于盲目信任或者说"智媒神话"问题后文会谈到，而对于不信任的观念来说，一方面是对于智媒应用的"信任感"缺失。考虑到数据伪造、结论偏见、算法黑箱、智媒复杂性等客观问题，用户往往无法理解智媒的运作机制和内涵，因此往往无法真正信任智媒应用。

另一方面是对于平台的"信任感"缺失。史安斌和王沛楠认为在美国社交平台与用户的"蜜月期"业已终结，包括数据安全、隐私问题、虚假新闻、政治宣传等都引发用户的不满，蚕食着用户对平台的信任感。皮尤中心的调查显示，近70%的美国民众已经产生了"新闻倦怠"甚至于"新闻回避"的情绪。[2] 史安斌和王沛楠认为，"脸书、谷歌和亚马逊等互联网企业巨头已然成为不受公众信赖的'巨型怪物'，数据滥用和隐私泄露丑闻的频发导致用户失去了对平台的信任"[3]。

五是用户的风险感知。人们愈加依赖智媒中介来感知现实世界，智媒对相关内容的重复和强调，构建拟态环境，影响用户思维意识的同时，也确实的增大个体对环境的风险感知。例如数据风险，多元的数据提供者有着不同的利益诉求和动机，用户往往会质疑数据的真实性和代表性，认为智媒实践中存在数据造假、数据操纵等问题。

例如隐私风险感知与隐私焦虑。智媒时代，用户被多个终端、平台所收集，被各种算法"监视"，隐私风险随时可能发生，用户逐渐认知到这一点而且对此尤为担心。对于智媒时代的隐私问题来说，问题不只在于实际发生的隐私侵犯问题，还在于增加的隐私风险感知及其负面成本。例如用户不知道在何时何地何种数据用采集和分析，感觉隐私侵犯成为常态，随时随地都可能会以自己意想不到的方式发送，由此带来用

---

[1] 赵瑜：《人工智能时代新闻伦理研究重点及其趋向》，《浙江大学学报》（人文社会科学版）2019年第2期。

[2] 史安斌、王沛楠：《2019全球新闻传播新趋势——基于五大热点话题的全球访谈》，《新闻记者》2019年第2期。

[3] 史安斌、王沛楠：《2019全球新闻传播新趋势——基于五大热点话题的全球访谈》，《新闻记者》2019年第2期。

户的隐私焦虑。

例如用户对于"圆形监狱"的恐惧。边沁提出的"圆形监狱"由被集中安排围绕一个中心警戒塔的诸多单身牢房组成,监狱管理人员可以从这个塔观察牢房但又不会被牢房的人看到。[①] 遍在的监控让用户时刻感觉身处"圆形监狱"中,个人的所有信息都被监控者一览无余,只知道自己处于暴露和被监视的状态,而对自己何时被监视,甚至监视到什么程度却一无所知。身处智媒"监控社会"中的个体不仅毫无隐私可言,而且充满了焦虑和恐惧。

六是孤独感和"群体性孤独"。雪莉·特克尔在《群体性孤独》一书中指出信息技术便利人们沟通交流的同时也导致人与人之间的关系弱化,当用户习惯于通过智能终端和社交媒体等来交往的时候,往往也意味着增强了用户对媒介技术的依赖,逐渐不习惯也不擅长于面对面的实际交往,处于同一空间的我们往往不是相互交谈,而是各自低头摆弄着手机。特克尔认为,人们发短信、发邮件,上社交网站,玩电子游戏,从形式上看人们之间的联系似乎更轻松、更密切,但实际上却更焦虑、更孤单。此外,用户还会对智媒进行情感投射,也会对其产生情感依赖,这种现象一方面确实补足了人类的情感缺失,但是另一方面也进一步恶化了人类之间的沟通交流,一旦在某些情景下意识到与自己沟通的是机器而非活生生的人,往往会带来更为强烈的孤独感。

(三)智媒体与群体

智媒实践中大量存在对于弱势群体及特定群体的偏见和歧视,加剧了圈层固化和群体区隔的程度,在此意义上智媒鸿沟大大加剧,社会不公现象大量发生。

1. 圈层化与圈层固化

一是算法精准分发加剧了圈层化现象,群体区隔明显。算法分发依据个人的兴趣爱好建构了用户的信息环境,而信息环境的区隔往往带来趣缘群体间的区隔。彭兰评论称,"圈层固化将带来社会资源分配层面

[①] 吕耀怀、罗雅婷:《大数据时代个人信息收集与处理的隐私问题及其伦理维度》,《哲学动态》2017年第2期。

的'马太效应',不断放大社会既有不平等。越是底层,向上流动的机会就越少,而那些具有优良条件的个体,则会不断获得新的机会与资源"[1]。

二是"用户画像""价值评分"系统的机制进一步加剧了"圈层固化"和"群体极化"。无论是现实世界还是虚拟社会,阶层流动性都日益丧失,用户被困在既有的圈层之中。

三是造成了社会共识削弱,价值观分裂,甚至于"社会排斥"现象。各个圈层之内往往观念和认知都趋于稳定和固化,客观上造成了社会共识难以达成,社会价值观分裂。埃米尔·涂尔干(Émile Durkheim)认为,"社会并非简单的个体集合,而是通过联合形成的具有自身特点的特殊实体"[2]。人工智能技术在社会结构与组织治理的介入,在提高效率的同时,由于对人文精神的忽视,也衍生出了新的"社会排斥",社会分化为一个个的小圈子,圈子之间缺乏沟通交流,长此以往将导致公众之间缺少共同经验,削弱社会共识,影响社会共同体的维系。

2. 歧视偏见与社会不公

智媒实践中普遍存在的社会不公现象,主要体现为以下维度:首先是智媒实践中大量存在着对"弱势群体"的偏见和歧视,"在金钱、各种形式的资本上具有优势地位的群体,会'俘获''垄断'或'主导'决策过程,事实上造成对其他阶层、尤其是边缘化群体的排斥"[3]。其次是智媒资源的分配、使用和获利存在较大的不平等。从话语权来看,"媒体平台其实还是复制了那些处于更高阶层和社会地位的人的观点"[4]。再者是智媒实践直接扩大了城乡之间的不平等,带来的典型的问题就是新闻荒漠化,中小城市将不再本地的具有较大影响力的新闻机构,而既有的新闻机构又会寻求更大范围的媒体实践,这无疑会恶化新闻生态。

---

[1] 彭兰:《假象、算法因徒与权利让渡:数据与算法时代的新风险》,《西北师大学报》(社会科学版)2018年第5期。

[2] Durkheim, E., *The Rules of Sociological Method*, New York: The Free Press, 1964, p. 103.

[3] 林曦、郭苏建:《算法不正义与大数据伦理》,《社会科学》2020年第8期。

[4] M. Hindman, *The Myth of Digital Democracy*, Princeton, NJ: Princeton University Press, 2009, pp. 38–57.

在这样的状况下，地方新闻无法被报道和呈现，话语权丧失，重要资源无法获取，问题无法解决。例如在灾难发生之后就会出现灾情状况与媒体呈现不一致的状况，进而影响实际的救援和帮扶。

3. 智媒鸿沟问题

首先从概念来看，智媒鸿沟是数字鸿沟、大数据鸿沟、算法鸿沟等概念在智媒时代的延伸。一是"数字鸿沟（Digital Divide）"指"不同群体对于信息技术使用的巨大差异"。总体来说，由于生产力水平、地区经济发展状况、人们社会经济地位、媒介素养、基础设施建设、语言文化等诸多原因，不同民族、国家、地区、企业等的信息化、智能化水平，不同的人占有或利用新兴媒介技术的机会和能力是不均衡的。数字鸿沟在不断的拉大，在数字鸿沟扩大的同时也进一步加剧了社会经济地位的不平等和社会不公问题。

二是"大数据鸿沟"（Big Data Divide），即"不同群体或实体（比如公司、企业、高校）在创建、购买、存储、使用大型数据集层面存在的能力和知识等方面的差距"[1]。从"数字鸿沟"到"大数据鸿沟"主要关注的不再是单纯是数字媒介的接触和使用的鸿沟，更要强调数据的生成、分析、呈现、应用中产生的鸿沟。也就是更为关注数据使用能力和数据分析能力层面的差异所带来的鸿沟问题。

其次回到"智媒鸿沟"来看，人工智能、大数据、机器学习等智能媒介技术加剧了数字鸿沟的复杂性。结合相关概念，"智媒鸿沟"的理论内涵具体包括以下几个维度：

一是存在智媒接触的鸿沟，也称"可及沟""接入沟""第一级鸿沟"。不同群体或个人在获取信息以及媒介接触方面存在的鸿沟，主要与技术基础设施建设、经济水平以及信息资源的分配方式等因素相关。伴随着基础设施建设的加速，接入沟逐渐被弥合，不过值得注意的是伴随着智媒的迭代和持续发展，在具体的领域和智媒应用上，接入沟已然有扩大的迹象。

二是存在智媒使用的鸿沟，具体表现为"应用沟"或"使用沟"。

---

[1] 林曦、郭苏建：《算法不正义与大数据伦理》，《社会科学》2020年第8期。

主要指由于用户社会经济地位的差异而造成的不同用户通过智媒在获取资源方面存在的应用鸿沟，或者说就是利用智媒实际获益能力的差异。Attewell 区分了两代"数字鸿沟"，第一代"数字鸿沟"主要是在技术使用和基础设施的可及性层面；第二代"数字鸿沟"则是数字能力和从计算机使用中获益的能力。① 从具体表现来看，一方面是数据生产、上传以及管理自我生产的数据的能力，据此有学者将用户区分为"数据有产者"和"数据无产者"，平等的接入并不意味着能够平等的使用，有的用户基于智媒积极的呈现和表达自我，有的用户则只是被统计和分析的对象。

"大数据有产"（Big Data Rich）与"大数据无产"（Big Data Poor）之间存在明显的区别，是否拥有数字基础设施（比如计算机、互联网接入）会直接影响到用户的社会经济地位。② 受制于技术手段和经济能力，不同用户在数据的收集、存储、挖掘和使用方面存在较大差异。例如推特只给一部分公司开放了"完全访问数据"的权限，对于公众而言，只具备相当有限的访问权限，可以访问到的数据类型和数据量都很受局限。③

另一方面则是数据分析和深度使用能力。面对海量数据，只有那些拥有相关基础设施、数据技能的利益相关方，才能从中获取更大的收益，这被学者称之为"数据分析鸿沟"，林曦、郭苏建指出，"我们在使用各种媒体、技术来进行互动的时候，这些技术设备之间也会进行相互的沟通，这都会产生一系列的数据，这些数据事实上构成了人所共知的'信息公地'"（Information Publics）。大数据分析主要就是从"信息公地"之中挖掘与用户有关的各种数据。但是用户实质上没有能力也没有权限去决定自己被赋予了什么身份、类别和范畴，而对以此为基础的相关行

---

① P. Attewell, "Comment: The First and Second Digital Divides", *Sociology of Education*, 74, 2001, pp. 252 – 259.

② D. Boyd and K. Crawford, "Six Provocations for Big Data", September, 2011, pp. 12 – 13, http://dx.doi.org/10.2139/ssrn.1926431.

③ D. Boyd and K. Crawford, "Critical Questions for Big Data: Provocations for a Cultural, Technological and Scholarly Phenomenon", *Information, Communication & Society*, 15 (5), 2012, p. 669.

为、决策，我们也毫不知情。① Beer 描述称，"尽管我们共同拥有着一大片的'信息公地'，但是，这些公地作为数据富矿被公司和企业挖掘的时候，我们是无法控制这个过程的，从公地中挖掘出来的数据及其相应的分析，我们并没有发言权"②。

三是"素养沟"（Literacy Gap），也表现为"知识沟""价值沟"。第一，数字技能更加熟练的群体，比起那些数字技能弱或者差的群体，就拥有了在数据呈现和代表这个维度更多的话语权。第二，用户在借助互联网获取知识方面存在差距；第三，指用户在价值观念方面的差异，将智媒作为学习提升的工具、赚钱盈利的渠道还是单纯娱乐消遣的方式，不同的价值观念带来了明显的智媒使用差异，智媒认知和使用的差异也会导致内容和信息接触的差异。也正是由于"价值沟"的存在，智媒鸿沟更容易引发信息窄化、信息茧房等问题，对于用户而言形成了"价值沟—内容沟—价值沟"的恶性循环，群体间的隔阂和差异越来越大。第四，指用户对智媒"理解认知和批判"能力的差异，是否能意识到智媒的危险，能否管理好智媒使用行为都存在较大的差异。此外素养沟也包括民主鸿沟，指的是人们利用信息资源参与公众生活的差异。

其次从具体表征来看，一方面智媒鸿沟主要表现为群体间的鸿沟，所涉及的群体可大可小，大至国家间、地区间、城乡间，小至各类趣缘群体，也包括老年人与青年人、文化间的鸿沟；另一方面"接入沟"总体呈缩小态势，随着基础设施建设和媒介普及，无论是城乡、代际还是国家间的接入沟都在缩小；不过接入沟也只是在缩小，并未完全消除。此外"使用沟""价值沟"呈现扩大趋势，主要是"应用技能"和"数字素养"上的差距。

最后智媒鸿沟延伸出一系列的问题。一是"智媒鸿沟"的存在自身就是问题，意味着媒介资源占有和使用的不平常，而且智媒时代的数字鸿沟加速深化，涉及城乡、贫富、代际、文化、国家间的数字鸿沟类型。"智媒鸿沟"意味着"数字不平等"，数字不平等即人们接受、获取、使

---

① 林曦、郭苏建：《算法不正义与大数据伦理》，《社会科学》2020 年第 8 期。
② D. Beer, "Power through the Algorithm? Participatory Web Cultures and the Technological Unconscious", *New Media & Society*, 11 (6), 2009, pp. 987–991.

用某种新技术的倾向和能力的差异。由于数字鸿沟的概念涉及在信息技术以及有关的服务、通讯和信息可及等方面的失衡关系，它会在全球、各国或各地区贫富之间、男女之间、受教育与未受教育的人群之间导致信息可及、资源应用、知识获取和价值区隔等方面的不平等和不公平。①

二是智媒鸿沟会加剧社会不公，将数字弱势群体排斥在智媒环境之外，无法共享科技带来的信息红利，导致群体间的巨大不平等。智媒获取和使用的差异、存在与用户的社会经济地位和社会资本密切相关，而这些差异又会进一步影响到技术赋权的差异性，进一步加剧社会经济地位的不平等。也就是说，"智媒鸿沟"既是歧视偏见和既有社会不平等的具体表现，又进一步加剧了社会的不公和不平等，造成相关群体的生存状况恶化。孙伟平评论称，"智媒使用差异和既有的贫富分化、地区差距、城乡差异等因素叠加在一起，催生了大量的'数字穷困地区'和'数字穷人'"。②

三是智媒鸿沟意味着"遮蔽""控制""剥削""侵权"的存在。例如群体可读性的差异，由于用户素养的差异，弱势群体往往在数据分析中代表性不足，处于被忽视的状态。例如智媒鸿沟意味着对于数据可及性和媒介接近性的差异，公司机构的数据库、算法和相关智媒平台并非完全对公众开放。例如智媒鸿沟意味着一部分人丧失了对现实世界的准确认知，被虚拟世界排斥在外。

（四）智媒体与社会

智媒实践在社会层面带来了公共性隐忧和社会不公、冲击了主流价值和道德伦理，也助推了后真相社会的到来，面对"加速社会""独异社会""风险社会"等社会现状，一味地妥协只会为人类发展埋下巨大的隐患。

1. 社会治理和运行

首先是智媒实践中存在对政党选举和管理的干预控制和介入影响。2016 年的美国总统竞选被称为"第一次数字化竞选"，大数据、社交媒

---

① 邱仁宗等：《大数据技术的伦理问题》，《科学与社会》2014 年第 1 期。
② 孙伟平：《关于人工智能的价值反思》，《哲学研究》2017 年第 10 期。

体、社交机器人、算法分发、写稿机器人等智媒技术全面应用于选举实践中。大量虚假新闻充斥其中,而且往往会基于算法推荐技术大肆扩散传播,建构了虚假的舆论环境,影响着用户的选情认知和选举判断。选民处于被误导和遮蔽的状态,因此在选举结果宣布时,大量民众处于诧异和不可理解的状态,进一步带来了群体的分隔和社会共识的撕裂。①

其次是智媒对于社会治理的影响,一是智媒应用诱发了意见极化、治理盲区、公平公正缺失、责任归属模糊等社会治理问题。二是"评分"系统应用带来的歧视偏见和社会不公,正如蓝江所评价的,"数字政治下的算法治理不仅仅将活生生的生命变成了档案和数据,也变成了受算法掌控和支配的行动者(agents)"②。"算法治理"的过程中也会加大"智媒鸿沟",引发社会不公,该问题已然不是某些群体的问题,而是整个社会治理层面必须考虑的问题。此外也有提及智媒应用中潜在的安全风险,尤其是对国家安全的影响。例如由于中国缺乏自主知识产权,大量使用国外的监控设备,那么国家间智媒生产能力的差距给国家安全带来了巨大的隐患。③

再者是智媒助推后真相时代的到来,遮蔽了真正的社会现实,使得用户沉浸于情绪与既有观念之中。2016年"后真相"入选《牛津词典》年度词汇,根据《牛津词典》的解释,后真相指的是,"客观事实的陈述,往往不及诉诸情感和煽动信仰更容易影响民意"。赵双阁、岳梦怡提到,所谓的"后真相",是"伴随着移动互联网的发展以及算法推荐的应用,有些网络媒体或自媒体为了吸引受众注意力,迎合受众情绪、提高点击率,可以营造出一种重共鸣轻真相、重情绪短记忆、介于真相与谎言之间背离客观公正的第三种现实"。④

---

① 喻国明、陈艳明、普文越:《智能算法与公共性:问题的误读与解题的关键》,《中国编辑》2020年第5期。
② 蓝江:《生命档案化、算法治理和流众——数字时代的生命政治》,《探索与争鸣》2020年第9期。
③ 黄凯奇、陈晓棠、康运锋、谭铁牛:《智能视频监控技术综述》,《计算机学报》2015年第6期。
④ 赵双阁、岳梦怡:《新闻的"量化转型":算法推荐对媒介伦理的挑战与应对》,《当代传播》2018年第4期。

2. "公共性"隐忧

每一个个体或多或少都会参与到公共生活之中，而公共参与需要基本的共识和共同的视角。在过去大众传媒承担着社会整合和公共传播功能，但是在智媒时代传媒的"公共性"受到冲击，人们赖以讨论的共识日益消失，公共空间也存在塌陷的风险。"公共性"隐忧与智媒实践有着莫大的联系，不过媒体并非是唯一的因素。具体来看，主要体现为以下几点：

一是主流媒体作为社会公器的监督作用和价值引导作用被削弱；与此同时新型媒体的"公共性"观念缺失，往往让位于"资本逻辑"和"流量逻辑"。伴随着平台媒体的扩大，信息控制权掌握在技术寡头手中，公共性隐忧大大加强。[1]

二是从用户角度来看。一方面算法迎合了用户的兴趣偏好导向，导致用户沉迷于娱乐化和消遣信息，失去了公共讨论和公共参与的需求和动机，对公共事务漠不关心，主动脱离公共空间和公共事务参与。另一方面长期不接触公共事务，缺乏理性而辩证的思考，用户逐渐丧失了参与公共讨论的能力。此外考虑到工作的压力和生活节奏的加快，许多用户也缺乏参与公共事务的时间和精力。还有就是智媒运作的复杂性也使得许多用户缺乏参与到公共事务中的能力。

三是公共参与空间和公共领域的衰落，失去了公共讨论和公共参与的土壤。算法解构了作为公共空间的传统媒体，而算法生成的聚合性平台却未能转化为公共空间。同质化信息环境丧失了聚合异质观点的可能性，带来了公共空间的衰落，直接表现为公共领域"再封建化"。在西方，公共领域的相对独立性受到资本和政治力量的侵入，原本作为公民自由表达、意见沟通的空间沦为广告宣传和政见灌输的场所，媒体的公共性衰微，新型的智媒平台也未能让公共领域的重焕生机。师文和陈昌凤评论称，"在社交媒体日益成为人们获取信息、交换意见重要渠道的情况下，科技权力的'信息把关权'一旦为政治、商业权力背书，即会向社交平台的公共性发起挑战，使公共领域面临'再封建

---

[1] 彭增军：《算法与新闻公共性》，《新闻记者》2020 年第 2 期。

化'的风险"①。

四 智媒批判的实践反思

智媒批判中存在诸多的误区和问题，本章的目的是通过对智媒批判的再反思，进一步厘清智媒问题产生的原因和更为深层的思维和机制问题。本章首先将从总体层面阐述实践反思的基本原则，其次将重点回到智媒实践的关系域厘清智媒问题产生的原因，最后将对一些典型的智媒问题进行针对性的讨论，主要涉及信息茧房反思、智媒神话反思、智媒恐惧反思。

（一）实践反思的基本逻辑
1. 智媒实践的关系域

首先是要意识到智媒实践的关系域的存在，智媒实践的关系域也是智媒问题的"原因域"，智媒问题既有智能媒介本身的原因，也受到社会场域的综合影响，智媒批判需要在回调智媒实践的关系域中进行，切勿进行单一的媒介归因。有必要警惕将责任全然丢给智媒，然后忽视了对人类自身问题的反思以及对具体实践的改进的态度。例如白红义和李拓提到，"官方媒体在自身不能杜绝虚假新闻的情况下，盲目对算法进行抨击未免有失偏颇"②。虚假新闻问题受到社会历史和人性因素的综合影响，绝非智媒应用带来的，也不能指望但从智媒端应对就能杜绝虚假新闻的问题。

技术的价值实现不仅在于技术本身，也在于技术被社会所认可。新技术既是科技本身的产物，也是一种社会建构的产物。③ 智媒在应用实

---

① 师文、陈昌凤：《社交分发与算法分发融合：信息传播新规则及其价值挑战》，《当代传播》2018 年第 6 期。
② 白红义、李拓：《算法的"迷思"：基于新闻分发平台"今日头条"的元新闻话语研究》，《新闻大学》2019 年第 1 期。
③ Pinch, T. J., and Bijker, W. E, "The social construction of facts and artefacts: or how the sociology of science and the sociology of technology might benefit each other", *Social Studies of Science*, Vol. 14, No. 3, 1984, pp. 399–441.

践中往往又会被感知理解为"我们的智媒""他们的智媒";常常呈现为"商业媒介""政务媒介""公益媒介",等等。依托智媒我们构建了丰富的社会交往样态和社会关系形式。换句话说,智媒体作为社会大系统的有机组成部分,并非封闭而孤立与人类发生着关系,而是处于权力场域之中,受到多元主体的利益诉求的影响。事实上我们需要处理的不只是智媒和智媒使用者之间的关系,或者说"人机关系",而且需要关注智媒使用者和智媒使用者之间的关系。正如喻国明所言,"算法的问题事实上是'人—人'的问题,而非'算法—人'的问题"。[①]

基于复杂的社会关系,不同的主体有着不同的利益需求,诸如个体用户的娱乐需求、群体的共识凝聚、资本的逐利需求、社会的稳定和谐、主流媒体的舆论引导、市场化媒体的流量需求,等等。此外开发设计者等相关主体的利益需求和价值取向会渗透到数据采集、算法操作等智媒应用之中,影响着问题和现象的定义、影响着解决方案的选择和理解,也会影响到相关主体的利益分配及价值实现。

从智媒关系域来看,一方面相关主体的利益需求本身就存在一定的伦理问题,例如资本一味的逐利需求以及企图对用户的恶意控制。不当的利益获取可能会导致一系列安全隐患,诸如个人、企业、国家等主体的隐私泄露。另一方面主体间的利益需求往往是冲突矛盾的,其中的平衡往往难以把握,处理不当往往会带来群体偏见与社会不公,对于这一点上文在认知困境中已有说明。此外相关主体的正当利益需求往往也会带来间接的负面影响,例如从政府和相关机构的角度,处于正当商业利益和安全角度考虑往往不会提供最新和全面数据,在此基础上很可能会引发数据生产中的结论偏差。总之,智媒批判有必要深入理解智媒与人类、智媒与社会、智媒与文化、智媒与资本等多维度的影响关系以及各个主体间基于智媒的复杂交互实践。

具体的影响和交互实践后文会进行具体介绍,在此仅简单举例说明。例如"传媒公共性缺失"问题既有算法推荐等智媒自身的原因,也与资本和商业逻辑驱动下的"流量经济"模式密切相关,此外用户自身媒介

---

① 喻国明、陈艳明、普文越:《智能算法与公共性:问题的误读与解题的关键》,《中国编辑》2020年第5期。

素养和批判意识不足以及媒体机构的新闻专业缺失都是造成公共性缺失的重要原因。例如"圈层化"问题与个人品位、社会阶级、既有经验等要素密切相关，也不是单一的算法逻辑造成的。

其次关系域的存在意味着多元的原因和动机。虽然问题的表象是类似的，但是基于不同的原因和动机的应对是不同的。例如对于偏见问题有必要区分"有意"与"无意"的偏见，有意的偏见包括基于控制意图的偏见、基于剥削意图的偏见和基于"快感获取"的偏见。而无意的偏见往往是基于无知和文化语境差异导致的。文化因素对于偏见的理解产生一定的影响，在特定文化背景和情景下，有些偏见不被视为偏见。

最后关系域内还有其他媒介技术的存在，诸如5G、VR、社交媒体、短视频等媒介都与智媒实践有着千丝万缕的联系，智媒虽然是一个统合性较强的技术域，但是还是要注意具体媒介技术的特性，尤其是在分析问题原因和寻求治理解决的过程中。

2. 智媒批判的情景考量

脱离具体情景的智媒批判的往往存在割裂、片面、脱离现实的理解智媒实践的问题。基于情景的批判意味着关注智媒的应用情景，关注实际使用中的智媒效果。例如在特定情景中，监控亦有其价值，巴顿（Jason W. Patton）曾指出监控可以阻止可能的坏人坏事，当坏人意识到基于监控的观察时，会消除坏心思。[1] 例如在具体情景中，人工智能提升了新闻生产和传播的速度、规模、准确性和个性化。[2]

对于智媒在特定情景下的价值益处不能忽视，要始终牢记，智媒批判不是为了否定，而是为了更好的智媒运作以及服务于人类的生产生活。例如在信息茧房批判中不能过分高估了单一算法的效果，因为在智媒实践中往往是多种算法共同协作进行信息分发的。例如在微博信息分发中，个人首页基于个人兴趣推荐，而微博热搜榜则根据即时搜索和关注量来推荐。例如在信息茧房批判中不能忽略用户所处的多元媒体环境，用户

---

[1] Jason W. Patton, "Protecting Privacy in Public? Surveillance Technologies and the Value of Public Places", *Ethics and Information Technology*, 2（3），2000.

[2] Diakopoulos N., Accountability in algorithmic decision making, Communications of the ACM, 59（2），pp. 56–62，2016，doi：10.1145/2844110.

并非单一使用某一媒体。例如虽然"算法中立"实质上是一种神话，但是还是要考虑到提出的背景以及媒体人对"客观中立"价值观的认同和坚持。

其次是理解智媒作用的情景性，在不同情景中智媒的作用存在较大差异，人工智能技术的积极影响主要体现在形式层面，如增强画面感、现场感和沉浸感等。人工智能技术对于增强内容的真实性、权威性以及对抗虚假新闻和谣言等方面的助益相对有限。如果选择细分应用情景，往往就能规避智媒的负面作用，充分发挥其积极价值。例如在具体情景下的扭曲和非真实是可以为人所接受的，Facrbook 的研究人员正在训练机器学习系统识别人类眨眼的照片，并用睁开的眼睛取代闭着的眼睛。①

例如应对隐私侵犯问题需要注意隐私保护可能带来的负面作用。"隐私保护"可能会危及网络安全和社会公共安全，尤其是不利于对相关行为的法律追责、行政处罚。赵瑜指出"应该以是否直接涉及人格尊严的个人信息与个人事项作为辨别侵害隐私权的基本依据，隐私保护至少不宜成为公权滥用、工作渎职、违反党纪、违法犯罪行为回避公众舆论监督的'挡箭牌'"②。

例如智媒应用情景与信任度的差异。民众的信任感知直接关乎智媒应用和扩散，不过不同领域的信任感知是不同的，低信任的领域有医疗手术、驾驶飞机、医疗诊断、儿童看护等；中度信任的领域有新闻与信息推送、老年陪伴、健康建议、法律咨询、社会治理和安全保障等；高信任的领域有吃药提醒、路线规划、娱乐推送等领域。

例如当下日益增多的信息茧房反思实质上是对"智媒恐惧"的一种反思，寻求基于事实的批判，要求回到具体情景中理解算法问题，拒绝基于无知的武断判断和情绪化理解。

例如写作机器人的精准度受制于信源的权威性和真实性，因此在保

---

① Hancock, J. T., Naaman, M. 8. Levy, K., "AI – mediated communication: Definition, research agenda, and ethical considerations", *Journal of Computer – Mediated Communication*, 2020, 25（1），pp. 89 – 100, doi：10. 1093/jcmc/zmz022.

② 赵瑜：《人工智能时代新闻伦理研究重点及其趋向》，《浙江大学学报》（人文社会科学版）2019 年第 2 期。

障权威信源的基础上就可以大大减少假新闻的发生。

最后需要关注到具体智能媒介自身的独特。例如自动化新闻、传感器新闻、机器人写作、社交机器人、算法分发等智媒实践带来的问题有其共性，也有其特殊性。例如 NLG（自然语言处理，natural language generation）拥有监督式学习、非监督式学习、半监督式学习、强化学习等模式，不同的算法模式带来的智媒问题也是不同的。对于这些问题需要区别对待，而不能概而论之。

3. 回到问题本身

智媒批判需要回到问题本身，实事求是的面对智媒实践及其问题。首先是不能夸大问题的存在。例如当下的媒体实践还是以传统模式为主，写作机器人等媒体实践对新闻业的影响被夸大了；例如写作机器人本质上还是基于模板的自动化数据填充，涉足的新闻领域还比较有限；例如算法把关日益承担着重要的角色，但是如果说其已然取代"人"的把关那也是一种夸张，特别是在重大而敏感的议题中还是以人工把关为主的；例如虽然用户与社交机器人的交流增多，但是其并未真正影响人类的社会交往活动。

其次要基于"真实概率"来理解智媒问题，基于历史的真实数据来考察智媒问题。智媒问题不只是发生过和没发生过，还需要关注到发生的概率问题，需要在对比中看问题。喻国明认为智媒批判中存在误读了小概率事件与大概率事件的问题。[1] 例如智能驾驶确是发生了事故，但是相比人类驾驶的风险要降低了许多；例如算法新闻存在失实的情况，但是相比之下记者写作的失实情况要高许多。不过需要强调的是，意识到智媒批判中的"小概率放大问题"并不意味着研究者不重视小概率事件中反映出来的问题。喻国明等人评论称"小概率事件不应成为因噎废食的理由，却暴露出在算法时代人的主体性责任缺位的问题"[2]。

再者回到问题本身就会意识到虚假的宣传，戳破乌托邦的幻想。例

---

[1] 喻国明、陈艳明、普文越：《智能算法与公共性：问题的误读与解题的关键》，《中国编辑》2020 年第 5 期。

[2] 喻国明、陈艳明、普文越：《智能算法与公共性：问题的误读与解题的关键》，《中国编辑》2020 年第 5 期。

如当使用个性化推荐之后往往会意识到当下的个性化推荐是一种"伪个性化"。例如当用户处于深度连接的社会实践中,就不会迷信"连接的神话",因为"连接"往往面临的连接的重负;如果说过去用户会相信微信可以增进联系,促进感情,那么当其真实的遭遇工作信息的狂轰滥炸的时候,恐怕对于"微信"的期许就会多一份质疑。

最后回到问题本身也有助于打消不必要的恐惧,投身到切实的探索实践之中。例如面对智媒对于新闻工作人员的取代,一旦回到具体的新闻实践中就会意识到新闻记者的不可替代性以及施展本领的广阔天地。例如张志安提到的在调查性报道中,写稿机器人"无法看到表面事实背后错综复杂的利益链条,无法像调查记者一样找到谁施害、谁造假、谁是复杂事件后的作恶者,机器也无法有效获知事实背后被遮蔽的事实并形成基于多重事实的价值判断"。因此在更多的新闻实践中,如果想要获得真相还是需要优秀职业记者的实践。此外邓建国也提到在智媒实践中,机器人写作实际上受到了人类记者编辑的欢迎而非恐惧,媒体人可以提高新闻生产效率,也可以将媒体人从信息采集的工作中解脱出来,得以从事更有创造力的内容生产。①

4. 主体的能动性

首先要认识到人类实践的必要性。人工智能离不开人类的劳动和思维意识的参与,对于关键决策来说还是需要人类的判断和道德伦理经验,人工智能的最后一公里也需要由人来打通,智媒实践也依然需要人类智慧。简单举例来看,一是在内容分发推荐中,机器算法分发和人工编辑判断结合起来才能兼顾算发推荐的精准性和价值性。二是深度学习建立在大量数据的标注之上,业界有"有多少人工,就有多少智能"的说法,算法分发的精准性、智能监控的灵敏度、智媒的把关审核的正确率都需要建立在人工对数据的标注之上。三是自动化新闻在人情味和情感表达等方面存在不足,都需要人类基于其想象力、共情和同理心等内在品质来进行补足和完善。

其次是要认识到智媒伦理问题终究是"人与人"之间的问题。耿晓

---

① 邓建国:《机器人新闻:原理、风险和影响》,《新闻记者》2016年第9期。

梦和喻国明指出,"立足智能媒体仍为有限自主智能体的技术现实,智能媒体伦理追问适用的伦理架构是以人为中心的一般工程伦理,其伦理风险与其他技术面临的伦理危机无本质区别,皆为人与人之间的控制与反控制危机"[1]。正如智媒实践的关系域中所提到的,人与人之间的利益纠葛和权力关系表征在智媒实践之中,智媒实践受到权力主体的影响和干扰,智媒实践中涉及单纯的智媒与人的关系,但是更大程度上谈论的还是基于智媒中介的人与人的关系。例如对于数据泄露问题,虽然也存在智媒自身的原因,不过更多还是人为因素导致的。

再者是要意识到个体的能动性的存在,不宜夸大结构性力量和智媒逻辑对个体的影响。维纳认为:"作为科学家,我们一定要知道人的本性是什么,一定要知道安排给人的种种目的是什么……我们一定得知道为什么我们要去控制人。"无论是基于"行动者网络"理论、基于"驯化—反向驯化"的视角、基于詹金斯的"积极受众"视角,还是基于"可供性"的逻辑来理解智媒实践,都要求我们关注到人类的能动性。内容生产者并非只是被动地接受算法的支配,而是充分发挥自身的能动性,积极适应算法对自身的应用,在相互协作中共同塑造了媒体生产样态。例如 Youtube 上的美妆播主们虽然不具备完备的技术知识,但是通过博主间的经验共享,形成对算法的集体感知,在此基础上调整内容生产以驾驭分发算法。[2] 例如不少用户反感传感器对个人数据的采集行为,因此会故意提供虚假或误导性的数据;也有用户尝试通过方言交流的方式来规避隐私的泄露。例如对于"数字劳动"和"劳动剥削"问题,也要关注到作为劳动者的用户的主动抵抗,基于黑格尔主奴辩证法的考虑,平台对用户劳动的剥削也意味着对用户数字劳动的依赖,在此意义上用户在很多问题上有了自己的发言权,也对平台发展运行起着举足轻重的影响。

此外尤其要注意用户的情绪情感因素的影响,例如智媒控制话题中用户的"被控制感"相当关键,可以将智媒控制简单区分为"可以察觉

---

[1] 耿晓梦、喻国明:《智能媒体伦理建构的基点与行动路线图——技术现实、伦理框架与价值调适》,《现代传播》2020年第1期。
[2] Pedersen, E., "My Videos are at the Mercy of the YouTube Algorithm": How Content Creators Craft Algorithmic Personas and Perceive the Algorithm that Dictates their Work, 2019.

和意识到的控制"和"隐蔽而不自知的控制"。在当下的语境中,用户往往会对自身反感而且感到痛苦的控制奋起反抗,呈现积极的一面;但与此同时对于某些控制不反感、没有感觉,甚至乐在其中,在这样的情况下即便意识到了控制的存在,但依然心甘情愿的接受控制。例如用户的感知会影响到对"信源类型和新闻客观性关系"的认知,"如果文章是由人类记者撰写的,那么无论文章是否客观,人们对信源和信息可信度都是稳定的;如果文章是写稿机器人撰写的,人们对客观文章的信源和信息的可信度更高;如果文章是由算法和人类合作完成的,那么,虽然人们对客观和非客观文章的信息可信度一致,但当文章不客观时,人们倾向于认为混合作者文章的信源可信度更高"。[1]

最后需要注意的是在智媒实践中也不宜过分夸大个体的能动性,进而丧失对结构性力量和智媒逻辑的警惕。面对强大的智媒体系,主观能动性的发挥并不足以完全抵消媒介技术的隐喻力量。例如用户可以使用方言来规避平台监控和隐私泄露,但是现状是科大讯飞等语音智能在方言识别上已经比较成熟,准确率也大大提高。此外,并非所有用户都拥有足够的媒介素养,也并不能够发挥自身的主动性。正如彼得斯所言,"我们如果认为普通人都能发挥能动性,并以此去批驳所谓'技术决定论',我们就不仅会低估器物(devices)的力量,而且会高估人的力量"[2]。

5. 历史辩证法视角

首先是基于历史的视角来看到当下的智媒问题。基于历史的对比,智媒带来的改变并非颠覆性改变。人工智能会挑战我们过往的既有经验,却不是颠覆性的"消灭";它会改变社会学阶层分析的经典框架,却不会产生什么新型的劫难。[3] 正如喻国明所言,"智能媒体呈现的风险与威胁没有跳出人与人之间的关系,没有超越人类已经面对过的控制与反控

---

[1] Tandoc, E. C., Jr., Yao, L. J. and Wu, S. Y., "Man vs. machine? The impact of algorithm authorship on news credibility", *Digital Journalism*, 8 (4), pp. 548 - 562, 2020, doi: 10.1080/21670811.2020.1762102.

[2] [美] 约翰·杜海姆·彼得斯:《奇云:媒介即存有》,邓建国译,复旦大学出版社2020年版,第100页。

[3] 翟振明、彭晓芸:《"强人工智能"将如何改变世界——人工智能的技术飞跃与应用伦理前瞻》,《人民论坛·学术前沿》2016年第7期。

制危机"①。智媒问题实质上关注的还是人与人之间的权力关系，而对于权力的理解历史可以给予我们诸多借鉴。

其次是需要辩证的理解智媒问题的存在。智媒实践中暴露出的问题也可以让人类重新审视自身的文化和观念。"危险之处，亦是救渡之所"，当我们意识到这些问题，尤其是智媒应用将这些问题放大到我们无法忽视的地步，这个时候反而为我们寻求问题的解决提供了新的契机。例如隐私侵犯、社会不公、偏见与歧视、公共利益侵犯等诸多问题往往在过去一直存在，但是未被重视，在既往语境下也没有可行的治理路径；但智媒时代的问题已经严重到无法忽视的地步，当然新的样态和表现也意味着新的解决方案。

再者是要以发展的视角看待智媒的问题。喻国明提到，"算法是一种过程性技术，在未来尚有矫正与提升的空间，要以发展的眼光看问题"②。举例来说写作机器人的成果虽然现在看起来缺乏个性、没有温度，但是我们也要看到机器人写作也正在突破格式化填充，处于迭代发展之中，未来未必就不会在短板处有所突破。放眼未来，或许可以在发展中借由与社会、受众的互动以解决智媒的一些问题，毕竟从历史上来看，诸多媒介在诞生之初都被指具有危害作用。即便是如今看起来对公共空间威胁较小的报纸在诞生之初也被认为分裂了家庭、割裂了社会。

（二）信息茧房反思

1. "信息茧房"的内涵

"信息茧房"（Information Co-coons）是关于算法推荐技术的综合性批判，涉及控制、遮蔽、侵权等诸多维度，对个体、群体、社会都产生着重要的影响，作为一个聚合性理论概念，往往涉及诸多内涵，不能将其进行单一理解和归类。

---

① 耿晓梦、喻国明：《智能媒体伦理建构的基点与行动路线图——技术现实、伦理框架与价值调适》，《现代传播》2020年第1期。

② 喻国明、陈艳明、普文越：《智能算法与公共性：问题的误读与解题的关键》，《中国编辑》2020年第5期。

从基本概念来看,"信息茧房"(Information Cocoons)是凯斯·桑斯坦在《信息乌托邦》一书中提出的概念,阐释了信息茧房对于民主的危险。桑斯坦指出,"在当今的网络环境中,人们可以自由地分享和获取大量的信息,但同时也使自己陷入一个'回音室'当中。因为公众自身的信息需求并非全方位的,人们习惯性地将自己包裹在由兴趣引导的信息中,从而将自身桎梏在一个'茧房'中,这样的一种现象被称为'信息茧房'"①。在诸多学者看来,信息茧房意味着用户的"作茧自缚",意味着"算法牢笼"。2017年下半,人民日报先后刊登《新闻莫被算法"绑架"》等三篇评论,认为基于社交和点击量的算法技术应为真正有价值的新闻服务,内容不能被智能算法、商业力量与人性因素等主导,同时要警惕算法主导内容分发导致信息茧房的风险。

此外还有一系列相关的概念,诸如"过滤气泡""信息回音壁"②"信息巴尔干化""过滤气泡"③ "信息孤岛"④ 等,还涉及"证实偏见"⑤"群体极化""选择性心理"等诸多理论观点。大致的逻辑串联如下:基于算法推荐技术的内容获取,造成了用户的偏颇吸收和信息窄化,引发"信息茧房"和"回音室"效应,制造"过滤气泡"。从个人层面公共参与基础和态度缺失,个体对于现实缺乏正确认知;从群体来看"社群分化""圈层化"现象明显,存在"群体极化"等社会问题。整体

---

① [美]凯斯·R.桑斯坦,毕竞悦译:《信息乌托邦——众人如何生产知识》,法律出版社2008年第7期。

② "信息回音壁"(Echo Chambers),指的是用户在自我肯定、自我重复、自我强化的循环过程内接收自己认同的观点。参见:匡文波《智能算法推荐技术的逻辑理路、伦理问题及规制方略》,《深圳大学学报》(人文社会科学版)2021年第1期。处于"信息茧房"之中的公众有如"把自己封闭在自我设计的回音室里,每个人听到的只是自己的回音,相似的内容不断出现、相同的意见不断重复,异质的观点会被过滤掉"。

③ "过滤气泡"(The Filter Bubble)是埃利·帕里泽(Pariser)2011年在其著作《过滤气泡:互联网没有告诉你的事》中提出的,其发现两个人使用谷歌检索同一词语,得到的结果页面可能完全不同;不同政治立场的人浏览同一个新闻事件,看到的新闻倾向也可能完全不同。搜索引擎可以基于用户偏好进行异质信息的过滤,为用户量身打造了过滤器,营造了个性化的信息环境,不过与此同时用户也会身处于外界隔绝的"气泡"之中,视野窄化、异质观点缺失。

④ "信息孤岛"形容的是基于算法的精准推荐,用户只能接触到自己偏好的信息,缺乏异质信息、多元信息和观点不一致信息的接受,就类似于身处缺乏与外界沟通的孤岛。

⑤ 人们通常吸收新信息以确认他们对世界的看法,这种现象被称为"证实偏见"(biased assimilation)。

上不利于个体发展、群体共识达成、社会整合和社会稳定。

相关概念有一定区别，例如张帜关于"过滤气泡"和"信息茧房"辨析称："'过滤气泡'从算法角度，强调了算法决定用户能接触到的信息，导致用户的视野受到限制；'信息茧房'从用户的角度，证明拉扎斯菲尔德提出的'选择性接触'在大数据时代依旧存在。"① 按照丁汉青的观点，"信息茧房"更偏向个体接受同质化信息带来的认知影响，而"回音室"则偏向于个体在观点方面的认同，指人们在网络辩论中有选择地避免对立的争论，只听到自己认同的观点。②

具体来看"信息茧房"理论有以下内涵：一是信息茧房意味着拟态环境的构建原则和样态发生了改变，以媒体为主，侧重社会利益和共性需求导以个人兴趣爱好为主，注重个人需求。媒体建构的拟态环境是人们认知世界的重要工具，它已经不可避免地与真实世界有所偏离，如果信息的分发与推送只依据兴趣偏好原则，会更加限制用户对真实世界的认知，将用户束缚在算法构建的信息茧房中。

二是对于主体而言带来的信息窄化、同质化，造成偏颇乃至失实的现实感知。正是基于算法推荐的逻辑，加剧了用户对于信息的偏颇吸收。方师师指出，"随着用户画像的不断完善，算法使其对内容的接收和匹配程度越来越高，用户被裹挟在基于自身属性、兴趣、社交关系的'过滤泡'中，对于外部客观世界越发不敏感"③。

三是基于个人兴趣爱好的内容分发容易造成观念的"回音壁"，在自我重复、自我肯定、自我强化的过程中，尤其是"证实偏见"的存在，用户吸收的新信息往往进一步确证了既有事实和观点的存在，由此加剧了既有的认知偏见和观念偏颇，造成用户的观念固化和价值迷失。桑斯坦在《网络共和国》中提出了信息个人化的可能性，人们可以建立自己的文件夹，里面包含他们接受的信息，排除他们反对的信息，由此

---

① 张帜：《智媒时代对新闻生产中算法新闻伦理的思考》，《海南大学学报》（人文社会科学版）2019年第2期。
② 丁汉青、武沛颖：《"信息茧房"学术场域偏倚的合理性考察》，《新闻与传播研究》2020年第7期。
③ 方师师：《算法如何重塑新闻业：现状、问题与规制》，《新闻与写作》2018年第9期。

带来信息极化。在群体层面由于算法分发建构了"千人千面"的信息环境,丧失了传统媒体纠偏作用,价值观在没有统一导向的情况下被反复强化,形成封闭的、单一化的传播生态,对异质性、多元化信息的接受程度越来越低,人与人无法进行理性、开放的讨论,从而加剧群体分化、群体极化、撕裂社会共识,社会整合愈加困难,最终有损于公共利益和社会利益,不利于社会稳定。

四是"基于个人兴趣爱好进行内容推荐"背后有着控制目的和利益诉求。智媒向我们展示了它认为我们想看到的世界,但不一定是我们需要看到的世界。算法分发机制和原则的设定并非是价值无涉的,而是掺杂着算法开发者、所有者和运营者的意志,算法机制必然是以这些主体的利益最大化为优先原则,典型的表现就是商业利益和流量原则。从更为根本的层次来看,"信息茧房"不只是用户的信息偏好和选择性心理造成的,而是在注意力稀缺背景,资本和平台争夺注意力,致力于利益获取的过程中形成的。[①] 毕竟推送与用户"兴趣相关"内容更容易得到用户点击和观看,符合流量经济和眼球经济的内在逻辑,符合资本和平台利益诉求的。

五是"信息茧房"还意味着权力主体基于拟态环境建构的控制新形态。一方面,作为普通公民,"想知道的信息"不等同于"需要知道的信息",而算法推荐在聚焦分发兴趣相关内容的同时也自然而然忽略了其他重要信息的推送,在这种情形下用户并不会感觉到这是一种把关和控制,由此加剧了用户的遮蔽状态,也削弱了用户的批判反思。"信息茧房"意味着控制转向"隐蔽而柔性"的方式,看似"把关筛选"的缺位,实际上则是选择了诉诸娱乐和退向深层。另一方面信息茧房意味着通过有偏向的算法可以影响个体认知,将精心筛选的信息集中的推送给用户,很容易达成对个体的规训和操纵。

2. "信息茧房"反思

信息茧房的反思本身作为重要的智媒反思议题;关于信息茧房的反思集中体现了反思的基本原则。在媒体讨论和文献研究中往往将信息茧

[①] 杨保军、杜辉:《智能新闻:伦理风险·伦理主体·伦理原则》,《西北师大学报》(社会科学版)2019年第1期。

房视为确然的事实，这其实是对算法及智媒实践的偏见。具体来说存在未以发展的眼光看待算法、夸大了算法的影响、忽视了主体的能动性、未能结合具体语境进行思考，未能回到问题本身理解等问题。

一是基于实践原则来看。首先缺乏实证研究证明信息茧房的存在，只有少量研究非正面地呈现了一些信息茧房的现象。来自阿姆斯特丹大学 6 位法学和信息科学的学者通过一系列的经验研究来验证信息茧房的存在，不过结论是：目前几乎没有经验证据可以证明算法会带来过滤泡沫或回音室效应。[1] 在许多学者看来，"信息茧房"是一个似是而非的概念，更多的就是一种担忧、不准确的预言。

其次造成"信息茧房"的实验室条件式的纯粹信息环境很难存在，人们总是在更多元的、复杂的信息环境中。[2] 一项基于英国的研究发现，英国只有大约 1/4 的人拥有 Twitter 账号，基本的用户画像可以总结为：比较年轻、比较有钱、比较有文化。中国用户中也往往同时使用微博、微博、抖音等媒体，其中的内容往往也有较大差异，并不存在完全同质的信息环境。

二是需要考虑到时代需求和客观需求，算法推荐有其存在的价值和必要性。算法是智媒时代的必然产物，是降低信息处理成本、应对信息过载的必然选择，应该承认算法推荐在信息适配方面的价值；此外算法推荐也是尊重与满足个体的信息权利的一种新手段。喻国明评价称，"与其说我们担心'信息茧房'对个人造成的封闭，毋宁说今天的受众，更需要与自己兴趣和需求相匹配的新闻信息，而主动过滤掉与己无关、占据精力和时间的无效信息，从而大大提高获取信息的效率"[3]。

三是理解"信息茧房"的情景问题。首先存在对于"信息茧房"概念的过度引申。桑斯坦提出的"信息茧房"，是基于对美国两党政治的语境下对于政治信息极化的一种担忧，如今却被扩大到所有方面。那么

---

[1] 陈昌凤、仇筠茜：《"信息茧房"在西方：似是而非的概念与算法的"破茧"求解》，《新闻大学》2020 年第 1 期。

[2] 陈昌凤、仇筠茜：《"信息茧房"在西方：似是而非的概念与算法的"破茧"求解》，《新闻大学》2020 年第 1 期。

[3] 喻国明、陈艳明、普文越：《智能算法与公共性：问题的误读与解题的关键》，《中国编辑》2020 年第 5 期。

将用于政治领域的概念迁移到其他领域是否合适？换句话说，即便是信息茧房存在，那也是美国式的情况或者存在于美国政治领域的情况，在其他国家和地区并未得到确实的验证。例如卡德纳尔（Cardenal）等选择西班牙来测试此观点，确定并没有发现党派回音室的证据，他们的研究样本反而显示了跨党派的媒体信息消费的特征。[①]

其次是需要细分应用情景来理解算法推荐。在特定情景下的信息聚合带来的未必就是坏的结果，对于深度复杂，内涵丰富的领域，算法的精准推荐更可能会带来知识的多元化和深入了解。陈昌凤等评价称，"同质化信息的强化并不一定会阻碍信息接收者的公共参与，相反另有研究证明，强化性信息丰富了信息接收者的政治认知和参与度"[②]。

例如有研究发现对强化性意见的渴望在塑造个人接触网络政治信息方面发挥更重要的作用，强化性意见的信息可以促进对新闻报道的关注，但挑战性意见的信息也只略微降低了关注。没有证据表明个体会放弃与其意见相左的新闻报道。也就是说并不能证明回音室的负面性，相反他们列举了更多文献来证明强化性信息丰富了大家的政治认知和参与度。[③]

四是回到问题本身。首先需要认识到"信息茧房"问题的复杂性，很多因素也在影响作用效果的达成，而且一些还起到了反作用；并非只要是算法推荐就会产生信息茧房。例如信息茧房效应产生需要满足信息来源单一、信息冗余、缺乏监管和调试等条件。

其次是警惕对信息茧房影响的夸大，杜布瓦和布兰克（Dubois & Blank）通过实证研究指出公众对政治的更大兴趣和媒体的多样性，都降低了他们困在回音室中的可能性。[④] Haim 也提到人们对网络新闻背景下

[①] 陈昌凤、仇筠茜：《"信息茧房"在西方：似是而非的概念与算法的"破茧"求解》，《新闻大学》2020 年第 1 期。

[②] 陈昌凤、仇筠茜：《"信息茧房"在西方：似是而非的概念与算法的"破茧"求解》，《新闻大学》2020 年第 1 期。

[③] 陈昌凤、仇筠茜：《"信息茧房"在西方：似是而非的概念与算法的"破茧"求解》，《新闻大学》2020 年第 1 期。

[④] 陈昌凤、仇筠茜：《"信息茧房"在西方：似是而非的概念与算法的"破茧"求解》，《新闻大学》2020 年第 1 期。

算法会导致"过滤气泡"的担忧可能被夸大了。①

再者是信息茧房的前提环境并不存在。至少现在人们还不可能生活在一个绝对的信息茧房中,因为人们很难完全避免观点不一致的内容。造成"信息茧房"的实验室条件式的纯粹信息环境很难存在,人们总是在更多元的、复杂的信息环境中。用户会使用更多的APP、更多的信息聚合平台、更多的社交媒体,这样用户就不大可能在一个能形成"信息茧房"的简单线性的信息环境中。

五是需要意识到人的因素和作用。首先是人类的情绪和情感因素的作用,信息茧房被视为用户"选择性心理"的反映和结果。② 其次人类的情感会影响信息茧房的阐释,沃勒比克等人认为持有愤怒、焦虑、恐惧等情绪的个体会倾向于与志同道合的人互动,更愿意接触观点一致的内容,在此意义上沃勒比克认为愤怒等情绪会强化了信息回音室效应。③ 此外用户的年龄、兴趣偏好和媒介素养都会影响到信息茧房的存在,例如本科群体最担心信息茧房风险。

再者是不能忽略用户的能动性,信息茧房和回音壁效应并不像人们预想得那样严重,个人选择依旧发挥着重要作用。陈昌凤和仇筠茜评价称,"'信息茧房'概念简单化地把互联网时代的用户当作算法制作的一个'茧'时,似乎对于自主的受众充满了悲观。'信息茧房'效应是一个无理性、非自主公民的写照,也是对Web2.0技术制造的'参与文化'的否定"。大多数人在社交媒体上浏览新闻的方式是基于"普遍的怀疑主义",用户经常无法准确理解他们收到的信息是如何被过滤的,但也不会不加批判地接受它。④

---

① Haim, M., Graefe, A. Brosius, H. B., "Burst of the filter bubble? Effects of personalization on the diversity of Google News", *Digital Journalism*, 6 (3), pp. 330 – 343, 2018, doi: 10.1080/21670811.2017.1338145.

② 彭兰:《假象、算法囚徒与权利让渡:数据与算法时代的新风险》,《西北师大学报》(社会科学版) 2018年第5期。

③ Wollebæk, D., Karlsen, R., Steen-Johnsen, K., and Enjolras, B., "Anger, Fear, and Echo Chambers: The Emotional Basis for Online Behavior", *Social Media + Society*, Vol.5, No.2, 2019, pp.1 – 14.

④ 陈昌凤、仇筠茜:《"信息茧房"在西方:似是而非的概念与算法的"破茧"求解》,《新闻大学》2020年第1期。

六是重新理解智媒的作用。首先是考虑到 Web2.0 技术的本质，"信息茧房"很难形成，反而更可能为人们提供多元观点，引发人们对于差异观点的讨论。Web2.0 让所有的用户有了个人化、互动化、分享化的机会，信息聚合平台可以集众人所能生产、分发、审核、修订信息。① 其次是算法可以针对问题进行调整和应对，信息茧房之门也可以被打开，过滤气泡可以用智媒戳破，信息孤岛也可以重新用智媒连接起来。如果运用得当，算法也可能成为刺破过滤气泡的工具，算法推荐也可以帮助用户扩展认知、吸收多元观点。例如算法可以主动为用户提供相对"刺耳"的内容，辅助用户对真实世界的了解，英国《卫报》的"刺破你的泡泡"、《华尔街日报》的"红推送，蓝推送"都是典型案例；例如《纽约时报》的协作主题建模推荐，使用户可以在其偏好的领域（信息类别中）更全面地了解到相关信息，只要其数据库有足够全面的政治信息，那就可以包含左、中、右所有倾向性的内容。② 例如各大平台逐渐加强了对"泛知识类"内容的推荐，2020 年 2 月，B 站推出了"知识分享官招募令"活动，为知识类内容创作者提供超百万奖金及上亿流量扶持；抖音联合西瓜视频对外推出"知识创作人"激励计划，计划投入百亿流量打造一百位优质知识创作者。

七是信息茧房问题并非智媒时代的独特问题。基于选择性心理和信息接受模式，信息茧房在既往的媒体实践中普遍存在，相关的担忧也从未消失过。信息的偏好，在人类接受知识和信息的漫长历史中一直是存在的，只是现在，算法等新技术确实也有助于人们获取更丰富的个体偏好的信息。经典的"把关人"研究证实，即使在传统媒体的人工编辑时代，信息也一定程度上会因把关人既有的政治倾向而窄化。

（三）智媒神话反思

1. "智媒神话"的表现

从理论内涵来看，智媒神话继承了"技术神话"。历史上基于媒介

---

① 陈昌凤、仇筠茜：《"信息茧房"在西方：似是而非的概念与算法的"破茧"求解》，《新闻大学》2020 年第 1 期。

② 陈昌凤、仇筠茜：《"信息茧房"在西方：似是而非的概念与算法的"破茧"求解》，《新闻大学》2020 年第 1 期。

技术的特性和新颖的功能，不少人对他者保有美好想象，将媒介技术视为触达乌托邦的途径，为人类带来了福音和希望。这种观念被称为"技术迷思""技术神话""技术至上"。伴随着新兴媒介的出现逐渐延伸出互联网神话、算法迷思、算法至上等概念。

在此基础上，智媒神话的产生受到了"计算思维""数据思维""算法思维"等思维模型的理论加持。计算思维是"通过约简、嵌入、转化和仿真等方法，把一个困难的问题阐释为如何求解它的思维方法"[①]。数据思维寻求即用数据来描述、解释客观或主观对象、关系以及过程等。算法思维则建有数据思维和计算思维的特点。无论是计算思维、数据思维还是算法思维本身都是理解世界的思维模型，而且在既往的社会实践中，这些思维模型带来了巨大生产力的提升，在一定程度上加速了人类文明的发展。所以一些支持者希望将其扩展到其他社会生活领域，当然这些领域中也包括媒体领域，例如将用户的行为及兴趣爱好进行数据化，基于量化数据来理解用户的媒体使用。

智媒神话在总体层面表现为福祉神话，科技公司宣称科技向善，认为智媒可以促进自由表达与民主参与、为用户赋权、带来良好的媒体业态、增进人类福祉、让世界变得更美好，等等。库兹韦尔（Ray Kurzweil）在《奇点临近》中描绘了一幅"乌托邦场景"，认为伴随着技术的发展，人工智能将超越人类，并对这种超越充满乐观，认为这将为人类带来永生。例如算法往往被贴上"中立的""客观的""权威的""万能的"等标签；例如人们寄希望于技术赋权、秩序重塑和权力解构；智媒神话具体表现为真实性神话、客观性神话等。智媒确实有助推"新闻真实性"的一面，不过一旦智媒应用宣称自身可以触达真理、还原真实的时候，就需要引起我们的警惕，因为智媒实践还有造成内容失实、深度伪造事实、助推不实消息扩散等问题，这些问题在上文都有具体说明，在此不做赘述，稍后将对"客观性"神话进行专门讨论。

2."智媒神话"的祛魅

首先是智媒并未带来预期的效果，可以归为"福祉神话"批判，智

[①] 陈国良、董荣胜：《计算思维与大学计算机基础教育》，《中国大学教学》2011年第1期。

媒未必一定会带领人类走向康庄大道,"智媒神话"是全新样态的"技术神话"和"乌托邦幻想"。

例如智媒应用≠良好业态,也未必能够带来新闻生产力的提升;而且新闻生产力的提升本就不意味着就是良好的生态,好的传媒业态需要建立在专业内容、价值理念、管理体制等基础知识,仅仅是新颖酷炫的智媒应用未必能够满足这些条件。彭兰认为,"生产能力的增强要与市场需求增长的方向相匹配,才能提高内容生产者的市场影响力和生存能力,才是真正有意义的生产力提升,否则就可能是南辕北辙"①。而且从当下智媒实践来看,不少智媒引入和建设往往是"噱头"和"政绩工程",并非是为了回应用户需求和解决问题的理性选择。

例如罗伯特·麦克切斯尼在其《数字封杀》中指出:"互联网已经无法成为一种承载知识、教育和参与式民主的光明力量了,互联网正在成为高度商业化、分散注意力、超想象地侵害人们隐私的阴暗力量。"②当算法把关取代了媒体人的把关角色,并未带来预期的民主状况,反而使得信息传播处于无序竞争的状态;本来以为智媒会带来民主与开放,但是伴随着智媒实践却出现了"公共领域的再封建化"的问题。

例如算法在一定程度确实给普通用户提供了需要的信息服务、提高信息生产效率、缓解信息过载难题。但是距离其声称的"个性化""精准化"以及"摆脱信息过载"等目标还有很长的路要走。

其次是对"解决方案主义"的反思。叶夫根尼·莫罗佐夫在《技术至死:数字化生存的阴暗面》一书中对解决方案主义进行了批判,"解决方案主义"意指"痴迷于为极端复杂、易变和有争议的问题提出花哨、宏大而又目光狭隘的解决方案"③。在莫罗佐夫看来"解决方案主义"是围绕工具的可能性而非问题本身来思考问题,例如认为区块链的出现就能解决版权问题、数据分析就能根治假新闻、算法推荐就能应对

---

① 彭兰:《增强与克制:智媒时代的新生产力》,《湖南师范大学社会科学学报》2019年第4期。
② Robert W. McChesney, *Digital Disconnect: How Capitalism is Turning the Internet Against Democracy*, The New Press. New York, 2013, p.46。
③ [白俄]叶夫根尼·莫洛佐夫:《技术至死—数字化生存的阴暗面》,张行舟、阎佳译,东西文库2013年版,第17页。

信息处理困境、全息投影能够增进人类间的情感交流，等等。莫罗佐夫一直在强调的是，当智媒应用宣传自己具备何种功能，可以达成何种效果的时候，一定要意识到问题本身的复杂性和矛盾性，也要意识到智媒的局限性。人类应该回到问题本身，关注问题的根源和本质是什么，警惕技术至上观念，不是媒介技术所宣扬的"可以解决什么"就一定可以解决。例如算法分发再精准，如果没有优质多元内容的保障并不能带来用户体验感的增强。问题的关键是内容，而非算法有多高级。喻国明关于算法价值观介入的反思挺有意思，其认为算法的价值嵌入存在一个并不妥当的前提预设，即人类的价值观和伦理可以解决现实问题。但是问题在于正是因为人类依靠自身的价值观和伦理无法完全解决现实世界的问题，才希冀算法能够有所突破，因此，喻国明认为为算法植入价值观的观点看似合理，实则是"反求诸己"的问题循环。①

不少人将互联网视为解决一切问题的灵丹妙药，而恰恰忽视了对问题本身的观照。彼得斯在《奇云》一书中也提及了类似观点，"无论各种新工具在多大程度上带来社会和政治上的新可能，人类社会中关键的伦理和政治问题都会一直存在。新发明并没有使我们能免受旧问题的困扰"②。对于"智媒发展就一定能解决某些问题"的想法只能是乌托邦神话。

智媒发展在社会公平、人类健康、代际关系、人民幸福感等方面所带来的影响并没有想象中的那么高，智媒也并未在实质意义上消除社会不平等。智媒所提供的解决路径未必能触达问题的核心。比如智媒对用户隐私的侵犯、算法偏见和歧视等问题，都需要回到现实语境、回到历史语境、回到人文语境、回到问题本身来理解，而不仅仅是轻信和迷信智媒所鼓吹的可能性。

例如当下应对算法偏见往往倾向于从"技术路径"出发，也就是说基于信息输入—分析—输出的基本流程来理解，研究者普遍认为算法偏

---

① 喻国明、陈艳明、普文越：《智能算法与公共性：问题的误读与解题的关键》，《中国编辑》2020年第5期。
② ［美］约翰·杜海姆·彼得斯：《奇云：媒介即存有》，邓建国译，复旦大学出版社2020年版，第59页。

见可以通过信息生产调整来解决，但事实上忽视了更为关键的因素，对于智媒偏见有必要回到现实生活和既有偏见之中，如此才能寻求根本性解决。

再者是要意识到智媒应用的双面效果，"福祉神话"忽略了智媒带来的"负外部性"。关于媒介技术的双重影响一直都有所讨论，例如"技术是刀子的翻版"、媒介技术的使用对于人来说是一场"浮士德式的交易"，福祸往往相伴而来、马克思的"异化"概念、海德格尔的"技术座驾"、技术的反向驯化等理论概念。简单举一些例子来看：

例如连接带来了高效和便捷的联系，但是也带来了"连接的重负"，连接带来的未必就一定都是益处。例如智媒同样可以为利益主体作为侵权和剥削的工具。例如数据库和新闻平台既可以便利信息的读取和传播，但也更容易成为不法分子所觊觎的内容，更容易成为信息泄露的源头，而且使得犯罪成本大大降低，而危害程度却大大增加。例如以区块链为代表的智媒应用反而为信息加密、隐藏身份、规避过滤等不当行为提供了凭借。例如智媒实践在治理偏见歧视的同时，也可能被用于偏见和歧视。例如人工智能技术一方面被用于打击假新闻，但是在另一群人手中却可能成为深度伪造的工具。

再者是智媒实践诱发了诸多的风险；智媒实践会带来的潜藏的风险、全新的问题和道德后果。例如智媒实践进一步加剧了数字鸿沟的存在；例如算法直接引发了信息偏颇吸收、买热搜、恶意删帖等伦理问题。由于媒体人过于相信算法，常常会导致对新闻事实的判断出现失误，例如"嗡嗡喂"（Buzzfeed）网站的数据新闻《空中间谍》（Spies in the Skies）用算法分析飞机数据、揭秘美国空军的秘密活动，但算法会把一些跳伞运动错误识别为间谍机。[1]

回到智媒实践的现实，可以清晰地看到智媒在为生产生活带来便利的同时，也带来了许多争议和问题，诸如复杂的社会关系、新形式的隐私侵犯和权力控制。凯瑟·奥尼尔（Cathy O'Neil）认为算法与大数据带来了社会不公，并将其称之为"数学大规模杀伤性武器（WMDs）"，

---

[1] Nahser, Three examples of machine learning in the newsroom, https://medium.com/global-editors-network/three-examples-of-machine-learning-in-the-newsroom-1b47d1f7515a.

"在宣扬效率和公平的同时，不断扭曲高等教育、推高债务、鼓励大众监禁、在各个环节剥夺穷人、破坏民主等"。① 例如算法分发也会带来虚假新闻传播；算法把关也会使有价值的新闻被压制。

最后是"智媒神话"的理念自身的问题，智媒神话的认知的存在本身就是危害巨大的。上文提到过"计算思维""数据思维""算法思维""量化思维"等作为理解世界的思维模型无所谓对错。问题在于一方面理解世界的思维模式不只是一种，思维模式各有利弊，没有必要强行要用一种思维模式来认知理解世界，这样往往会遮蔽对现象的认识。正如史蒂芬·约翰逊（Steven Johnson）在《完美未来》中所写："它并非'问题'的解决方案，而是问题的思考方式。"另一方面相关观念忽略了现实世界和人类精神世界的复杂多样性，并未从问题和现象出发，而是从工具出发，认为"一切皆可量化""一切皆可数据化"；缺乏对思维模型的适用性和局限性的客观认识，对于问题解决来说高级的未必是最好的，适合才是关键。伦理道德问题真的可以量化吗？现实世界真的能够做到"数据孪生"吗？"优质内容"真的适合用量化指标来表示吗？我们不能因为手里有把锤子就看什么都像是钉子，尤其是不能武断地认为只有这种思维工具才是绝对正确和无害的。

也就是说我们应该反对的是"物理主义""计算主义""量化主义""算法至上""数据至上""量化至上""唯数据主义""数据崇拜"等思维观念和倾向。例如黄欣荣在批判"唯数据主义"中写道，"万事皆须用数据说话，除了数据似乎再也不可能认识、衡量和判断事物的真假、对错或优劣，也没法对事物做出决策，即数据是判断事物的唯一标准"②。例如张帜在批判"数据崇拜"中写道："目前大数据已然成为眼下世界的宠儿，对于数据的崇拜已经无以复加，大数据成了衡量是非曲直的标准，仿佛世界上所有事物都可以用量化去解释，但是对于社会和

---

① Cathy O'Neil, "Weapons of Math Destruction: How Big Data Increases Inequality and Threatens Democracy", *Crowns Publishers*, 2016, p.175.
② 黄欣荣：《大数据技术的伦理反思》，《新疆师范大学学报》（哲学社会科学版）2015年第3期。

人性的复杂多变却视而不见。"①

我们反对的并非"计算思维""数据思维""算法思维"本身,在特定的情景下我们需要这类思维工具,也应该积极提倡,总之一定要回到问题本身,选择适合的处理方式。正如在历史上,以霍克海默、阿多诺为首的法兰克福学派,进行"启蒙辩证法"批判,批判"理性至上";以芒福德、艾吕尔、波兹曼等学者为首,进行"技术至上""技术垄断""技术拜物教"批判。在这些批判传统中也不是不要理性、不要技术,而是呼吁人们警惕"唯XXX至上"的观念,一旦持有"唯XXX至上"的观念往往就会带来新的危机、新的问题、新的遮蔽。

总结而言,"智媒神话"的相关理念有以下几个问题:一是影响对智媒及相关媒介技术的探索认知,智媒神话模糊了人们的视线,使人们无法看清智媒的本质和潜藏的可能性。二是间接导致遮蔽与偏见等问题。首先相关观念漠视了世界的丰富性、事物的多面性和思维情感的复杂性,导致了对于主体、现实和事物的遮蔽。其次会导致平台和相关应用作为披上科技外衣的中介,既具有科技所带有的客观、中立、精确的光环,又是去人格化、去实体化的,很容易规避人们对伦理和责任的追问。②再者是世界上没有完美的算法和应用,一味地崇拜算法和智媒将导致人类对既有风险和问题的忽视。正如莫罗佐夫所评价的那样,"人们为不太重要的问题的改进欢呼雀跃,而对更重要问题的严重恶化却完全忽视"③。

三是导致"数据独裁"和主体控制。相关观念将数据和计算神话、崇拜,视为信仰,当作唯一的判断标准,这种观念将导致人们对数据和相关思维模式的一来,从长期视角来看可以将其理解为新的独裁形式

---

① 张帜:《智媒时代对新闻生产中算法新闻伦理的思考》,《海南大学学报》(人文社会科学版)2019年第2期。
② 喻国明、陈艳明、普文越:《智能算法与公共性:问题的误读与解题的关键》,《中国编辑》2020年第5期。
③ [白俄]叶夫根尼·莫洛佐夫:《技术至死——数字化生存的阴暗面》,张行舟、闰佳译,东西文库2013年版,第17页。

"数据独裁"。①

四是一味地重视和强调工具理性和数理逻辑,造成人文关怀和价值伦理的缺失,造成媒体生态的恶化,娱乐化和"三俗"内容充斥其间,挤压了公共内容和深度内容的存在空间。

五是带来主体性的丧失,失去批判意识。正如赫拉利所言,"'数据主义'将终结人类的自由意志"②。盲目的相信智媒会带来福祉和益处,忽视了潜藏的风险和危机。即便深受其害,依然安慰自己说"这是发展和走向幸福的代价"。

3. "客观性"神话批判

人们往往人为用数据说话更能体现客观中立性,避免人类偏见对于事实认知的影响;基于算法的决策也被视为是客观科学的;大数据分析往往标榜自身的客观公正,否认自身的存在意识形态性。

(1) "客观性"表象

"智媒客观真实的认知"的形成逻辑也倒是自洽:一是智媒实践是基于数据信息进行的,而在当下的智媒实践中,数据主要来自于政府和科研机构,这些信源具备权威性和客观真实属性,因而基于既往认知逻辑,智媒的内容和结论的客观性、真实性毋庸置疑。二是基于传感器、监控设备的数据采集过程脱离了人的参与,也给人以客观真实的感觉。三是数据处理和数据分析程序依托大数据与计算机程序运行,其流程都是固定的,输入的数据和输出的结果之间是确定的,而且也没有人为的干预,依靠算法来进行数据的处理,因此被视为"客观中立"的信息中介。也正是在此意义上,布鲁诺·拉图尔将智媒运作的"黑箱"状态视为客观性的体现,"只要人们认为所有'黑箱'密封完好,它们就像科学家一样摆脱了虚构、表示、象征、近似与管理构成的世界,就是绝对正确的"。四是从数据的解读和呈现样态来看,"用数据说话"相比于"主观的文字阐释和案例解读"感觉更为客观和无偏见。

基于以上原因算法以"技术中立"的姿态昭示着新闻客观性的"回

---

① 黄欣荣:《大数据技术的伦理反思》,《新疆师范大学学报》(哲学社会科学版) 2015 年第 3 期。

② [以] 尤瓦尔·赫拉利:《人类简史》,林俊宏译,中信出版社 2014 年版。

归"与"在场"①,但事实上,人类所面对的是"算法客观性"(algorithmic objectivity)的假象。在对"客观性"神话祛魅之前,首先要对"客观性"神话的一些表现样态进行简要的说明,包括"数据原教旨主义""智媒中立""智媒价值无涉",等等。其内在的逻辑与上述逻辑类似,只是适应的领域和阐释的角度存在一定差异。一是"数据原教旨主义"(Data Fundamentalism),在数据原教旨主义看来,基于海量数据集和预测分析技术能够反映客观事实。②基于大数据运作的智媒并不会因为其中的数据缺陷和误差而影响到结论的正确性,反而会因为其大样本优势而规避掉误差对结果带来的影响,此外也可以帮助我们避免因为人为偏好而导致误差。③二是由"技术中立"延伸而来的"智媒中立""价值无涉"。"技术中立"的思想一直很有市场,认为技术只是人类创造的一种工具,其自身并无所谓好坏、善恶,其价值完全由使用者决定。这种观念在智媒时代的表现就是认为"算法没有价值、算法也不负载价值"。例如今日头条创始人张一鸣面对《财经》杂志的采访时表示,今日头条是企业不是媒体,媒体需要有价值观,头条只关注提高分发效率,满足用户需求。今日头条称其"没有采编人员,不生产内容,没有立场和价值观,运转核心是一套由代码搭建而成的算法"。④

(2)"客观性"神话祛魅

"客观性"神话的几个前提都存在问题:一是数据可能存在不完整、不充分、代表性不足、数据错误等问题,数据本身的问题会干扰到算法的客观性,带来结论的偏差和偏见。林曦和郭苏建指出,"大数据中的算法,只有在数据来源本身优良、高质量的情况下,才能真正发挥出上述的优势,如果数据本身是有缺陷的,或者不够完美,那么,技术乐观

---

① 郭小平、秦艺轩评价称:算法以"技术中立"的姿态昭示着新闻客观性的"回归"与"在场"。

② K. Crawford, "The Hidden Biases in Big Data", *Harvard Business Review*, 2013, http://blogs.hbr.org/cs/2013/04/the_hidden_biases_in_big_data.html.

③ 林曦、郭苏建:《算法不正义与大数据伦理》,《社会科学》2020年第8期。

④ 王茜:《打开算法分发的"黑箱"——基于今日头条新闻推送的量化研究》,《新闻记者》2017年第9期。

派的那种理想主义假设就无法落到实处"①。

二是算法设计本身存在问题,包括样本选取的代表性、聚类分析的方式方法等。例如算法设计中对"情绪类内容"的偏重,因为往往情绪类内容更能引来人们的关注、讨论和分享,当然也意味着流量和经济利益,在此意义上往往侧重于对事件"情绪性"一面的报道和强调,有违客观性的理念。基于目前的算法发展情况来看,很难完全规避来自人类社会的既有偏见,尤其是当有心人士故意进行偏见嵌入的时候,算法及智媒系统也无法进行有效的限制和规避。

三是量化并不等同于客观。"量化"并非只是"数据化",量化本身有着严格而细致的规范,如果违背了其中的规定,不仅会干扰"量化"的客观性,更会带来失实、偏见和误导。例如采用带有偏见的模型、输入了错漏的数据。例如并非所有现象和问题都可以被"量化"处理,"量化"反映的也只是真实世界的冰山一角,对于精神世界、伦理问题的量化和分析在当下尚存不足。

四是智媒是负载着价值的,考虑到既有歧视偏见的大量存在,智媒实践中往往继承了社会的偏见,而且智媒运作往往会进一步放大了偏见,算法开发设计者的偏见会伴随数据的积累和算法的运作而放大。客观性神话祛魅的首要前提是认知到智媒的价值负载,智媒依然是一种"人造物",自诞生开始就必然夹带着开发设计者的意志,不可避免地会带上人为的痕迹。以算法为例,相关学者将算法的客观性称之为"机械中立性"②或"计算客观性"③,算法究其根本是由一系列的代码与公式组成用以解决具体问题的指令,在此意义上,算法并不能规避权力的介入和干扰,无论是商业资本、政府条例还是社会文化都会对其产生影响。

例如数据化和智媒应用受到既有社会文化因素的干扰,地区之间、群体之间的数据化程度和智媒化程度存在较大的差异。例如基于经济利

---

① 林曦、郭苏建:《算法不正义与大数据伦理》,《社会科学》2020 年第 8 期。
② Gillespie, T., The relevance of algorithms, In P. Boczkowski & K. Foot (Eds.), *Media technologies*: *Essays on Communication, Materiality, and Society*, pp. 167 – 193, Cambridge, MA: MIT Press, 2014.
③ Beer, D., "The social power of algorithms", *Information. Communication & Society*, Vol. 20, No. 1, 2017, pp. 1 – 13.

益的价格歧视,在网约车服务、知识付费、新闻付费领域都存在价格歧视和大数据杀熟的行为。例如基于政治利益的驱动的政见压制,2016年,一篇《前 Facebook 员工:我们常规性的压制保守派新闻》报道中提到脸书工作人员可以获取 Facebook 算法浮现的结果,继而决定议题的次序和分级列表,在实际操作中压制美国右翼保守派的新闻报道。①

五是基于预测的现实干预。一方面,数据分析的目标是追求客观地描述事物,另一方面,数据分析也可能会成为对客观事物或客观进程的干预力量。彭兰提到,"问题在于客观性与现实干预之间并没有清晰的边界,在此意义上算法自身也冲击着'算法客观性'的神话"②。

六是智媒对于解决偏见问题也是无力,甚至起相反作用的。江怀君和汝绪华在研究中提到,"基于减少偏见而应用的算法反而加剧了种族歧视"。PredPol 是一种旨在预测犯罪发生时间和地点的算法,目的是帮助减少警察的人为偏见。但在 2016 年,当人权数据分析小组将 PredPol 算法模拟应用于加利福尼亚州奥克兰的毒品犯罪时,它反复派遣警务人员到少数族裔占高比例的地区,无论这些地区的真实犯罪率如何。③

总结而言,算法是"伪中立""非客观"的。算法看似客观中立却隐含偏见和歧视,"算法客观性"只是人们对数据和技术的乌托邦想象。

接下来结合案例对智媒实践的"伪客观性"的进行描述和批判:一是搜索引擎的"自动完成"(Auto complete)功能。谷歌"自动完成"类服务即输入关键词可以自动补充出相关的关键词,这些关键词的补充是基于用户过去热门搜索的补充。谷歌声称"自动完成"的结果只不过反映了其他人搜索过什么内容,本着"算法中立"的概念认为其只是为获知真相提供了一种无中介的客观途径。但是实践中出现了以下一些案

---

① 徐靖德:《人工智能的未来冲击和相关反思》,《传媒观察》2017 年第 5 期。
② 彭兰:《假象、算法囚徒与权利让渡:数据与算法时代的新风险》,《西北师大学报》(社会科学版)2018 年第 5 期。
③ 汪怀君、汝绪华:《人工智能算法歧视及其治理》,《科学技术哲学研究》2020 年第 2 期。

例：德国前第一夫人贝蒂娜·沃尔夫起诉谷歌"自动完成"搜索结果把她的名字和"妓女""伴游女郎"放在一起；日本一个案例控告谷歌将自己和未犯过的罪行联系在一起。智能搜索引擎并非只是对现实的客观反映，而是对现实环境的塑造、建构，甚至是歪曲。所谓的"算法中立"只是相关主体为了免除责任的一套说辞，根源上还是由于谷歌等主体并不认同自身的媒体属性，缺乏公共责任担当。智媒主体应该基于责任进行积极应对，而非搬弄"中立"说辞进行责任的逃避。

二是对"过滤器不再过滤信息"的批判。人们往往宣称，算法不再过滤掉信息，它们向前过滤，把结果推向前台，未通过过滤器的信息，在后台依然可见，并可以获取。一方面算法并非不再过滤信息，而是转变了"过滤"的形态，新的过滤器不是通过减少信息和隐藏未通过过滤器的信息来进行过滤，而是通过增加信息，向用户展现整个深海的方式来进行，面对海量信息的存在，如果没有算法的居中协调，即便是溺亡也无法找寻到有价值的信息。过滤依然存在，只不过是以"凸显"的方式存在。这一过程中并非是客观中立的，而是有着权力的介入和利益的偏见。但是其蒙上了"开放连接"和"去中心"的神话面纱。另一方面智媒时代也产生了新的过滤器，以更强的方式过滤信息，不仅拒绝显示"整个深海"，而且以截然不同的方式隐藏它，各种社交平台基于各类过滤算法，创造了截然不同的可见状态，这样的过滤称之为"个性化精准推荐"。

三是搜索引擎的结果呈现并非"客观公正"。谷歌曾援引"民主"来证明搜索结果的客观公正。认为"这是网络上的民主在发挥作用，通过链接为自己喜欢的东西投票，谷歌通过算法计算确定出哪些结果出现在头部，每个人都获得了发言权"。但事实上互联网的"链接"并不平等，基于不平等的链接带来的结果呈现也并不客观。拥有更多资源意味着更强的链接能力，理论上人人都能通过"链接"投票，但事实上并非如此。

最后对智媒的"客观性"神话进行简要的评析，"客观性神话"有两个方面的目的，一是尽可能的免除平台和相关主体的责任，只有标榜"技术中立"，声称自己的算法不存在缺陷，才能规避可能存在的伦理和法律责任。① 二是为了获得更大的商业利益，尤其是赢得用户信任。一旦媒体平台承认自身的算法分发有缺陷，可能带来诸多的消极影响必然会带来用户的不信任，导致用户的流失。

相关主体宣称算法没有价值观或者"绝对中立"是相关主体逃避社会责任、缺乏责任担当的表现，而且"客观性"神话的存在还掩盖了歧视与偏见的存在、遮蔽了真相和现实、助推了"后真相时代"的产生。林曦和郭苏建指出，"数据分析结果往往宣称是'客观、中立、公正、不偏不倚'的。数据由此建构并确证了某种现实，实质上掩盖了数据生产和分析背后所隐藏的不平等、偏见和歧视"②。数据与算法以客观中立假象打消了人们对于真相和事实的质疑，在此意义上遮蔽了现实，建构起虚假的拟态环境；也正是在此基础上，权力主体利用人们对于智媒及其建构环境的信任，进行着隐蔽而深入的控制。

（四）智媒恐惧反思

警惕和反思智媒应用的负面影响是应该的，而一旦武断的转向基于"无知"的"技术恐惧"和"技术排斥"那就有问题了，恐惧往往也会切断理解智能媒介的通道，也会错过技术发展、解决问题和增进人类福祉的可能性。

一是面对智媒的恐惧往往是不必要的，关于智媒的认知存在着现实与想象的鸿沟。有必要进一步厘清，智媒恐惧的内容到底有多少是造成现实影响的事实，又有多少是基于"无知"的杞人忧天般的想象。面对智媒时代的到来，如果对智媒技术和媒介多一分理解，往往担忧和恐惧也会少一分。

失控恐惧更准确意义上是基于"强人工智能"或者说"通用人工智能"的，而"强人工智能"目前并无实现的可能性，尚在设想阶段。

通用人工智能（Artificial General Intelligence，AGI），又称强人工智能，指"可模拟人脑思维和实现人类所有认知功能的人工智能，它本身拥有思维，真正有自主意识并且可以确证其主体资格，是有自我意识、

---

① 张超：《新闻生产中的算法风险：成因、类型与对策》，《中国出版》2018 年第 13 期。
② 林曦、郭苏建：《算法不正义与大数据伦理》，《社会科学》2020 年第 8 期。

自主学习、自主决策能力的自主性智能体"①。但是基于学界对人工智能的基本共识，人工智能只是"拥有有限自主的智能体"②，具备"拟主体性"，只是在某些方面具备或者可以模仿人的能力智媒并不具备自我意识、情感和道德判断。

一方面智媒可在特定情景下实现有限的认知、决策、交互和行动，在功能上可以模仿人类智能。另一方面智媒缺乏自我意识和思维，处于"无心"状态，缺乏情感认知和共情能力，并不具备完全的人类主体性，智媒与人类之间存在在本体论意义上的鸿沟，也就是说智媒在检索、运算、下棋等领域的表现确实会优于人类，但是让智媒具备自主思考和自我意识不可能，或者至少说短期内不会实现。所谓"拟主体性"指的是"功能性的模仿而非基于有意识的能动性（agency）、自我意识与自由意志"③。段伟文认为，"'拟主体性'表现出一种逆悖性，一方面，智媒可能实际上并不知道自己做了什么、有何价值与意义；另一方面，至少在结果上，人可以理解它们的所作所为的功能，并赋予其价值和意义"④。

目前的人工智能发展主要体现为"弱人工智能"的发展。狭义人工智能（Artificial Narrow Intelligence，ANI），又称弱人工智能，主要是指执行人为其设定的任务的人工智能，它模拟人类智能解决各种问题，是不具有自由意志与道德意识的非自主性智能体。⑤ 主要涉及自然语言理解、视觉识别、数据分析、虹膜识别、快速追踪等内容。耿晓梦和喻国明指出智能媒体是以算法为内核，由数据驱动的弱人工智能，并非可以模仿，甚至于超越人类主体的"强人工智能"。⑥ 就"弱人工智能"范畴

---

① 耿晓梦、喻国明：《智能媒体伦理建构的基点与行动路线图——技术现实、伦理框架与价值调适》，《现代传播》2020 年第 1 期。
② 段伟文：《人工智能时代的价值审度与伦理调适》，《中国人民大学学报》2017 年第 6 期。
③ 段伟文：《人工智能时代的价值审度与伦理调适》，《中国人民大学学报》2017 年第 6 期。
④ 段伟文：《人工智能时代的价值审度与伦理调适》，《中国人民大学学报》2017 年第 6 期。
⑤ 耿晓梦、喻国明：《智能媒体伦理建构的基点与行动路线图——技术现实、伦理框架与价值调适》，《现代传播》2020 年第 1 期。
⑥ 耿晓梦、喻国明：《智能媒体伦理建构的基点与行动路线图——技术现实、伦理框架与价值调适》，《现代传播》2020 年第 1 期。

而言，智能再强大的机器，再像人的机器，也就是人类的一个不闹情绪的"超级秘书"而已。①

即便是波斯特姆的"超级智能"概念也并非指代思维意识情感层面的类人主体，只是对于行为、效果的增强，依然属于弱人工智能的范畴。务必不要混淆"强大的弱人工智能"与拥有主体性的"强人工智能"，"强人工智能"与"弱人工智能"并非只是强弱程度的差别，而是内在性质的差异。莫宏伟指出"'强人工智能'指的是出现真正有自主意识并且可确证其主体资格的'智能'。所谓的'强'，指的是'超越工具型智能而达到第一人称主体世界内容的涌现，还包括意向性、命题态度，乃至自由意志的发生'"②。

"强大的弱人工智能"目前发展迅速，但是没有任何迹象表明能够突破自我意识的护城河，转换为强人工智能。早在1980年，塞尔设计了一个非常著名的"中文屋"思想实验，用"中文屋"来测试机器是否能够具有人类智能，结果证明人工智能并不具备人所具有的认知和思维能力。闫坤如提到，"即使智能机器能够通过塞尔的中文屋测试，也不能说明机器就是道德主体，只能说明机器与人类具有同样的行为，机器只是对于人的行为进行功能模拟，而非具有人类思维能力"③。闫坤如认为AlphaGo的确有隐喻意义上的"学习"能力，能够自行调整和迭代，但说到底仍是一种工具能力，是"弱人工智能"。这种"弱人工智能"很可能通过图灵测试，但这与人的意向性（intentionality）及主体意识的存在比不是一回事。

此外，"莫拉维克（HansMoravec）悖论"指出"人工智能善于解决难题，却常常在面临在人类看来十分简单的任务时无能为力，比如，智能技术可以战胜棋类高手，但却难于理解每一步棋背后的动因"④。莫宏

---

① 翟振明、彭晓芸：《"强人工智能"将如何改变世界——人工智能的技术飞跃与应用伦理前瞻》，《人民论坛·学术前沿》2016年第7期。
② 翟振明、彭晓芸：《"强人工智能"将如何改变世界——人工智能的技术飞跃与应用伦理前瞻》，《人民论坛·学术前沿》2016年第7期。
③ 闫坤如：《人工智能"合乎伦理设计"的理论探源》，《自然辩证法通讯》2020年第4期。
④ Moravec, H., *Mind Children*, Cambridge: Harvard University Press, 1988, p.15.

伟认为,"从人工智能目前的发展方向看,无论它再怎么'自动学习''自我改善',都不会有'征服'的意志,不会有'利益'诉求和'权利'意识"①。

二是要基于概率和实践状况来理解智媒应用,而不能只是盯着智媒的问题和不足。例如在智媒实践,无论是对于媒体人的辅助,还是对于社会治理,智媒都发挥着积极的作用。例如当媒体人面对"失业焦虑"和"取代恐惧"的时候,也需要注意到在媒体实践中,尤其是高强度的常规任务和重复的任务中,智媒为媒体人节省了大量的时间和精力,智媒在一定程度上"解放"了媒体人。此外,由于人工智能通过数据抓取、处理和推断,能够获取人类无法获得的知识相关性,而这种形式被视为一种超越人类能力的新的知识创造形式,能够消除人类偏见,并从复杂数据中产生意义,可以弥补人类认知的缺漏。②

三是智媒恐惧是人类基于现实生活经验的想象性投射。既然智媒没有独立的意志,那么"输"与"赢"、"超越"与"失控"、"控制"与"奴役"等说法都是人类的情感投射,与智媒无关。例如 AlphaGo 根本就没有所谓的"自己",没有独立的意志,怎么和人发生"大战"呢?有个评论写道,"最可怕的不是 AlphaGo 战胜李世石,而在于它能赢却故意输掉",问题同样在于 AlphaGo 并没有自由意志,如何谈得上"故意"?

四是不能将恐惧都归因于智媒本身,智媒的失控现象中很大一部分都是人类社会的问题,涉及权力关系和利益纠葛,不只是单纯的人类与智媒自身的关系。基于"智媒他者"的关系域,智媒恐惧的背后往往有着政治、资本、群体、文化、权力、语言等因素的身影,只有关注既有权力关系、社会偏见、文化认同等因素才能更好地理解和应对智媒恐惧。关于这部分问题将在下一节内容中进行具体阐释。

五是智媒恐惧往往忽略了个体的主动性和能动性和人的价值。例如

---

① 翟振明、彭晓芸:《"强人工智能"将如何改变世界——人工智能的技术飞跃与应用伦理前瞻》,《人民论坛·学术前沿》2016 年第 7 期。

② Carlson, "The robotic reporter: Automated journalism and the redefinition of labor, compositional forms, and journalistic authority", *Digital Journalism*, 3 (3), pp. 416–431, 2015, doi: 10.1080/21670811.2014.976412.

邓建国认为,"人类记者将更能发挥其优势,实现新闻生产的'人机共生'"[①]。而非一定会陷入被控制和被抛弃的境遇之中。

六是人们所恐惧的事物往往不是由智媒带来的,而是人性之恶、是权力的滥用、是资本的贪婪,智媒恐惧只是既有恐惧的延伸,否定智媒的存在并不能消除恐惧本身的存在。

---

① 邓建国:《机器人新闻:原理、风险和影响》,《新闻记者》2016年第9期。

第五章 智媒治理与智媒发展

一 智媒问题的治理困境

智媒治理主要指智媒问题的治理，只有客观清晰地认识到智媒治理的困境，才能知晓智媒治理中何以能为、何以可为，从而更有针对性的解决问题。厘清智媒治理困境的首要前提要知道困境何来？对此不妨回到智媒运作的关系域中来考察。一是人类主体层面存在的认知困境、决策困境和伦理困境；二是人类与智媒环境共存的现实境遇以及具体媒介逻辑和特性带来的治理困境。具体来说主要涉及隐私保护、偏见歧视治理、被遗忘权落实、算法透明落实等具体议题。

此外有一点需要点明，理解问题治理的困境意味着对于问题原因的回溯，也只有客观深入的追溯原因，才能更好地予以应对治理。所以说，智媒运作的"关系域"既是困境表征的维度，也是问题产生的生发之域。智媒治理的一大困境也正在于"智媒关系域"的复杂性，除了智媒自身的媒介逻辑和媒介特性之外，还涉及人性、伦理、道德、权力、文化等诸多维度，涉及用户、政府、企业、群体、法律等诸多主体。正因如此，当回溯智媒问题原因，会发现问题背后交织着各种的因素，难以准确归因，问题治理也往往困难重重。

（一）智媒问题的媒介逻辑

伴随着智媒迅速扩张和普遍应用，智媒嵌入生活，构建智媒环境，与智媒共生共在成为人类生存的境遇，人类再也无法退回到没有智媒的时代。对于媒体生产而言，亦无法退回传统媒体时代，算法、人工智能等各类媒介技术已经渗入从选题到分发的各个新闻生产环节。不过与智媒共生共存也意味着要与智媒问题共存，此外，智媒时代也是"风险社会"，智媒环境意味着风险放大和危害程度的加深。一旦问题发生，问题将会被智媒加速放大，引发巨大的社会风险。人们既想要放大智媒的价值，又不想承担智媒的代价，这就需要对智媒的媒介逻辑进行深入的理解，理解智媒发展的现实状况。

1. 智媒发展的不足之处

目前来看，智媒尚处于发展阶段，存在诸多的不足，这些问题本身虽然都谈不上是媒介伦理或者专业素养存在缺陷，但是确实会引发相关问题，对媒体实践和相关主体的生产生活带来消极影响。举例如下：一是由于当下算法研发的局限性，算法推荐尚不完善。例如协同过滤算法存在冷启动困难、精准度不足、算法可扩展等问题。在算法不完善的情况下，算法推荐的精准性往往难以保证，算法自身无法进行有效的事实核查，也难以避免假新闻扩散的现象发生。

二是当下智媒运作依然是基于分析、归纳、试错等路径方法的，严重依赖既往经验和数据标注，一旦既往经验不足或者面临全新情况，智媒往往无法灵活妥善应对。对于认知对象及环境与过去高度相似或接近的情况，智媒的处理和运作会偏于稳定，但是智媒的应变和抗干扰能力依然存在很大不足，例如在调查类新闻和社会生活事件报道中，写稿机器人往往难以写出富有人情味、具有深度的新闻报道。

三是算法推荐容易把用户一次性、偶然性、表面行为解读为用户真实的、深层的兴趣和心理需求。有时候用户被标题吸引而点击的文章，并不是其真正意图，算法可能进一步推荐与被点击过话题相关的文章，导致推送效率低下。[①] 也就是说基于既有算法模型的内容推荐往往是"伪个性化推荐"，并未真正触达用户需要，推送深度而小众的信息。算法推荐技术还有待进一步的完善和提高，如何基于混合指标和场景融合更好的兼顾用户需求和价值引导还需要更多的尝试。

[①] 赵双阁、岳梦怡：《新闻的"量化转型"：算法推荐对媒介伦理的挑战与应对》，《当代传播》2018年第4期。

四是智媒实践受限于数据的完整性、真实性和维度的丰富性。例如传感器新闻、临场化新闻、分布式新闻等新闻样态依赖于全样本数据和海量的结构化数据，如此才能发掘出事件的相关关系，找出独特规律。不过问题就在于全部的、整体的数据无法保证；如果不能保证全样本和大数据，那么相关的新闻样式恐怕会停留在"酷炫"的效果上，而且更有可能会带来结论的偏差和内容失实，在此意义上"酷炫"而看似"高级"的形式反而遮蔽了内容的问题，长此以往难免会消解用户对智媒的信任感和认可度。例如数据分析无法从矛盾的数据中得到结论，因而数据必须真实可靠，考虑到数据化进程的困难和权力的干扰，智媒实践未必能够助推真相的获知。

五是智媒的语句理解、视觉分析以及信息核查把关能力尚存不足。当智媒无法理解人类的日常交流表达的真正含义，想要依赖其进行内容的把关审核往往就会受到质疑，一旦将其诉诸实践往往会闹出一系列的笑话，可能不理解人类的反讽、夸张和隐喻，当然更为重要的是会带来一系列的消极影响。另外根据黄凯奇等人的综述，"在视觉分析技术中对于目标分类、行为理解和描述等中级和高级处理技术，相关的研究发展相对缓慢，尽管国内外学者已经提出许多被证明是有效的算法，但还停留于理论阶段，离实用仍有不小的距离"[①]。

2. 智媒问题的算法逻辑

智媒逻辑与伦理逻辑的内在差异，这种内在的逻辑差异往往会带来价值伦理冲突。算法逻辑具有精准高效、标签聚类、复杂性等特性，优先考虑的是效率问题，总体处于弱价值、无自主意识的状态，由此也会衍生出一系列伦理问题和负面影响。例如偏重精准高效带来的信息窄化；价值弱化带来的泛娱乐化；聚类逻辑对用户的简单化约；复杂性带来的认知困境、监督核查困难等问题。需要提前说明的是相关的媒介逻辑往往会在智媒实践中综合体现，并不像是理论阐释中区分的如此明显。

首先是"精准高效"算法逻辑。"精准高效"的算法逻辑意味着对

[①] 黄凯奇、陈晓棠、康运锋、谭铁牛：《智能视频监控技术综述》，《计算机学报》2015年第6期。

于用户需求和兴趣的重视和迎合，因此容易带来"信息闭环"推送和信息窄化。算法本着高效、精准的逻辑进行信息推送本身无可厚非，只是对于用户而言，过度迎合和讨好往往不利于认知的扩展，也有损社会公共利益；也意味着媒体的环境监测、舆论监督、价值引领等职能遭到削弱。具体而言：

一是"精准高效"而非"丰富多元"。泛娱乐化、信息窄化、内容庸俗等问题的根源在于"精准高效"逻辑与价值逻辑的对立，尤其是经济利益加持之下，智媒体实践中往往忽略了"价值引导"和"公共利益"。例如基于兴趣的精准推荐取代了多样化的新闻传送，造成了用户的信息窄化等问题。例如重视点击量和阅读量的内容把关和分发逻辑直接导致了泛娱乐化问题的凸显。

二是"精准高效"而非"价值引导"。徐琦指出，"算法新闻更关心个体想要知道什么，而非个体应该知道什么"[1]。姜红和鲁曼也评论称，"算法的新闻选择标准是基于人'want'的东西而非人'need'的东西"[2]。在此意义上，算法逻辑与价值引导和公共性原则有着内在的冲突，用户想要的内容可能是具有感官刺激、猎奇和娱乐等类型，而算法逻辑则对用户需求进行迎合，进而造成泛娱乐化、内容庸俗化、标题党等问题，而公共性内容和深度内容往往被用户所忽略。因此基于算法逻辑的智媒实践难免会削弱传媒的公共性，弱化价值引导，危及公共生活的根基。

三是算法推荐重视的是"精准高效"而非"质量判断"。一方面智媒自身不具有价值判断的意识，尚无法对信息价值做出准确判断；算法推荐仅凭既有的量化指标体系也难以精准判断出内容质量。此外，量化指标的核心诉求是点击量和关注度，并非内容的价值性和公共性，所以对于某些类别的内容难以保障其质量。另一方面算法分发主要侧重于"在信息内容的分类层面进行了个性化的筛选，并未对信息质量的高低

---

[1] 徐琦：《辅助性治理工具：智媒算法透明度意涵阐释与合理定位》，《新闻记者》2020年第8期。

[2] 姜红、鲁曼：《"重塑"媒介"：行动者网络中的新闻"算法"》，《新闻记者》2017年第4期。

进行严格把关"①，同类信息的质量往往千差万别，即便是优质信息，大量同质化信息的推送也会使得用户的"价值感知"大打折扣。

其次是"标签聚类"的算法逻辑，也被称为"降维逻辑""聚类逻辑"等。主要有以下表现以及相关问题：一是将意义丰富的现象"简单化"处理为单一的信息。例如写稿机器人往往会将复杂的事件简单"化约"为若干个维度和指标，进而有损事实的丰富性。尤其是当新闻事件涉及多个视角和多重阐释时，一味依靠写作模板往往会导致重要新闻内容的遗失。二是对现象和事件的简单化约。基于可量化指标的信息点采集，在指标之外的信息则被忽视。算法主要是对复杂的新闻写作过程的简化和提炼，是一种"以简御繁"的化约主义（reductionism），也就存在着"挂一漏万"的不足。② 三是量化指标的代表偏差。单一的"热度指标"并不能准确地反映出事件和内容的真正价值。③ 没有上热搜并不意味着事情不重要，而上了热搜也未必就是价值和重要性的体现。如果将媒体目标简化为一系列的"量化指标"，难免会忽视用户的多维需求，如果以"浏览记录""热度""兴趣"等维度来判断用户喜好难免存在既有内容的交叉干扰，例如平台既有内容以娱乐类内容为主，那么一个喜欢深度历史类内容的用户最初的点击还是会偏重泛娱乐内容，因此平台为其推送的大量内容并非该用户的真正所求。四是对"用户"的简单化约。算法分发建立在将用户贴标签、聚类的基础上，用户的丰富性和复杂性被若干标签所替代。智媒设计者认为只要获得足够的信息就可以用这些指标来定义和理解用户，但事实上这意味着对于用户的简单化理解。喻国明和耿晓梦评论称，"人不是简约数据的集合体，也不是电子痕迹（哪怕数据标注极为丰富）的汇总"④。对用户的简单规约往往意味着对于用户的遮蔽和控制，用户接收到的只是"被认为用户感兴趣的内容"，

---

① 高贵武、薛翔：《协同与互构：智媒体的实践模式及风险规避》，《青年记者》2019年第27期。
② 邓建国：《机器人新闻：原理、风险和影响》，《新闻记者》2016年第9期。
③ 喻国明、耿晓梦：《智能算法推荐：工具理性与价值适切——从技术逻辑的人文反思到价值适切的优化之道》，《全球传媒学刊》2018年第4期。
④ 喻国明、耿晓梦：《智能算法推荐：工具理性与价值适切——从技术逻辑的人文反思到价值适切的优化之道》，《全球传媒学刊》2018年第4期。

实际上缺乏对于用户的深层社会心理的把握，也缺乏对用户长期、灵活多元需求的体察。

再者是"复杂性"的算法逻辑。算法的复杂性的表现为以下几点：一是直接表现在算法代码的复杂和难以理解，需要较长时间的专门训练才能熟悉和理解。二是体现为算法应用的复杂性，尤其是深度学习等算法模型的难以理解。三是表现为隐蔽性对复杂性的"助力"，当我们对算法运作出于看不见、摸不着的状态，也就意味着算法的难以理解和控制。英国技术哲学家大卫·科林格里奇（David Collingridge）曾指出一个技术控制困境，一般被称为"科林格里奇困境（Collingridge's Dilemma）"，简单来说，智媒应用的"科林格里奇困境（Collingridge's Dilemma）"意味着"早期风险难以预测，后期风险难以控制"。①

算法的复杂性带来了一系列的问题：一是智媒的"复杂性"本身就是一种问题，直接带来了人类的认知困境。面临着海量数据、黑箱化运作、复杂系统应用等状况，智媒将人类带入了困惑时代和失控时代，人们难以理解和认知智媒，往往也无法对智媒进行管理和处置，这给智媒的监管和治理带来一系列的麻烦。例如一位软件工程师曾指出 Google Photos 将他的黑人朋友识别为"大猩猩"。收到该反馈后，谷歌承诺修复错误，可它除了禁止在图像标记中使用"大猩猩"等类似词语外，并没能真正调控技术。② 二是智媒的"复杂性"进一步加剧了智媒实践中存在的"不透明""不可控""不可解释""不可理解"等问题，问题难以溯因，智媒结论无法解释，也进一步导致人类对智媒的不信任。

三是基于相关问题又会带来一系列的伴生问题，包括提供了权力运作的空间、导致隐私保护和内容核查的困难、侵犯了用户的知情权、隐私权等合法权益，等等。例如算法运作的黑箱化使得权力主体拥有了相对于用户的不对称优势，得以在定价、服务、资源分配等方面加以歧视，进一步加剧了歧视偏见问题。例如媒体运作的"后台化""黑箱化"导

---

① 文成伟，汪姿君：《预知性技术伦理消解 AI 科林格里奇困境的路径分析》，《自然辩证法通讯》2021 年第 4 期。

② 文成伟，汪姿君：《预知性技术伦理消解 AI 科林格里奇困境的路径分析》，《自然辩证法通讯》2021 年第 4 期。

致监管困难，脱离了公共力量的监督。例如算法黑箱为权利控制提供的空间，一方面偏见歧视等行为往往隐藏在复杂的智媒系统中，难以轻易辨明，在程序设计、数据采集、数据分析的过程中形成权力的介入；另一方面复杂性往往是相对的复杂性，不可理解、不可控制也是相对存在的，这种"不对等状态"就带来了权力的真空，而这正是权力施予的场所。例如巨量内容导致的复杂性，基于写作机器人和写作辅助系统，媒体产生了巨量的内容，仅靠人工核查效率太低，内容把关根本无法完成。此外，仇筠茜和陈昌凤也指出由于算法的黑箱运作和逻辑差异，在编辑审稿环节对事实的核查和对真相逻辑链的追寻将面临着重重疑雾。[①]

3. 智媒问题的数据逻辑

首先需要对"数据化进程"和用户信息的深度记录进行了解。数字化，也可以理解为数位化（digitalized），在智媒运作中表现为数据化（datafied）。简单而言，"数据化"即人类自身及其所处的现实环境和社会文化现象的虚拟化表征。迈入信息化、智能化时代，人们的生活正在成为"一切皆被记录的生活"[②]。数据是智媒实践的重要凭借，数据化也是智媒运作的必要环节，智媒应用过程也是数据化的过程，因而智媒问题也与"数据化"密切相关。邓建国评论称，"我们现在正从'数字化'社会进入'数据化'社会。前者是后者的前提，后者则是前者的深化和遍在化"[③]。

数据化典型表现为"数据足迹"或数据痕迹。数据足迹指的是智能设备自动地将人类的一切状态行为记录并储存下来，它可通过互联网和云技术实现对外开放和共享，运用数据"量化世界"，快速传遍世界并存储于云端。而数据每分每秒都在以爆发增长的速度留存在计算机后台，成为"数字痕迹"，云端存储、5G技术、物联网、大数据等媒介技术使得用户数据大量生成并存储，数据化生存成为人类的基本状况，"一个

[①] 仇筠茜、陈昌凤：《黑箱：人工智能技术与新闻生产格局嬗变》，《新闻界》2018年第1期。
[②] 孙伟平：《关于人工智能的价值反思》，《哲学研究》2017年第10期。
[③] 邓建国：《机器人新闻：原理、风险和影响》，《新闻记者》2016年第9期。

基于世界的数据化的平行世界正在形成,并将整合为信息物理系统(CPS)"①。

数据化的进程是由"数据生成"和"数据公开"两个维度共同推动的。在数据生成方面,学者们围绕"重新本体化"②"量化世界""数据孪生""主体数据化""数据化的平行世界""元宇宙"等概念进行了讨论,尤其是 2021 年兴起的"元宇宙"更是直接反映了基于数据化逻辑建构的虚拟世界的未来想象。具体来看,数据生成可以从个体和客观世界两个维度来理解,从个体角度来看,个体的生理维度、社会维度、行为维度的数据化,并在智媒平台上予以汇集和呈现。例如"主体数据化"是指"个人的身份乃至行动以数据的形式在数据平台呈现,导致个体在社会中表征成各种数据的集合"③。从客观世界的数据化来看,基于传感器和物联网的发展,任何事物都可以转变为数据采集设备,在此意义上,智媒对于用户数据的深度记录进一步助推了"数据化进程",使得数据体量指数级上升。

在数据公开层面,一方面在互联网发展初期的数据开放浪潮之下,用户积极主动地将数据上传到互联网空间;另一方面由于公开透明的考虑,各类组织和政府机构推行信息公开运动。以我国为例,从 2010 年开始推行政府数据公开,国务院在 2015 年印发的《促进大数据发展行动纲要》和 2016 年印发的《国家信息化发展战略纲要》中明确表示将加强互联网公共数据服务平台建设。

几十年的互联网发展,人类已经在虚拟世界留下了各类身份信息、检索数据、浏览痕迹,尤其是叠加数据的"永久保存"属性以及低廉的存储成本,海量数据长久甚至永久地存在于虚拟世界,这些数据正在给人类社会带来质的变化。正如黄欣荣所评论的,"大数据不仅仅只是数据规模巨大,更重要的是数据数量的变化引起了质变,数据不仅仅是自

---

① 段伟文:《控制的危机与人工智能的未来情境》,《探索与争鸣》2017 年第 10 期。
② Luciano Floridi, *Information: A Very Short Introduction*, New York: Oxford University Press, 2010, p.11.
③ 薛孚、陈红兵:《大数据隐私伦理问题探究》,《自然辩证法研究》2015 年第 2 期。

然或社会现象的数量表征，而是引发了一系列的本质变化"[1]。与此同时，也给人类的生产生活带来了诸多的问题和困境，笔者大致将其总结为以下几点：

一是"数据化"的进程困境。智媒应用受限于整体数据化水平，依赖于大规模的、连续的、实时的数据流，段伟文认为数据化的问题"在于能够在多大程度上构建起世界的数据镜像，并使之成为认识和控制世界的总体性工具"[2]。但是从目前来看无论是数据化的质量还是规模都有较大不足。

首先是诸多内容是"不可数字化"或"不宜数据化"。对于伦理问题、社会现象以及其他的对象、现象和问题往往无法进行数字化表达，无法将其数据化，也无法对其进行进一步处理。诸如减少伤害、以人为本、正义、公平公正等伦理概念，基于数学语言界定这些术语并不是那么容易的。此外对于新闻价值要素的数字化也存在问题。数据无法表征一切，现实对象的数据化的困难程度也大不一样。尽管有不少人持有"数据至上"和"量化主义"等观念，认为包括伦理问题在内的诸多对象都是可以进行数据化表征的，但是实际上这种观念是存在问题的，具体描述前文已经进行，在此不赘述。

其次是高质量的数据，尤其是结构性数据不易获取或无法获取。智媒应用不仅需要大量数据，还需要高质量数据，其中就包括对"结构化数据"的需求，结构化数据是算法分析的前提。"自动化新闻之所以在体育、财经、犯罪等领域最为常见，正是由于这些领域数据的可得性和结构化程度高。"[3] 但是对于其他领域来说，结构化数据往往难以获得，这就限制了数据分析的方式方法，难以真正发挥大数据分析的效果。

再者是完整全样本或者大样本数据难以获取。一方面缺乏成熟完整的数据采集机制，未能形成数据支持的生态系统。正如邓建国所评论的，"算法新闻的发展仅靠一两种工具是不行的，它需要整个行业乃至社会

---

[1] 黄欣荣：《大数据哲学研究的背景、现状与路径》，《哲学动态》2015 年第 7 期。
[2] 段伟文：《控制的危机与人工智能的未来情境》，《探索与争鸣》2017 年第 10 期。
[3] 王晓培、常江：《新闻生产自动化伦理挑战——算法伦理分析的框架地图》，《中国出版》2019 年第 4 期。

达到一定的数据化水平，形成一个庞大的数据支持生态系统"①。另一方面，数据使用面临着"数据孤岛"② 状况，数据孤岛是指"由于人为因素造成数据分散状况"③。邓建国指出，"受制于行业部门条块分割管理体制，各信息领域（如医疗保健、教育和文化艺术等）之间以及各信息领域内部割据"④，各部门、各领域、各环节的数据并不统一，无法共享，并不能统一调取直接使用，"数据孤岛"现象明显，不能产生整体效益，也导致重复建设，利用率低下。

二是数据污染、数据偏差、数据的偏见携带等客观问题的存在。数据的真实准确度对数据分析结果的真实准确起着决定性作用，而数据自身的缺陷和不足往往会带来数据分析结论的偏差和失实，正如 Narrative Science 公司的创始人 John Templon 所言："坏的数据产生坏的报道。"数据污染问题存在于智媒实践的诸多环节，而且往往难以避免。在数据化过程中出现的数据偏向、数据污染、数据失真、数据质量、数量不足、代表性不足等问题，主观层面也存在数据造假和生产能力不足等问题。此外，原始数据库往往需要经过"清洗"才能进行数据分析，不过数据清洗往往不科学、不系统，例如一些无法被结构化的数据往往会被清理或忽视，进而导致数据的缺失与偏向。在数据清洗环节非但未能解决数据问题，反而可能进一步加剧了数据风险。

数据污染则会进一步引发数据造假，内容失实、预测不准确、群体偏见、误导遮蔽、社会不公等问题。其他问题比较好理解，关于数据造假值得多说两句。舍恩伯格指出，"如果人们担心'数据足迹'对个人职业生涯和未来生活造成不利影响，就有可能采取隐瞒、不提供或提供虚假数据来'玩弄数据系统'"⑤。如果社会生活缺乏信任，那么数据造假的情景就会很普遍，而数据造假行为又会进一步透支社会信任，如此

---

① 邓建国：《机器人新闻：原理、风险和影响》，《新闻记者》2016 年第 9 期。
② 邓建国等学者也将其称之为"信息孤岛"，但是笔者为避免与"信息窄化"意义上的"信息孤岛"混淆，还是使用"数据孤岛"。
③ 李娟、迟舒文：《智能时代的信息伦理研究》，《情报科学》2018 年第 11 期。
④ 邓建国：《机器人新闻：原理、风险和影响》，《新闻记者》2016 年第 9 期。
⑤ ［英］迈尔-舍恩伯格、库克耶：《与大数据同行——学习与教育的未来》，赵中建、张燕南译，华东师范大学出版社 2015 年版，第 132 页。

进入恶性循环之中。

三是永久记录与"记忆伦理"。首先是"数据足迹"的永久留存。物理足迹指的是"以物理模拟信息的形式（例如雕塑、化作、摄影、文字等）保存下来，在时空上都受到一定的限制，难扩散、易消逝，而且容易抹去记忆痕迹"[1]。不同于"物理足迹"，数据足迹则是基于智媒设备自动记录的用户发言、行为、浏览等数据信息，以数据的形式存储于服务器，具有快速传输、易传播扩散、存储成本低的特性，一旦进入网络就难于彻底清除，或者说"永久保存、不易消逝"的特点。也有学者将其称之为"数字刺青"（Digital Tattoos），指"用户使用社交软件、导航系统、电信资料、信用卡等，都会留下永久的印记"[2]。

其次是永久记录引发的记忆伦理问题。维克托·迈尔－舍恩伯格（VikorMayer－Schŏnberger）指出，"数字技术已经让社会丧失了遗忘的能力，取而代之的则是完善的记忆"[3]。在《删除：大数据时代的取舍之道》一书中迈尔－舍恩伯格提出了一个不可回避的问题：今天这个时代，遗忘变成例外，记忆成为常态，人类住进了数字化的圆形监狱。[4]对于人类而言总会有一些不太光彩或者痛苦不堪的事情想要被尽快遗忘，但是由于数据存储的存在，遗忘成了"困难"的事情，我们常常说时间是一剂最好的根治痛苦的良药，但是现在往往时间并不会消除痛苦的记忆，它将一直留存在数据之中。常常会发生由于用户曾经的网络发言被翻出而成为某些舆论事件的"助燃剂"，曾经一时的情绪之举往往被网络永久的记忆，"黑历史"在当下往往难以被彻底抹除。此外由于数据的永恒保留让监视跨越了时间，永恒监视也成了可能。永久记录意味着"无法摆脱的过去对人之生存的压迫"[5]，人类不得不忍受难以忘却的痛

---

[1] 黄欣荣：《大数据技术的伦理反思》，《新疆师范大学学报》（哲学社会科学版）2015年第3期。

[2] 殷乐：《智能技术与媒体进化：国外相关实践探索与思考》，《新闻与写作》2016年第2期。

[3] 陈仕伟：《大数据利益相关者的利益矛盾及其伦理治理》，《创新》2016年第4期。

[4] ［英］维克托·迈尔－舍恩伯格：《删除：大数据时代的取舍之道》，袁杰译，浙江人民出版社2013年版。

[5] 岳瑨：《大数据技术的道德意义与伦理挑战》，《马克思主义与现实》2016年第5期。

苦。黄欣荣认为永久留存信息让人们缩小，甚至于失去了改过自新的机会，给其心灵带来很大的创伤。①

正是考虑到个人信息的存留风险，维克托·迈尔-舍恩伯格提出了被遗忘权这一概念，"被遗忘权"概念在官方的首次提出是在欧盟2012年出台的《一般数据保护条例》中，条例指出：信息主体有权要求信息控制者删除与其个人相关的资料信息，称为被遗忘及擦除权（The Right to be forgotten to erasure）。

再者永久记录还会引发"寒蝉效应"等消极影响。匡文波指出，"数字空间的永久记忆造成的寒蝉效应降低了公共参与精神被培育的可能性，构建了沟通壁垒和偏见"②。永久记录带来的"寒蝉效应"（chilling effect）具体指的是由于用户认为有效信息和数据的长久留存会给自己带来不可控的预期风险，所以会选择尽量的不进行网络发言和相关行为，避免相关数据和信息的留存，在此意义上对于用户的言论自由、自主性和自由意志等都是一种损害，还可能导致用户丧失公共事务的参与讨论意愿等问题。

四是隐私泄露和安全隐患。首先是"隐私空间塌缩"③问题的出现，段伟文将隐私现状描绘为"透明人的隐私裸奔"④。例如便携相机出现时人们在讨论人们在公共场合下被偷拍的隐私问题，但是到了现在隐私空间依然塌缩至"私人生活和私人信息不能被他人非法侵扰、知悉、收集、利用和公开"，至于在公共空间被摄像头拍下影像并被长期保存，个人是没有决定权的。⑤例如八十年代美国的个人录像带租赁记录都是保密的，但是现在在社交媒体上人们可以随意浏览他人的视频内容。其

---

① 黄欣荣：《大数据技术的伦理反思》，《新疆师范大学学报》（哲学社会科学版）2015年第3期。

② 匡文波：《智能算法推荐技术的逻辑理路、伦理问题及规制方略》，《深圳大学学报》（人文社会科学版）2021年第1期。

③ 柳亦博：《人工智能阴影下：政府大数据治理中的伦理困境》，《行政论坛》2018年第3期。

④ 段伟文：《控制的危机与人工智能的未来情境》，《探索与争鸣》2017年第10期。

⑤ 柳亦博：《人工智能阴影下：政府大数据治理中的伦理困境》，《行政论坛》2018年第3期。

次是数据化带来的安全隐患,尤其是用户数据泄露与隐私侵犯[①]。文成伟和汪姿君评论称,"大量数据整合到一处,就像将鸡蛋放在同一个篮子里,势必会增加隐私数据泄露的风险"[②]。数据化进程虽然使得个体间的信息交流传递变得容易,但同时也使得隐私泄露的维度多元化,隐私泄露的风险也大大加强。例如大量存在非法数据获取的现象,诸多平台和产品未经用户同意就采集个人基本信息、浏览记录和行为轨迹。例如个别 APP 在采用协同过滤的算法过程中,甚至会窃取用户的使用设备信息、手机通信录、短信内容等,导致用户行为数据和个人隐私泄露等安全风险增大。[③]

五是信息超载和信息溺亡。基于数据化的进程,海量数据在互联网上长久性保存,用传统方式无法进行信息处理和内容适配,用户普遍面临着信息超载和信息溺亡的危机。前文有具体阐释,在此不作展开。

六是"数据化"隐含的权力与控制,存在着相关主体的利益介入。首先是虽然数据公有或共有,但用户并不掌握数据的使用权。媒体与企业等主体使用数据进行商业活动和牟利行为,但是作为数据生产者和上传者的用户失去了对自身数据的所有权和使用权,数据生成实践也被视为新型的劳动剥削。其次是数据垄断与数据霸权。诸多学者谈及了对于数据垄断和数据霸权的担忧。[④] 数据霸权在国家层面上表现为数据富有国家对数据贫困国家的操控和干涉,在个人层面表现为数据所有权的争夺。其中一部分信息应用主体能够妥善占有和利用现有的信息资源,而还存在一部分信息应用主体则很难占有和利用这些信息资源,造成严重

[①] 诸多学者谈及数据泄露和隐私侵犯问题,例如岳瑨:《大数据技术的道德意义与伦理挑战》,《马克思主义与现实》2016 年第 5 期;高贵武、薛翔:《协同与互构:智媒体的实践模式及风险规避》,《青年记者》2019 年第 27 期。

[②] 文成伟、汪姿君:《预知性技术伦理消解 AI 科林格里奇困境的路径分析》,《自然辩证法通讯》2021 年第 4 期。

[③] 吴卫华:《算法推荐在公共传播中的理性问题》,《当代传播》2017 年第 3 期。

[④] 邱仁宗等:《大数据技术的伦理问题》,《科学与社会》2014 年第 1 期。吕耀怀:《信息技术背景下公共领域的隐私问题》,《自然辩证法研究》2014 年第 1 期。段伟文:《网络与大数据时代的伦理问题》,《科学与社会》2014 年第 2 期。黄欣荣:《大数据技术的伦理反思》,《新疆师范大学学报》(哲学社会科学版)2015 年第 3 期。

的数据鸿沟和数据霸权问题。[①] 再者是数据化伴随的"全时全程全景监控"。匡文波评价称,"传统意义上个人对国家和公共机构不透明的空间基本消失,个体暴露于数字化的全景监狱,算法背后的技术与资本完成了对个人的监视、规训与剥削"[②]。越来越多人意识到虚拟实践可能出于平台和企业等相关主体的监控之下。例如在美国"棱镜门"事件中,美国政府对诸多国家的首脑、政府、官员和个人都进行了监控,收集了大量数据信息,并基于海量数据进行了大数据分析挖掘。

4. 智媒问题的智能逻辑

智媒问题的智能逻辑主要是智媒作为"拟主体地位"带来的问题,换句话说,智媒尚不具备人类智能的通用性,缺乏人的思考能力、意识能力和情感感知和共情能力,尤其是智媒缺乏对情感、道德的弹性把控和灵活处理。例如 AlphaGo 可以胜过人类围棋大师,但是并不理解自己下围棋行为的意义。弗洛里迪和桑德斯于 2004 年发表了颇具影响的《关于人工能动者的道德》一文,聚焦讨论智能技术是否具备"道德主体"地位,具体提出了交互性、自主性和适应性三个指标。"一个系统如果能与外部环境互动,能在没有响应外部刺激的情况下行动,也有在不同的环境中行动的适应能力,这个系统就可以被视作行动者。如果系统行事方式会产生道德结果,那么就被认为是一个道德自主体。"[③] 在此意义上,智媒尚不能被理解为"道德自主体",也不能承担"道德自主体"所能够承担的责任。接下来笔者将从"情感困境"和"责任困境"两个维度对智能逻辑引发的问题进行说明。

一方面是智能逻辑带来的情感困境。基于智媒的拟主体地位,智媒存在共情不足,无法处理情感关系的内在缺陷,智媒自身并无法真正的感知情感,只能进行表象层面的模拟。在许多人看来算法只是一串冷冰冰的代码,缺乏人类共情能力和感性认知,智媒产品往往也缺乏人类所

[①] 李娟、李卓:《智能时代信息伦理的困境与治理研究》,《情报科学》2019 年第 12 期。
[②] 匡文波:《智能算法推荐技术的逻辑理路、伦理问题及规制方略》,《深圳大学学报》(人文社会科学版) 2021 年第 1 期。
[③] 赵瑜:《人工智能时代新闻伦理研究重点及其趋向》,《浙江大学学报》(人文社会科学版) 2019 年第 2 期。

拥有的"温度",无法辨别和捕捉人类微妙的情绪,而对于新闻实践而言重要的正是人文关怀、共情能力和同情心,因此基于智媒的新闻实践难免为人类所不信任。赛尔通过"中文屋"实验论证了即使计算机可以对语言、文本等信息进行处理和转换,但是依然无法真正理解这些信息。也就是说,从根本意义上,智媒不理解何为"情感"、何为"人性",尚缺乏人类特有的同情心和"人情味"。人类和智媒之间面临"共情鸿沟",基于此种鸿沟,触发了智媒在新闻筛选和分发中的"温情缺失""人文关怀不足"等问题,也进一步导致价值引导、舆论引导等方面的问题。

智媒的情感缺失会在智媒问题中被放大,进而造成用户对智媒的不信任,尤其是对于某些重大决策和判断。人与人之间的共情对于社会交往实践而言至关重要,例如孙伟平评论的,"人工智能医生可以基于医疗大数据、通过远程医疗方式进行诊断,甚至操控微型智能机器人钻进人的身体,在患者身上准确地实施各种专家手术。但是传统医患之间那种特别的心理感觉——例如无条件的信任、无助时的托付感、温情的安慰等——往往荡然无存,医患心理上甚至可能形成一定的隔阂"①。在智媒的广泛应用中也存在类似的问题,智媒是否能够进入教育领域、文秘领域、照护领域与智媒是否能够拥有共情能力,是否能够获得用户信任密切相关。

另一方面是智能逻辑带来的"责任困境"。智媒的价值伦理认知缺失,无法像人类一样进行道德判断,并不具备责任主体地位,这种现实状况往往会给智媒实践带来责任困境。Lewis 等人指出,"由于算法作为责任主体的地位十分模糊,一旦算法作出有悖伦理的行为,其棘手的主体地位便向人类既有的伦理法律体系提出挑战"②。具体来看,责任困境包括以下几个层面的内涵。

一是智媒实践中的"责任迁移"。有学者认为智媒具有一定的自主

---

① 孙伟平:《人工智能导致的伦理冲突与伦理规制》,《教学与研究》2018 年第 8 期。
② Lewis, S. C., A. K. Sanders, and C. Carmody, "Libel by Algorithm? Automated Journalism and the Threat of Legal Liability", *Journalism & Mass Communication Quarterly*, 2019.96 (1), pp. 60–81.

性，从而需要为过程中产生的伦理争议承担一定的责任。① 例如在过去的驾驶情景中司机就是责任主体，但是智能驾驶的出现带来了"责任转移"；例如在传统媒体实践中，媒体从业人员作为道德主体承担着责任，但是人工智能的参与导致了新闻业的"责任转移"。

二是智媒并不具备责任承担能力。于雪和段伟文指出，"按照康德哲学的要旨，道德责任只能由作为道德能动者的人来承担，而道德能动者则需要满足自主性和自由意志这两个条件"②。智媒虽然可以在一定程度可以将伦理道德行为转化为数字与符号，但它们始终无法理解道德行为和道德意向，也不具备自主性和自由意志，所以无法承担相应的道德责任。此外从一般的伦理学理论来看，只有当人工智能发展到具有与人的智能相当的强人工智能时，才可能被接纳为道德共同体的成员。如此一来智媒实践面临着算法决策实践与道德决策地位的错位，一方面普遍认为智媒不具备成为道德主体的前提条件，另一方面在具体情景中智媒又在事实上进行着道德决策。例如一旦在实践中出现歧视偏见、不实新闻扩散等问题往往难以进行准确的责任判定。

三是面临着"责任分散"的问题。在智媒实践中往往是人—机协作下的混合决策和执行，而且往往是多元主体与智媒的协作关系。以算法新闻实践为例，相关责任人包括媒体从业人员、算法和智媒、程序员、数据收集者和挖掘者，等等。在这种状况下，智媒责任的划分和平衡就显得尤为关键，当然也是尤为不易。海伦·尼森鲍姆（Helen Nissenbaum）提出"多面手"（many hands）理论，认为"复杂系统往往由多方因素共同承担责任，一旦发生问题难以追究其中某个个体的单一责任"。③ 此外大卫·冈克尔（David Gunkel）的"混合责任"（hybrid responsibility）、乔尔·芬堡（Joel Feinberg）的"集体责任"（collective responsibility）、克里斯蒂安·约豪瑟（Christian Neuh user）的"责任网

---

① Orr, W. 8. Davis, J. L., "Attributions of Ethical Responsibility by Artificial Intelligence Practitioners", *Information, Communication&Society*, 23（5）, pp. 719 – 735, 2020, doi: 10.1080/1369118X.2020.1713842.
② 于雪、段伟文：《人工智能的伦理建构》，《理论探索》2019 年第 6 期。
③ 于雪、段伟文：《人工智能的伦理建构》，《理论探索》2019 年第 6 期。

络"（responsibility network）都谈及"道德分散"的问题。

四是"责任黑箱"状况的存在，导致无法准确地进行归责。上文提到过智媒实践的复杂性，如果说没有人能够理解智媒的运作逻辑，一旦智媒判断和决策出现偏差和错误，往往难于厘清和追究相关主体和智媒应用的责任。

五是面临着"责任沟"和"责任悖论"。"机器学习算法的普及却使得人类逐渐丧失了对机器行为的完全掌控，对算法行为的控制权逐渐从设计者、程序员转移到了算法本身及其运行环境，出现了'责任沟'（an accountability gap）。"① 但与此同时也存在着"弱者"为"强者"负责的"责任悖论"，例如在无人驾驶、数据分析与行为决策等领域，智媒的认知能力已经超过人的能力，那么在这种情况下人又何以为智媒实践的结果负责？

5. 相关媒介技术的助推

基于监控设备、大数据分析技术、个性化服务、云端服务等因素，智媒问题的发生频率提高、危害加剧、影响范围变广、治理也更为复杂。例如由于社交媒体对于用户数据生产和分享的激励，广大用户往往主动积极地进行数据上传和信息分享，在此过程中难免造成隐私的暴露，增大隐私侵犯的风险。例如由于监控设备成本愈加低廉，使得其得以遍布世界的各个角落，但是这也成为威胁信息安全的重要因素。此外当下的监控设备皆以向智能化转变，信息采集维度也不断扩展，信息的提取也愈加简易，这些都会加剧数据安全和数据风险。例如当传感器广泛嵌入到物体之中，相关传感器设备成为获取用户信息和数据采集的重要方式，面对到处存在的传感器，公共领域和私人领域的边界被彻底打破，在此背景下很容易造成用户隐私的泄露，而用户往往无法控制外在于自身的、遍布于世界的传感器。

例如云端存储的便捷性和低廉成本，所以用户选择将大量信息，其中也包括大量隐私信息上传至云端，而相较于自己存储于硬盘、电脑、U盘等当地存储介质中，云端存储更容易遭到攻击，也蕴含着隐私信息

---

① 王晓培、常江：《新闻生产自动化伦理挑战——算法伦理分析的框架地图》，《中国出版》2019年第4期。

被不法分子获取的风险。① 例如各类平台的匿名化设置使得相关主体突破传统伦理的束缚，肆无忌惮的实施不当行为，暴露出人性中的阴暗面和低级需要，从而加剧了隐私侵犯、媒体生态恶化、偏见歧视等相关智媒问题。

（二）智媒问题的意识困境

智媒问题与人类的认知与意识有着密切的关系，具体体现在思维困境、决策困境和伦理认知困境，本部分的人类既包括用户，也包括由个体构成的组织、群体和机构。

1. 认知困境

一是"想象性视差"的存在。用户往往缺乏对智媒的深入认知，加之科幻影视作品和未来学家的渲染刻画往往给用户带来"想象性视差"，包括智媒超越人类的想象、智媒取代人类的想象、智媒具备情绪情感以及自主意识能力，等等。诸如《终结者》《黑客帝国》《银翼杀手》《机器管家》等科幻电影对智媒的样态和人机关系进行全面的想象，这些构想中有些慢慢成了现实，有些则脱离了现实语境和科学依据。"想象性视差"本质上也是媒体营造出的一种拟态环境，身处其中的用户难免受其影响，关于智媒的想象影响了人们对于现实的判断，导致人们对智媒的误解并进一步影响着人们的行为。

比较典型的就是关于"强人工智能的理解"，在不同学者的理论体系和表述争论中，"强人工智能"并非是一个意思。马斯克语境中主要是指"强人工智能"，即具备处理多种类型的任务和适应未曾预料情形的能力，代表了公众对强人工智能和超级人工智能可能失控、威胁人类未来的生存表达了担忧；而扎克伯格所述的"人工智能"是狭义的专业领域人工智能能力，是产业界从功用和商业角度出发，保持对人工智能研发和应用的持续探索。这两种典型的观点源于对"人工智能"的不同理解。②

---

① 吕耀怀、罗雅婷：《大数据时代个人信息收集与处理的隐私问题及其伦理维度》，《哲学动态》2017年第2期。
② 谢洪明、陈亮、杨英楠：《如何认识人工智能的伦理冲突？——研究回顾与展望》，《外国经济与管理》2019年第10期。

波斯特姆（Nick Bostrom）在《超级智能：途径、危险与战略》一书中使用"超级智能"来描述机器智能爆发后的状态，认为"超级智能"是在人脑基础上的直接迭代或高仿真。不过谢洪明等人认为，波斯特姆混淆了"强大的弱人工智能"与拥有主体性的"强人工智能"，并没有深入探讨人类智能现象的本质，并未把工具性智能与人类的意识和自我意识等区分开来，所以波斯特姆的"超级智能"本质上属于工具性"弱人工智能"的范畴，或者说应该被理解为"强大的弱人工智能"。[1]

由关于"强人工智能"的"想象性视差"引出的还有关于智媒"道德主体"的错误感知，人们在心理上越来越倾向于智媒具有情感感知和道德伦理意识。不过按照伦理学的主流判断，道德主体需要拥有意向性和一定程度的自由意志，但是目前的智媒并不具备这些，无法对它们的行为负责。此外实际上由写稿机器人生成的文章被认为虽然可读性稍低，但是却更可靠且具备更多的新闻专业知识；但是人们普遍会对署名为人类的稿件评价更高，也倾向于认为新闻真实。[2]

二是"主体性视差"的存在。包括用户、企业、平台、政府、资本等在内的多元行动者共同构筑了智媒实践的话语场域，但是不同的人群和主体基于不同的立场，在不同的情景中对于智媒问题的判定、问题严重程度的判断、问题应对的态度以及问题应对的积极性都是不同的，这种差异化的认知对智媒问题的解决造成了较大阻碍。例如将算法分发视为获取商业利益的工具还是视为增加社会福祉，进行价值引导的途径？例如将算法视为应该保密的商业资产还是将算法视为影响公正公平的黑箱？

新闻媒体及政府机构基于用户权益和社会公共利益对平台、资本和企业不断进行着规训，但是正如 Napoli 等学者所评价的"新闻界对互联

---

[1] 谢洪明、陈亮、杨英楠：《如何认识人工智能的伦理冲突？——研究回顾与展望》，《外国经济与管理》2019 年第 10 期。

[2] Haim, M., Graefe, A. and Brosius, H. B., "Burst of the Filter Bubble? Effects of Personalization on the Diversity of Google News", Digital Journalism, 6 (3), pp. 330 – 343, 2018, doi：10.1080/21670811.2017.1338145.

网企业的'规训'并不成功而且矛盾重重"①。例如许多资讯平台，尤其是互联网公司和电商平台对新闻专业主义和媒体属性缺乏内在的认同，强调自身"信息聚合平台"属性，并基于"技术中性论"和"客观性"话语框架来为自己开脱，"今日头条" CEO 张一鸣曾公开表示"算法没有价值观"，认为今日头条不必设置总编辑，Facebook 的 CEO 扎克伯格也一直否认 Facebook 是一家媒体公司。张一鸣表示："传统媒体是把观点告诉别人，今日头条是提供实用信息，比如给养猪专业户提供更好的养猪信息，告诉强直性脊柱炎病人如何治疗。传统媒体是传递价值观，我们只是让有益的信息到达个体。"②

三是"时空性视差"的存在。首先"时空性视差"意味着基于宏观长远视角和微观当下视角来理解智媒实践会对智媒问题有不一样的认知。喻国明和耿晓梦评论称，"其一，算法从个体和局部的角度上看是合理的、有效率的，但从社会全局视角来看则可能是不合理的，甚至是负效率的。其二，算法从现状上看是合理的和适配的，但从未来发展的角度上看是不合理的、不适配的"③。其次是在时间维度，智媒依然处于发展和迭代过程中，智媒实践还可能滋生出新的风险和问题，对于这些问题的监管举措需要持续更新和迭代。于雪和段伟文评价称，"人工智能技术的发展无论是深度上还是广度上都表现出一种开放性的态势，其发展与伦理应对都处于一种未完成的状态，现有的伦理规范可能无法完全回应人工智能技术带来的潜在风险"。以隐私保护为例，考虑到数据预测和交叉分析，隐私保护的匿名化处理已然无法保护用户隐私信息，隐私保护需要寻求新的监管和治理路径。再者是在空间上智媒应用也并非均匀的扩散，问题的严重程度、问题的具体表现都存在一定的差异，意识到具体情景下的问题特性，避免进行"一刀切"和"僵化处理"，对于智媒治理来说直观重要。不过此中的平衡和处理着实考验智媒治理智慧。

---

① Napoli, P. and Caplan, R., "Why Media Companies Insist they're not Media Companies, Why They're Wrong, and Why it Matters", 2017.
② 张一鸣、谢鹏：《文科生爱自由，理科生爱效率》，《南方周末》2015 年 8 月 11 日。
③ 喻国明、耿晓梦：《智能算法推荐：工具理性与价值适切——从技术逻辑的人文反思到价值适切的优化之道》，《全球传媒学刊》2018 年第 4 期。

四是"共识性视差"的存在。"共识性视差"意味思维意识的控制，可以理解为基于霸权机制的控制形态。霸权的微妙之处在于"统治者与被统治者之间某种一致性，即把统治集团的阶级利益变成一种显然是自然的、不可避免的、永恒的，所以也是无可争辩的共同利益，而且说成是每个人的利益"。① 在此基础上，用户往往不觉得自己在被剥削、不认为自己被控制、也不将相关行为视为侵权，在用户看来上传数据是为了生活更美好，所谓的控制是自我节制和自我提升的重要渠道，相关主体对于数据的调用和采集也是为了更好的改进产品，目的也是服务好消费者。关于粉丝的行为到底是情感实践还是情感劳动、游戏玩家还是"玩工"的讨论一直在进行，到底是剥削还是娱乐往往难以严格划分。

五是"概率性视差"的存在，"概率性视差"即过分关注"边缘性"案例的存在而不考虑事实发生概率，进而将大概率事件和小概率事件等而视之。例如智能驾驶确是发生了事故，但是相比人类驾驶的风险要降低了许多。早在"电车伦理问题"的讨论中，就有学者批评"电车学的知识垄断鼓励一些哲学家把更多的注意力放在边缘性的古怪案例上，而不是现实生活中发生意外伤害风险的大多数案例"。② 法学界有一个重要的格言："艰难的案件会导致更糟糕的法律"，由于特别极端情况而引起注意的案件往往是由某些法律或规则而导致的，而这些法律或规则只适用于贫乏规则。同样在智媒批判领域也是如此，智媒问题不只是"发生过"和"没发生过"，还需要关注到发生的概率问题，需要在对比中看问题，例如算法新闻实践中确实存在失实的情况，但是相比之下记者写作实践的失实情况要高许多。

2. 观念困境

人类的既有观念也是智媒问题产生的重要原因，包括对于技术的认知、他者观念、个体的价值观念等。

一方面是对于媒介技术的观念，涉及对于技术好坏的评价标准、技

---

① [英]尼克·史蒂文森：《认识媒介文化》，王文斌译，商务印书馆2005年版，第33页。

② 谢洪明、陈亮、杨英楠：《如何认识人工智能的伦理冲突？——研究回顾与展望》，《外国经济与管理》2019年第10期。

术是否承载价值、如何看待人类与技术的关系等问题。一方面学界和业界对这些问题一直争论不休，这种争论也延伸到智媒实践之中，由于对相关问题缺乏共识导致智媒治理往往困难重重。另一方面诸如算法至上、量化至上、量化主义、计算主义、乌托邦与反乌托邦等相关观念严重影响着智媒的认知。

首先是智媒与人类和社会的关系问题。技术决定论（technological determinism）者认为，技术所负载的独特价值主宰着人类社会文化价值的变迁。而技术中性论者认为技术不承载价值。E.梅塞勒（Emmanul G. Mesthene）指出："技术产生什么影响、服务于什么目的，这些都不是技术本身所固有的，而取决于人用技术来做什么。"[1] 雅斯贝尔斯认为技术本身并无善恶，一切取决于人从中造出什么，其在《原子弹与人类的未来》写道："技术本身既非善，亦非恶，但它既可以用于善，也可以用于恶。"此外还有社会建构论（social constructivism）者将技术看作社会利益和文化价值取向所建构的产物，认为技术的价值负载是在技术与社会的互动整合中形成的。笔者倾向于认为智媒是负载价值的，而且基于不同的主体，智媒负载的价值判断和意志是不同的。

其次就是对于智媒的评价标准。陈小平认为对"优秀的人工智能"有两种截然不同的评价模式。一是是否在智力和能力上超越人类；二是是否为人所接受和喜爱。并非只有阿尔法狗这种的智能媒介才是评价AI成功的标准，为人接受、为人喜爱也是重要的标准。在一些应用场景中，AI通过人—机器人交互提供服务，而且人—机器人交互以人机情感互动为基础，例如面向空巢群体的情感机器人、用于自闭症等人群心理干预的机器人、用于少儿娱乐教育的机器人等。在这些应用中，用户对机器人的接受度是第一重要的，否则产品的其他功能再好也难以被用户接受。[2]

在接受原则下，相关AI产品的主要评价指标不是在某个方面比人强，而是人对AI的接受性和接受度是否满足用户的期望。例如，中国科

---

[1] 孙伟平：《人工智能导致的伦理冲突与伦理规制》，《教学与研究》2018年第8期。
[2] 陈小平：《人工智能伦理建设的目标、任务与路径：六个议题及其依据》，《哲学研究》2020年第9期。

学技术大学研发的情感交互机器人"佳佳",其智能水平只是她的"姐姐"——"可佳"机器人的几分之一,但由于"佳佳"可以识别人(如用户)通过表情和话语呈现的情绪,并通过机器人的表情和话语进行即时反馈,在一定程度上实现了机器人与人的情感互动,因而具有更高的用户接受度,在人机情感交互方面的性能远远超过"可佳"。①

再者就是对智媒的未来判断和预期也是存在争论的。一是以冯·诺依曼、阿兰·图灵为代表的学者认为在人机关系中,人类始终处于支配地位,人工智能永远不可能超越人类。20世纪80年代的"中文间"实验更是直接印证了相关观点,智媒终究只是"类人拟主体"并不具备思维意识和自主意志。二是以赫伯特·西蒙、库兹韦尔等学者为代表的学者认为人工智能会超越人类,库兹韦尔更是提出"奇点理论"(singularity)预言机器智能将在2045年超过人类的智能。不过总体而言对智媒发展持乐观态度,认为智媒发展会带来各种问题和风险,但是智媒的发展总能帮助人们找到应对之策。三是持有消极悲观态度的谨慎派,以霍金、比尔·盖茨、马斯克等人为代表,认为人类应该敬畏人工智能的崛起,一旦人工智能具备了主体意识可以自主做出决定,将对人类构成终极威胁。例如霍金则评论称,"或许,人工智能不但是人类历史上'最大的事件',还有可能是'最后的事件',人工智能的发展可能'预示着人类的灭亡'"。

另一方面人类对于他者观念,这种观念影响了人类对智媒他者的认知理解。回到笛卡尔之前的历史中,人类并不认为自己就能够把握世界,应该控制他者,这种自文艺复兴之后出现的主体觉醒和理性至上的观念影响着人们对待智媒实践的观念。他者观念与文化和宗教背景密切相关,例如欧美文化和日韩文化对机器人的态度就有着明显差异,当然对于机器人带来的问题的严重性和性质都会有不同的理解。段伟文认为,"阿西莫夫法则本身就具有明显欧美文化价值取向,带有强烈的人类中心主义的色彩,将机器人永远定位为对人类友好的仆从。与欧美人机对立的视角相反,日本和韩国的科幻作品中的机器人对人类是有益和友善的,

---

① 陈小平:《人工智能伦理建设的目标、任务与路径:六个议题及其依据》,《哲学研究》2020年第9期。

其机器人文化与规范更强调人——机器人的互动和伙伴关系,甚至指出应减少对机器人不必要的滥用"①。

3. 决策困境

决策情景是最能体现人类意识的情景之一,而智媒情景下的决策往往尤为复杂和困难。计算机领域有一个"价值鲁棒性"概念,即通过设计的方式调整价值的合适域,使价值能够在一定范围内保持稳定,不会随着外在环境的变化彻底颠覆。②面对智媒带来的增益与风险,往往人们的选择会呈现两极分化的态势,不过真正的挑战恰恰是在这两个极端之间找到平衡。因为对于智媒实践而言,可供选择的路径都是有利亦有弊,以下以几个典型的场景进行说明。

一是追求商业利益并不是什么违法乱纪的事情,将算法视为商业机密也是正常的考虑,尊重和满足个性化需求更是无可厚非。理论上的平衡往往意味着实践中的困境,如何平衡并妥善决策着实是个复杂的事情,切勿盲目的基于自身的道德观念武断的采取行动。正如喻国明和耿晓梦所评价的,"在个体性内容需求市场上,'投其所好'式的信息分发逻辑本身并无过错,纠偏重点应根植于法律规章之上,也即剔除那些违反法律法规、背离公序良俗的信息,严守内容底线。对于在'红线'之上的内容及具体的内容呈现形式,无须法律规章的介入,因为这些内容及相应的呈现手法是人们自由选择的结果,无论是崇高的主题、严肃的表达,抑或是'小清新式'的私人叙事,甚至是庸俗的八卦,都应根据用户自身的信息偏好来进行取舍"③。

二是关于平台逻辑和新闻逻辑的选择。由于使用个性化推荐算法的媒介组织性质不同,新闻界催生了"个性化的平台逻辑"和"个性化的新闻逻辑"。前者基于以海量的用户数据形成的广告销售的业务模式,追求用户的短期黏性;后者是基于付费或者公共新闻体系的新闻售卖业

---

① 段伟文:《机器人伦理的进路及其内涵》,《科学与社会》2015 年第 2 期。
② 于雪、段伟文:《人工智能的伦理建构》,《理论探索》2019 年第 6 期。
③ 喻国明、耿晓梦:《智能算法推荐:工具理性与价值适切——从技术逻辑的人文反思到价值适切的优化之道》,《全球传媒学刊》2018 年第 4 期。

务模式，追求用户的长期黏性。①

三是对于短期、长期利益的把握和选择。媒体到底要顾及短期还是长期的利益；是要满足用户的需求还是倾向对用户的价值引导。基于现有的算法是可以进行多样性内容推荐的，问题还在于算法设计者的主观判断，到底是选择满足当下的用户需求还是服务于长远的发展需求。对于用户和相关主体而言，当下和未来的效果功能间存在着内在冲突，满足当下的享乐需求，可能意味着损害长久的发展需求；然而重视长久的用户发展需求往往要求一段时间的准备和适应，但这段时间往往用户就会流失，无形之中又产生"劣币驱逐良币"的效果，更何况生产"劣币"的媒体一抓一大把。如何平衡短期利益和长期价值、平衡个体需求和总体福祉，这是智媒时代对媒体运营发展的重大考验。

四是关于"故事模式"和"信息模式"的选择。舒登森曾在《发掘新闻》一书中梳理美国报业史，提出两种新闻模式："故事"模式和"信息"模式。"故事模式"和"信息模式"的选择实质上指代的是选择服务于公共利益还是个体的娱乐需求。传统的新闻观念中，新闻的"大众化"诉求是要让位于"化大众"之启蒙的，但是智媒时代以今日头条为代表的媒体更为关注"大众化"诉求。

五是算法分发的多样性与精准性的选择。首先算法多样性与精准性之间存在内在的矛盾，其中的平衡不容易把握，往往偏重于多样性精准度就会降低，信息推送效果就会削弱。其次是虽然保证算法分发"多样性"有着道义上的正当性，但是多样性缺乏适用的量化指标，关于何为多样性也存在诸多争议，到底是类型多样还是事件的多维角度？那么多的类型和事件又该分发哪些类型？又是否会引来用户的不悦和反感？一味强调"多样性"对于算法分发平台而言无异于是自断臂膀，丧失了核心优势。

六是数据保护的"度"很难把握，如果保护过严会带来数据不足，智媒应用很难发挥效果，偏见问题也会严重化；而如果保护不严，虽然保证了智媒应用需求，但是也大大加剧了数据泄露和数据滥用风险，突

---

① See Bodó, B., "Selling News to Audiences – A Qualitative Inquiry into the Emerging Logics of Algorithmic News Personalization in European Quality News Media", *Digital Journalism*.

出了数据安全问题。

七是关于工具理性和价值理性的平衡。韦伯把人类行为分为非理性行为和理性行为,非理性行为主要指基于习俗的传统行为和基于情感的情绪化行为,理性行为则包括价值理性行为和工具理性行为。① 工具理性指向目的合理性行动;价值理性指向价值合理性行动。虽然在历史上,正是基于工具理性人类走出了愚昧,带来了科技和生产力的突飞猛进,促成了人类现代性的发展,但是一旦工具理性超越价值理性,手段成为目的,人类不可避免进入到"技术牢笼"当中。韦伯认为,"只有工具理性才能促进社会的生产发展,但工具理性的发展必然导致价值理性的衰落、人的奴役"。工具理性中蕴含着危机和陷阱,过度的强调工具理性意味着价值逻辑让位于效率逻辑、技术手段成为了目的。智媒实践中的"工具理性"可以带来智媒的发展、社会的高效运转、信息的快速处理等福音,不过这可能也意味着个体将不再是传播主体,而沦为技术的客体。点击量、流量、传播量成了目的,而忽视了传播的公共价值和人文关怀,由此走向了背离人类本质,损害人类福祉的"技术牢笼",而算法、数据化、人工智能等共同搭建了这一"技术牢笼"。②

4. 伦理困境

智媒的出现进一步加剧了伦理认知的复杂性,主要体现为以下几点:一是伦理学的内在分歧的存在,尚未就一些重要问题达成共识,干扰了对智媒伦理的判断。例如西方伦理学可以划分为理性主义、经验主义和宗教伦理学三大理论系统,不同的理论系统遵循不同的道德原则。③ 例如对康德的义务论(deontological)、效用主义、功利主义等理论也一直存在分歧,在"义务论"的观点持有者看来,不受约束的效用主义就是"多数人的暴政",为了所谓"更大的善"将会允许剥夺少数人(或弱势

---

① 王锟:《工具理性和价值理性—理解韦伯的社会学思想》,《甘肃社会科学》2005 年第 1 期。

② 吴卫华:《算法推荐在公共传播中的理性问题》,《当代传播》2017 年第 3 期;赵双阁、岳梦怡:《新闻的"量化转型":算法推荐对媒介伦理的挑战与应对》,《当代传播》2018 年第 4 期。

③ 参见万俊人《现代西方伦理学史:上卷》,中国人民大学出版社 2011 年版。

人群）的财产、自由甚至生命。① 总之要为智媒实践寻找一个完善的、能够解决所有伦理困境、让所有人都满意的伦理理论完全是不可能的。

二是智媒伦理的相对滞后和不完善。"科技之树枝繁叶茂，而相应的概念、伦理、文化之根就显得矮小、缓慢。"② 当下媒介伦理关注的领域从媒体内容和媒体生产行为转换到智能媒介与技术的中介活动，但是既有的伦理经验不足以应对智媒时代的媒介伦理问题。

三是智媒直接带来的伦理困境，主要就是智媒能不能作为伦理主体以及伦理责任承担等相关问题。这部分内容在上文有具体阐释，在此不过多展开。

四是关于"伦理的可计算性"的争论。一方面机器伦理思想通过将道德行为转化为数字符号，用道义逻辑、认知逻辑和行为逻辑等计算手段，论证了伦理行为的数字化和符号化。另一方面虽然智媒时代伴随着许多问题和领域的数字化，但是道德伦理问题就成为智媒实践无法逾越的"槛"，抽象模糊的伦理原则无法用数字化清晰的表达，不少学者认为将价值理念嵌入智媒设计的观点本就是一种幻想。而智媒实践存在的现实困境是：如果"伦理"无法计算，智媒的"价值嵌入"又何以可行？如果智媒的"价值嵌入"不可行，那么如何对智媒进行有效的控制和引导？

五是包括智媒的开发设计者、应用使用者和平台管理者在内的相关主体的伦理意识淡薄。首先是在智媒实践中，智媒的开发设计者成为媒介伦理规范的主体。然而开发设计者往往缺乏对智媒设计的伦理审视，往往低估智媒伦理问题，认为算法重要的效率和精准，相对而言对伦理道德的考虑要少许多。袁帆和严三九将算法工程师称之为"局内的外人"，指出算法工程师对"透明""及时"和"分享"三大伦理理念的

---

① 柳亦博：《人工智能阴影下：政府大数据治理中的伦理困境》，《行政论坛》2018 年第 3 期。

② Corinne Cath, "Artificial Intelligence and the 'Good Society': The US, EU, and UK Approach", *Science and Engineering Ethics*, March 2017, p. 1; L. Floridi, "Ethics after the Information Revolution", *The Cambridge Handbook of Information and Computer Ethics*, L. Floridi (ed.), Cambridge University Press, 2010, pp. 3 - 19, http：//www.cambridge.org/catalogue/catalogue.asp？isbn = 9780521888981。

态度并不积极。① 开发设计者的道德自律和道德想象力都不足，往往意识不到伦理问题的存在，尤其是竞争压力和商业利益诱惑下，往往做出违背道德伦理的设计。在此意义上，即便智媒伦理再清晰、再有必要，无法落实到开发设计之中也是一番空谈，正如熊杰所言，科技的反思和人文的反思失去连接。当科技人士不去主动了解技术问题时，对人文的反思和科技的反思没有联系起来，便会陷入尴尬局面。② 其次是智媒使用者的伦理问题，一方面智媒使用者可能是营销人员、宣传人员或者说诈骗分子，智媒使用者的伦理道德缺失往往是智媒问题产生的甘愿，而且往往会加剧智媒风险。另一方面是考虑用户成为产消合一的主体，本身就参与到新闻传播实践当中，在此意义上媒介伦理失范原因由媒体人扩展到用户，伦理失范不再只是传播者的责任，用户同样可能会传播虚假信息、侵犯他人隐私、参与权力寻租。

六是伦理原则处于持续变动之中。既有的伦理观念是在过去的社会历史语境中形成的，伴随着时代的发展变迁，人们的伦理观念会发生显著的改变，诸如隐私观念、代际关系、偶像认知、亲密关系、人机关系，等等。这种情况也给智媒的价值嵌入和相关调控带来了不小的阻力。

（三）智媒治理的关系场域

上一章关于智媒问题的反思中有提到智媒实践的关系场域，复杂的关系场域及多元主体的利益、需求和矛盾都是智媒治理的重要阻碍。智媒问题的复杂性在于在智媒运作中存在的不只是人类与智媒的关系，而是多元主体基于智媒应用的复杂交互关系或者说智媒嵌入下的主体间的社会关系网。

总体来看，智媒实践的关系域意味着既有问题的延伸和影响，我们需要意识到既有问题的客观存在，诸多社会既有问题的尚未解决而且往

---

① 袁帆、严三九：《模糊的算法伦理水平——基于传媒业 269 名算法工程师的实证研究》，《新闻大学》2020 年第 5 期。

② 吕新雨、赵月枝、吴畅畅、王维佳、洪宇、田雷、胡凌、熊节、余亮：《生存，还是毁灭——"人工智能时代数字化生存与人类传播的未来"圆桌对话》，《新闻记者》2018 年第 6 期。

往难以解决。我们身处一个不那么完美的世界，步入智媒时代，并不意味着我们就可以摆脱过去存在的诸多问题。彼得斯称"有时候所谓数字化的新东西内装的不过是旧粪便"①，诸如偏见、控制、遮蔽、剥削、侵权等问题都在智媒实践中有所体现；传统媒体面临的伦理挑战，诸如新闻失实、恶性竞争、权钱交易、隐私侵犯等在智媒实践中都有存在。也就是说，智媒带来的也并非都是新问题，而是继承了过往的历史问题。例如智媒鸿沟从根本上说是"既有社会经济不平等和贫富差距状况"在智媒时代的发展和延续。例如人类社会向来存在群体对立、价值观分裂、认同难以达成等问题。

从智媒关系域来看，智媒治理存在配套和监管不足的问题，相关法律法规、政策制度、用户和使用者素质都存在不少问题，监管力量和方式都有待提高，多元监管主体间也缺乏有效的协作。例如监管力度不足、执法体系不健全、法律效力低、法律漏洞和空白、法律条文界定模糊、立法滞后，等等，智媒实践中存在大量灰色地带，涉及个人信息售卖、网络水军、有偿公关等方面。诸多治理浮于表面、流于形式，未能涉及深层次的核心问题，缺乏综合有效治理。例如版权规范混乱、数据保护边界模糊；例如行业伦理准则不清晰、自律失效、媒体职业规范和新闻伦理落后的问题；例如用户素养欠缺，与智媒实践要求不匹配，媒介素养教育缺乏，不同群体在智媒素养、智媒使用、智媒使用感受、智媒消费以及智媒预期的付费意愿等方面存在显著差异。例如开发设计和管理人员自身存在伦理道德缺失，责任意识淡薄、存在伦理失范行为。接下来笔者将从多元主体的利益需求出发对智媒治理的干扰因素进行具体阐释。

1. 用户逻辑

从广义来说涉及人的问题包括权力逻辑、资本逻辑、文化逻辑等内容，不过此处主要谈论的还是人类自身的不足和源于人性的需求。洞悉人性，回到主体和自我是理解智媒相关问题的根本性出发点。对于智媒实践而言，相关主体的需求和人性的局限会直接影响到智媒问题的产生，

---

① [英]约翰·杜海姆·彼得斯：《奇云：媒介即存有》，邓建国译，复旦大学出版社2020年版，第59页。

尤其是"技术专家""算法工程师""技术研发者"等智媒的开发设计者。

一是个体认知的局限性。有限的大脑容量和信息处理能力不足以承载和处理海量的信息，由此出现了信息过载、信息溺亡等状况。考虑到个体差异性及媒介素养的不足，智媒和使用者之间存在一个难以弥合的鸿沟；此外个体的时间、精力都是有限的，出于精力和时间的考虑，往往不能及时分辨错误信息、防范和应对智媒问题。例如人的失误会导致算法偏差，而且人类往往会忽视偏差的存在。

二是源自于人性需求的一系列问题。恩格斯认为，"人来源于动物这一事实已经决定人永远不能完全摆脱兽性，所以问题永远只能在于摆脱得多些或少些，在于兽性或人性的程度上的差异"[①]。例如相较于客观中立的报道，人类更为热衷于八卦信息，涉及性、暴力和血腥内容；饱含惊惧、悲伤、愤怒等情绪的内容也更容易广泛传播。而算法则如同在人性面前放上钓饵，一步一步钓出了人性中的"低俗"乃至"恶"。[②] 正是这些人性需求导致了低俗、泛娱乐化的内容生态。泛娱乐化内容的偏多确实有算法分发的助推因素，但是用户也会主动点击和搜索、频繁关注，用户的自身偏好还是更为根源的因素。

例如人类的惰性，总希望能以最小的成本、付出最小的代价获得最大的报偿，当算法迎合了人类的惰性，人类对智媒的依赖也就成了必然；例如人类有别心的存在虽然有助于群体的凝聚，但也是偏见歧视的根源；例如人类情感、情绪与感性的存在，在相关媒介逻辑的助推下直接催生了"后真相时代"的到来；例如人类普遍存在的依赖心理，一方面是情感上的依赖，人类往往向智媒进行情感投射，而这种情感互动往往意味着智媒对人的束缚，另一方面是路径依赖，在决策和行动中人类往往习惯于遵循既有的思维模式和认知观念，由此导致陷入某种思维定势，产生认知偏见。而大数据分析和预测的出现则大大强化了这种路径依赖。

---

① 《马克思恩格斯选集》第 3 卷，中央编译局译，人民出版社 1995 年版。
② 姜红、鲁曼：《重塑"媒介"：行动者网络中的新闻"算法"》，《新闻记者》2017 年第 4 期。

三是个体基于理性和利益需求的选择与其他主体和社会公共利益往往会产生冲突。匡文波指出,"个体在接受算法的信息过滤机制的同时,也意味着在某种程度上默许'同意算法推送一个由算法逻辑为主导的不完整的世界'"①。个体并不排斥对现实的认知偏差,并不认为能够把握完整的现实,因此为了应对信息过载的现状,往往会选择算法过滤机制,即便算法会遮蔽现实。基于理性,人类对于自身和群体利益往往会予以优先考量,正如哲学家帕特里克·林(Patrick Lin)所说,"没有人想要一辆汽车关心更大的善,他们想要一辆车关心他们自己"。②

四是用户需求存在内在的矛盾,往往用户的信息消费是无意识的,用户需求也处于持续变化之中,充满了不确定性。例如用户面对推荐广告时,一方面用户对平台通过追踪个人动态生成个性化广告感到不安,另一方面用户又希望平台推荐的广告能够体现或预测他们的需求。③

五是用户主观上的疏离,不关心、不在乎、不理解、不接触。虽然说完全意义上的疏离只是一种理想状态,从整体和全局来看用户身处智媒化的泛媒介生存语境当中,终究还是与智媒有所关联,即便这种关联是"被动关联"。

六是用户媒介素养尚存不足,对智媒及其应用缺乏客观准确的认知,例如《AI – ready or Not:Artificial Intelligence Here We come!》报告④调查了来自中国、美国、加拿大、英国和巴西的 2000 多名消费者对于人工智能的看法,结果显示,消费者对人工智能的理解比较粗浅,一提到人工智能,多数人的直接反应是机器人。此外,用户往往缺乏对于媒介技术影响的准确认知,并不能明确智媒的使用对主体意味着什么,未能察觉到危机与风险的存在。

---

① 匡文波:《智能算法推荐技术的逻辑理路、伦理问题及规制方略》,《深圳大学学报》(人文社会科学版)2021 年第 1 期。
② 谢洪明、陈亮、杨英楠:《如何认识人工智能的伦理冲突?——研究回顾与展望》,《外国经济与管理》2019 年第 10 期。
③ 师文、陈昌凤:《驯化、人机传播与算法善用:2019 年智能媒体研究》,《新闻界》2020 年第 1 期。
④ 由全球最大的公共关系咨询公司万博宣伟(Weber Shandwick)与领英联合调研于 2016 年发布。

2. 资本逻辑

智媒时代,人工智能、大数据、算法等智能媒介以及各类数据被视为重要的资产。数据成为一种在土地、资本、能源等传统资源之外的一种新资源,被视为智媒时代的"新石油",也正是在此基础上,智媒实践中的资本介入带来了一系列的问题,大致逻辑如下所述。

一是经济逻辑。资本内在具有增殖和逐利需求,这也是资本运作的核心逻辑,以下几个维度都围绕着逐利以及更高效的逐利目标。马克思资本论有言:"如果有10%的利润,它就得保证到处被使用;有20%的利润它就活跃起来;有50%的利润,它就铤而走险;为了100%的利润,它就敢践踏一切人间法律;有300%的利润,它就敢犯任何罪行。"[1] 资本逐利本身并无可置疑,资本积累也是扩大再生产、提高产品质量的重要环节。智媒的开发设计、推广测试都需要大量的资本注入,只是在智媒实践中,资本往往只关注商业利益,而罔顾社会公共利益和人本原则,这就导致智媒运作中的"唯流量至上"、急于变现、故意迎合用户、忽视长远利益等错误理念,具体表现为盲目追求点击率、阅读量等量化指标;大量推送泛娱乐化和三俗内容;消费歧视等,直接导致了用户的信息窄化、公共信息接触补足、媒体的"劣币驱逐良币"困境等问题。

二是剥削逻辑。首先是智媒生产中大量采用机器人和自动化设备,大量削减人力成本,剥夺人们的就业机会,带来的失业大潮;其次是智媒实践中也大量存在隐蔽的数字劳动剥削,资本鼓励用户进行上传分享等数字活动,但是并未与用户共享收益;再者盲目追求效率和成果,基于量化指标、协作辅助平台、舆情监测系统等智媒手段对媒体人进行控制和生产干预,导致媒体人的自主性丧失,剥削压榨也愈加严重;最后也包括内容生产中对娱乐化、庸俗化内容的生产和分发,透支了媒体信誉和媒体公信力,依靠损害公共利益和用户长远价值来攫取利益,在此意义上也可以理解为是对公共利益和社会公共财产的"剥削"。

三是垄断逻辑。首先智媒实践的深层问题在于相关主体的精神生产资料垄断和传播渠道垄断,具体包括算法垄断、数据及其使用权垄断、

---

[1] 李凌:《智能时代媒介伦理原则的嬗变与不变》,《新闻与写作》2019年第4期。

人才垄断等形式。其次表现为互联网平台间信息壁垒和互联网巨头间的信息高墙，这些问题的存在有损用户体验、不利于智媒充分发挥效果，与此同时也容易引发圈层化、认知偏颇、行为控制和知情权侵犯等问题。此外由于对商业利益的看重，拒绝公开算法机制等商业机密，也进一步干扰了用户对智媒的认知理解，不利于相关主体的监督和管理。最后垄断过程中伴随着竞争和利益偏向，智媒应用的无序竞争往往导致用户无法获取到所需信息、无法享受到正常的服务；而相关平台则会处于自身发展需要和媒体生态利益对信息的生产分发进行蓄意控制，例如倾向于推荐入驻该平台的创作者的内容，而弱化多平台创作者的内容。

四是控制逻辑。首先无论从生产的维度、交换的维度还是消费的维度，用户都起着直观重要的作用，资本希望将用户规训成资本喜欢的样子，更好服务于资本增值，诸如不思批判、乐于消费、量化自我、暴露隐私，等等。其次智媒尽可能的构建适合资本运作的拟态环境，例如"双11"等媒介奇观的打造、各类广告的隐形植入和消费观念的培养，致力于向用户灌输消费主义意识形态以及各类有助于产品宣传的价值观念。再者对于资本而言，圈层化符合资本逐利的需求，因为过于个性化的用户会增加平台的控制成本，也不利于针对性地进行意识控制和商业营销。还有就是嵌入资本价值诉求的智媒系统会干扰媒体人的价值判断，消解新闻专业主义，影响传媒规则和舆论生态，例如将量化指标应用于媒体的内容筛选评判之中；例如营造出"算法价值无涉""智媒造福于人""智媒客观公正"的舆论氛围，进而帮助平台和产品规避责任，也助推相关智能产品的销售。最后控制逻辑还表现为智媒实践中嵌入的大量的偏见与歧视，包括大数据杀熟、基于用户隐私的消费判断和广告推送、偏好具有消费力的女性用户和年轻人，等等。

3. 政治逻辑

郭小平和秦艺轩指出，"技术的政治内嵌是利益集团操控舆论、维护权力统治的一种必然手段"[1]。智媒对于政见宣传、社会治理、政令传达、舆论管控都起着重要作用。智媒实践中也必然会嵌入政治诉求，政

---

[1] 郭小平、秦艺轩：《解构智能传播的数据神话：算法偏见的成因与风险治理路径》，《现代传播》2019年第9期。

治逻辑在智媒规训中发挥着至关重要的调控作用；而用户的智媒认知也会受到自身政治观念的影响。丹·席勒提出了一句非常具有鼓动性的名言："只有在政治的坩埚中，新型的技术能力才能被催化。"① 具体来看：

第一，政治权力对智媒本身的塑造。兰登·温纳（Winner）认为技术在双重维度上具有政治性：一是新的技术或设计内嵌了某种政治属性，为"给定政治体系"提供确立或巩固权力、威望的技术手段；二是政治对技术的需求与生俱来，而技术也在某种意义上回应着它们的需求。②

第二，政治力量会对智媒运作进行干扰。例如2011年9月面对"占领华尔街"的民众游行示威，美国媒体集体噤声。以Twitter为例，尽管网民已在#occupy wallstreet#的标签下对这一公共事件进行了激烈讨论，Twitter的"趋势发现"中仍旧无法看到这一事件的热搜。③

第三，用户的政治党派和政见观点会影响到个体对智媒问题的理解。基于不同的政治倾向，用户对于算法推荐的理解存在较大的差异。自由论认为新闻推荐系统应该将用户的偏好视为新闻推荐的最高原则；参与论认为新闻推荐算法应该尽可能包容地促成公民对公共事务的多元参与；协商论认为新闻推荐算法应该主动地将用户置于可以挑战其观点的信息环境中。④

4. 媒体逻辑

专业媒体在智媒实践中的地位和功能不容小视。彭兰认为，"尽管未来的传媒业将是一个边界消失、版图重构的时代，影响内容专业性的力量将更为多元，但专业媒体在其中仍然是核心"⑤。尤其是在中国语境下，主流媒体在关键决策上有着较强的话语权和干预能力，比较典型的

---

① [英]丹·席勒：《信息资本主义的兴起与扩张》，翟秀凤、王维佳译，北京大学出版社2018年版，第18—65页。
② 郭小平、秦艺轩：《解构智能传播的数据神话：算法偏见的成因与风险治理路径》，《现代传播》2019年第9期。
③ 郭小平、秦艺轩：《解构智能传播的数据神话：算法偏见的成因与风险治理路径》，《现代传播》2019年第9期。
④ Helberger N., "On the Democratic Role of News Recommenders", *Digital Journalism*, 2019, pp. 1–20.
⑤ 彭兰：《增强与克制：智媒时代的新生产力》，《湖南师范大学社会科学学报》2019年第4期。

就是《人民日报》日报三评算法推荐，直接影响了头条等媒体平台的运营策略。

如果单就媒体与用户的关系来看，媒体占有的资源、拥有的权力都要远高于个体用户，尤其是考虑到媒体与政治、经济之间的关系，这种信息不对等状态和资源占有差距都可能给用户带来伤害，相关风险需要引起警惕，对媒体的监管也是尤为迫切的。

从消极视角来看，一旦媒体理念和运行机制出现问题对于整个社会而言也会带来诸多问题。例如媒体缺乏对于新闻专业主义的坚守；例如媒体的价值逻辑变迁，从强调公共利益和社会责任转移到注重用户需求和娱乐体验等问题。

从当下的智媒实践来看，大量的媒体从业者并不理解智媒的运作机制，由于专业知识的缺失很容易带来新闻实践的失误，例如在基于传感器和大数据的新闻实践中，媒体从业者需要了解传感器本身的特点、组成、种类、特性、选型原则和技术特点等，还要熟知其数据抓取方法和算法等内容，而目前我国新闻从业人员的结构和水平暂时还无法满足这一要求。[①] 在这样的情况下记者往往会选择错误的传感器，选取错误的数据采集方式，获取无用的数据，进而产生错误的结论引发新闻失实。

此外，对于平台类媒体和互联网公司而言，其问题解决的动力不足，也会比较在意治理成本。相关主体未必是故意编写带有歧视或者偏见的算法和程序，只是在实施这些算法之后，一旦出现了歧视或者偏见的结果，相关主体却常常没有投入时间、人力、财力和资源来解决这些问题。数据的采集和分析有着利益驱动，问题解决也是需要利益驱动的，不过这样的良性机制很难形成，更多情况下还是有赖于责任心和外部推动。此外对于监管主体而言也存在类似问题，监管部门的治理应对需要投入大量的资金、时间和精力，这些都是制约智媒治理的重要因素。

（四）智媒治理的具体困境

简单而言，智媒问题基本上就是媒体发展受阻、智媒实践中存在的

---

① 李堃：《反思传感器新闻带来的伦理困境》，《传媒观察》2017年第9期。

媒体伦理问题和智媒实践带来的社会负功能这三类。其中媒体发展困境包括理念困境、技术困境、业态困境等；媒体伦理方面主要包括隐私保护困境、歧视治理困境、算法透明落实困境、被遗忘权落实困境等；社会负功能方面主要包括智媒鸿沟弥合困境、公共传播困境等。智媒诸多问题的解决或多或少的存在一些困境，接下来以"媒体发展""隐私保护""歧视治理"和"算法透明""鸿沟弥合"为例进行具体阐释。

1. 媒体发展困境

一是媒体理念困境，媒体理念缺乏共识，新闻专业主义缺失。关于"媒体为什么生产"的问题媒体自身往往没有清晰的认知，智媒实践中存在片面追求高效生产而忽略了为什么生产的问题。当高效生产和大量内容生产成为常态之后，往往会存在大量不必要的内容，海量和高效反而成了一种负担。

二是技术困境，媒介使用与生产能力不足。例如传感器新闻的真实准确性以及高效的发挥作用有赖于传感器的恰当使用、自身的精密度、系统的测算和设计，媒体往往缺乏相关的技术手段，自主研发的传感器精度较低，存在数据偏差的风险，并不能获取权威数据，采用二手数据也会带来公众的质疑。此外由于相关机构部门的安全考虑，媒体也无法获取到相关数据，这也限制了媒体的数据采集和新闻生产。

三是业态困境。例如信息源的媒体化，过去作为消息源的组织机构和个人往往自建平台、自办媒体，拥有了自身的传播渠道，直接向用户推送内容。当各类机构和用户成为新型媒体，一方面意味着媒体的信息源减少，另一方面意味着媒体的竞争对手增加。例如注意力竞争加剧，内容边界的模糊，包括游戏、泛资讯、短视频、长视频等各类形式都在争夺用户注意力。彭兰提到，"传统意义上的一些非资讯内容，在今天成了'泛资讯内容'，它们会与新闻资讯内容一起分享用户的时间"[①]。例如"劣币驱逐良币"的恶性循环。传统媒体往往盈利状况本就不佳，又由于平台媒体等主体对用户需求的迎合，进一步流失了用户，在此意义上传统媒体难免向流量逻辑屈服，出于盈利和生存考虑而牺牲新闻的

---

① 彭兰：《增强与克制：智媒时代的新生产力》，《湖南师范大学社会科学学报》2019年第4期。

准确性、真实性、公共性等核心理念，偏重于情感性、趣味性等要素以迎合受众口味。进而恶化了媒体业态，带来了"劣币驱逐良币"的问题，而且传统媒体也丧失了自身的独特优势和竞争力，实质上恶化了自身的生存处境。

四是决策困境。例如智媒系统到底是要寻求"协作"还是"自建"，协作存在竞争力减弱、受制于人等问题，而自建则需要比较完备的人才结构，包括统计师、数据分析师、交互设计师、程序员等，成本会大大提高，而且由于缺乏前期积累，往往需要较长的建设周期。

2. 隐私保护困境

从隐私侵权的原因来看，涉及媒介逻辑、人类的"窥私欲"、主体素养、监管不完善、利益驱动等多元因素。既有数据采集、使用和分析中的失误和偏差，又有利益需求推动的蓄意侵犯。鉴于隐私侵犯复杂交织的因素，隐私保护任重而道远。接下来将从时代背景、隐私观念、智媒逻辑等维度来展开说明。

一是从时代背景来看，在当下的智媒时代，隐私空间塌缩，私人空间和公共空间融合；而媒体实践又面临着数据使用与隐私保护的两难选择：智媒的广泛应用需要数据使用而智媒实践又面临着日益紧迫的数据安全问题。具体来说，首先是隐私悖论的存在。一方面用户越来越依赖智媒的应用，要求更加智能化、精准化的服务。另一方面媒体智能化、精准化的服务建立在对海量数据的搜集和分析之上，包括新闻线索自动采集、新闻热点的追踪、自动化写作、新闻的精准分发和推荐都需要调用和分析数据，在此过程中很容易产生个人数据分发采集、数据泄露、过度分析、不当使用等相关问题。例如"精准的智能分发是以让渡个人隐私为前提的，深挖用户信息、阅读习惯给用户带来便利的同时，也侵犯了公众的隐私"。[①] 当用户在使用精准推荐服务时就意味着个人喜好等隐私资料已经暴露给了平台。此外，智媒实践中有必要审查数据调用的必要性和合理性，尽量规避数据使用中对隐私权的侵犯，不过数据合理合法使用与隐私保护之间的平衡点并不那么容易把握。

---

① 靖鸣、娄翠：《人工智能技术在新闻传播中伦理失范的思考》，《出版广角》2018年第1期。

其次是多样化的隐私获取途径和第三方信息采集的不可控性。监控设备、传感器、数据爬虫、可穿戴设备、智能座驾、可穿戴设备等海量智媒设备对用户进行着全时全方位、自动高效、大规模以及较为隐蔽的数据监控和信息采集。加之用户在智媒使用中会主动生产和上传了大量的隐私信息，都增大了隐私问题发生的风险。例如现实世界的各类传感器在新闻线索采集时还会记录人的相关行为，相关内容的呈现和报道也侵犯了用户的知情同意权，存在暴露用户隐私的风险。

再者是"隐私空间塌缩"，原本私密的空间逐渐暴露在监控之下，成为公共空间的一部分。例如智能座驾系统使得汽车这一曾经的私密空间成了数据收集场景；各类智能家居也使得居室成为数据采集环境。例如各类传感器渗入日常生活，乃至于身体之中，其自动而隐蔽的采集使得私人空间和公共空间的界限进一步消解。段伟文将当下的隐私现状描绘为"透明人的隐私裸奔"[1]，而洛丽·安德鲁斯则认为当下的时代不只是零隐私时代，更是负隐私时代。[2] 用户处于福柯所言的"全景监狱"之中，一言一行、一举一动都受到智媒的监控，纯粹的私人空间越来越小。此外"隐私保护"一贯与"媒体公开报道"存在冲突，许向东指出，"隐私权的'不为人知'与新闻报道的'广为人知'发生冲突的结果就是一旦媒体公布了某些信息，公民的隐私权将会受到侵害"。[3] 智媒时代，各类网络直播、视频监控、便捷的短视频录制进一步使得用户隐私得以"公开报道"，在此意义上也加剧了隐私空间的塌缩。

最后是用户隐私数据面临"永不消逝"的现实状况，往往难以彻底删除。这也使得隐私泄露一旦发生往往难以完全消除其影响，此外用户往往无法彻底删除相关隐私信息，这也给不法分子以可乘之机。

二是相关主体往往从自身利益需求出发，以追求自身利益最大化为目标，在实践过程中可能会侵害到其他主体的利益，包括对于其他主体

---

[1] 段伟文：《控制的危机与人工智能的未来情境》，《探索与争鸣》2017年第10期。
[2] ［英］洛丽·安德鲁斯：《我知道你是谁·我知道你做过什么：隐私在社交网络时代的死亡》，李贵莲译，中国友谊出版公司2015年版。
[3] 许向东：《大数据时代新闻生产新模式：传感器新闻的理念、实践与思考》，《国际新闻界》2015年第10期。

的隐私侵犯。当信息具备了商品属性，数据成为智媒时代的燃料，基于利益的驱动也会滋生出一系列对隐私的侵犯。彭兰评论称，"基于所有权和使用权的丧失，用户的隐私保护面临着巨大的挑战"。"用户与那些掌握并利用甚至可能出卖他们的隐私数据的公司之间，天然是不平等的。在缺乏对自己数据的知情能力的情况下，隐私保护也就无从谈起。"[1] 薛孚和陈红兵将利益相关者的利益多样性视为隐私问题存在的伦理根源，不同主体之间的价值优先级是不同的。用户的价值以个人的权利为优先级，在享受大数据带来便捷的同时要求保留隐私；而组织的价值关注搜集数据产生利益，是功利主义的，而往往忽略伦理道德诉求。以政府为主导的设计，其价值优先级是国家和全体公民的利益；以公司为主导的设计，其价值优先级是公司商业利益。[2]

三是由于遍在监控、大数据交叉分析工具等媒介原因，隐私侵犯路径更加巧妙，也更为隐蔽，隐私侵犯是用户难以防范的，也很难针对性地进行有效的隐私保护。首先是由于数据爬虫等智媒采集手段的高效、智能且隐蔽性，用户数据容易被非法收集、过度分析及滥用，而且用户往往难以察觉。数据采集设备更加的高效和智能。不仅能够深度挖掘和整合个体的所有信息，还能够基于现有信息分析出新的信息。例如数据整合商可以采集到用户过去删除的照片和资料，并基于这些资料对用户进行性格分析、兴趣分析和消费偏好分析等等，用于界定用户并分类用户。

其次是大数据技术带来的"技术互联状态"改变了隐私保护的内涵。基于物联网、大数据、云计算等技术，智媒的数据整合和分析能力大大增强，智媒可以对用户进行精准"画像"和行为判断，得以绕过了个体层面，通过预测判断群体特征后间接获知群体中个体用户的隐私信息。黄柏恒指出，"剖析技术（profiling technology）会根据每个人的性别、性格特质、个人历史、社会地位等不同因素把人们分门别类（classification），再根据他们所属类别（categories）

---

[1] 彭兰：《假象、算法囚徒与权利让渡：数据与算法时代的新风险》，《西北师大学报》（社会科学版）2018年第5期。
[2] 薛孚、陈红兵：《大数据隐私伦理问题探究》，《自然辩证法研究》2015年第2期。

进行不同回应"。① 也就是说基于剖析技术，群体和类别而非个体成为数据分析的对象，用户个人身份相对用户所属的群组变得不再重要。一旦明确了该用户所属的群体、类别以及拥有的标签，就可以大致判断出用户的特点，挖掘出用户的隐私信息。

也正是在此意义上，米特尔施泰特提出了"大数据的涉他责任"和"集体隐私权"的概念②。"大数据的涉他责任"意味着我们在做出决策时不能只是对自身负责任，更需要顾及与我们相似的个体或是与我们同属同一群体的成员。因为自己对他人的评价可能会暴露在公共场合中；作为一个群体的成员，自己的信息披露也很可能会影响到群体内的其他人。过去这样的风险相对较小，但是当下的广泛遍在公开连接，使得相关隐私暴露的风险大大增加。"集体隐私权"提出的背景也是基于"他人的信息泄露"和大数据的数据分析可能会带来的"群体内个体"的隐私泄露状况，在智媒时代，我们不仅需要考虑个人同意权，还需要兼顾群组同意（group consent）和集体同意（collective consent）。③

再者基于数据交叉分析的信息挖掘都使得既往的隐私保护举措失效，对个人信息的私密性造成极大冲击。传统的隐私保护可以通过"模糊化""匿名化"的方式来进行，但是在智媒时代，往往通过数据重组和数据交叉对比等方式，用户的名称也可知晓，模糊数据也会再次呈现。麻省理工学院的研究人员发现，只需掌握四个时空移动数据，就可以辨识出95%的个人身份信息。④ "如果只是单个数据或单一维度的数据，经过模糊化或匿名化，隐私信息可以被屏蔽，但一旦将各种信息汇聚在一起形成的大数据，往往就可以将原来没有联系的小数据联系起来。大数据挖掘可以将各种信息片段进行交叉、重组、关联等操作，进而将原来

---

① 黄柏恒：《大数据时代下新的"个人决定"与"知情同意"》，《哲学分析》2017年第6期。

② Brent Mittelstadt, "From Individual to Group Privacy in Big Data Analytics", *Philosophy & Technology*, Online First, 2017.

③ 参见：黄柏恒：《大数据时代下新的"个人决定"与"知情同意"》，《哲学分析》2017年第6期。

④ de Montijoye, Yves – Alexandre. Unique in the crowd: the privacy bounds of human mobility, 2013 Retrieved from www.nature.com/srep/213/130325/srep01376/full/ srep1376.html.

模糊和匿名的信息重新挖掘出来。"①

通过碎片化的信息和数据,基于数据分析可以形成对个体的详细描述,碎片化的信息看似无害,但一旦被组合起来就会披露有关个人的更多情况。尽管某些信息碎片并不是人们想要隐瞒的东西,然而,"积聚"却意味着:通过将这些不想隐瞒的信息碎片组合起来,就可以发现人们可能真的想要隐瞒的信息。有一个故事很典型地反映了这种状况:在某地举行的一次社交活动中,有人向其中的一位神父提问:他是否曾经在接受忏悔时听到过十分特别的事情?该神父如此回答:"实际上,我的首位忏悔者就是这方面的一个很好的例子,他到我这里来忏悔是因为他产生了谋杀他人的想法。"没过多久,进来了一位举止十分优雅的先生,这位先生一见到神父,就很热情地向神父问好。当参加这次活动的某人问他是如何认识这位神父的时候,这位先生回答说:"噢!我很荣幸地成为他的第一位忏悔者。"② 故事中的神父显然并没有暴露那位举止优雅先生的隐私的主观意图,而那位举止优雅的先生肯定也不会或不愿意在这样的公共活动中自曝其个人隐私,但如果在场听到上述对话的人将该神父与那位先生各自话语中所包含的信息联系起来,就显然触及那位先生的隐私,即其不愿意披露的个人情况。③

最后是黑箱运作带来的不可解释性,用户对于数据使用状况、使用目的用途都不清楚。而且一旦发生了隐私泄露和滥用问题也往往无法准确溯因和寻求追责维权。

四是从用户主体来看,伴随着隐私观念的变迁,用户存在消极倦怠的心理,隐私保护观念有待提高,大量存在以隐私换便利的情况,此外用户的媒介素养不足也干扰了个体的隐私保护。首先是隐私观念的变迁,人们的隐私观念日趋开放,自我披露成了一种潮流。例如隐私问题是在19世纪便携相机被发明出来之后才引起人们讨论的,当时学者们担忧的

---

① 黄欣荣:《大数据技术的伦理反思》,《新疆师范大学学报》(哲学社会科学版)2015年第3期。
② Ruth Gavison, "Privacy and Limits of Law", The Yale Law Journal, 1980, 89 (3)。
③ 吕耀怀、罗雅婷:《大数据时代个人信息收集与处理的隐私问题及其伦理维度》,《哲学动态》2017年第2期。

是一个在公共场合被偷拍的人如何合法保护自己私人空间的问题。不过伴随着时代的变迁，人类身处满是监控的世界，早已完全无法保护自己在公共场所不为摄像头所捕捉的"权利"。① 智媒时代，人们对于隐私信息的界定和隐私泄露的划分都在变化，在 20 世纪 80 年代美国的个人录像带租赁记录是保密的，但是现在的社交媒体上人们可以随意浏览他人的视频内容。

其次是隐私观念存在个体间的差异。一方面，有些用户有着明确的隐私观，而有的用户隐私观较为模糊，例如有的用户热衷于微信朋友圈、微博、Facebook 等网络平台的使用，习惯于将一些文字、照片、视频等共享到网上，其中数据往往涉及个人隐私，如家庭住所、个人喜好，等等，但使用者却丝毫没有察觉这种潜在的危机。另一方面，具有清晰的隐私观的个体根据隐私观的不同又可划分为开放的隐私观与狭窄的隐私观，例如有些用户愿意让渡隐私来换取便利服务，但是有些用户则不愿意。②

再者是不少用户存在一定程度的"隐私倦怠""隐私疲劳"等情况。例如有些用户感觉面对大数据的数据使用和隐私侵犯，个人的行动是微不足道的，所以索性降低了隐私保护意识，默认数据被平台搜集使用。此外数据共享和数据开放等观念也会影响隐私问题，往往人们越认同数据共享，组织越容易搜集数据，这更为隐私问题提供滋生的土壤。

最后各类智媒以拟人、卡通、动物等形象出现，用户往往更容易接受它们，对于隐私侵犯问题也会放松警惕，使得智媒得以堂而皇之地进行数据的收集，在此意义上当下的隐私侵犯具有"迷惑性"。

五是出于时间精力成本等原因的考虑，无法进行隐私保护。当缺乏正向的激励，企业和平台可能会无视用户的隐私保护或者说对隐私保护持有消极态度，对个人数据缺少有效保护。例如"知情同意"的原则要求在当下隐私保护实践中往往很难实现，瑞典技术哲学家汉森（Sven

---

① 柳亦博：《人工智能阴影下：政府大数据治理中的伦理困境》，《行政论坛》2018 年第 3 期。

② 柳亦博：《人工智能阴影下：政府大数据治理中的伦理困境》，《行政论坛》2018 年第 3 期。

Ove Hansson）指出，"要在任何大型技术工程项目中获取众人的知情同意是不可能及不可行的"。① 智媒实践面对海量数据资源和复杂的运作机制，往往难以对用户进行一一告知，而且往往算法分析师也未必清楚将要进行的操作和预期的目的。对于数据收集来说征求用户同意还相对容易，但是对于数据挖掘和数据分析征求所有用户的同意就不大可能了，所以相关主体往往自行决定是否进行数据采集，用户也失去了对自身数据的控制权。

六是现有保护手段的失效。除了上文提到的"匿名化处理"难以保障用户的隐私之外，"用户服务条款"也很难维护用户的隐私权益，虽然各类平台会以用户服务条款的形式告知用户收集其相关信息的意图及范围，不过在智媒实践中，"用户服务条款"往往沦为形式和规避责任的手段，用户的知情同意权并不一定能得到实质上的保障。（1）用户在未阅读相关条款的前提下仍会接受这些条款；（2）隐私政策的可阅读性和可理解性很差，需要用户具有平均14.21年的教育经历才能理解②；（3）一些APP在隐私保护政策制定和实施方面存在霸王条款③、缺乏协商机制、不注重内容的可读性等问题；（4）即使有征求意见的环节，对于媒介素养不高的公众来说，面对各种代码和各类的技术规则，自身也并不具备维护自身隐私权益的能力。

此外保护手段的失效还表现为隐私保护的立法滞后，对于全新出现的隐私侵犯问题缺乏有效的监管和预防。

3. 歧视治理困境

智媒歧视是由多元复合因素共同导致的，包括样本数据问题、算法程序设计问题、主体的利益需求和价值介入、文化与既有社会观念，

---

① Sven Ove Hansson, "Informed Consent out of Context", *Journal of Business Ethics*, Vol. 63, No. 2, 2006, pp. 149—154.

② Jensen, C. and Potts, C., Privacy policies as decision – making tools: An evaluation of online privacy notices. In: Proceedings of the SIGCHI Conference on Human Factors in Computing Systems, pp. 471 – 478, Vienna, Austria: ACM. April, 2004.

③ 在APP的"个人隐私协议"中，用户往往不选择让渡隐私就无法获取到相应的服务，而且相关要求都是打包到一起，无法单独选择，例如APP要求用户允许将个人信息共享给第三方和合作伙伴，如果拒绝则无法顺利使用。

等等。智媒偏见产生涉及样本选定、数据采集、算法程序设计、主体利益需求、文化与意识形态等相关维度，本部分将对这些内容进行具体阐述。

一是由社会既有偏见延伸出的算法偏见往往根深蒂固，难以消除。算法造成的歧视实质上是现实世界长期存在的偏见观念在虚拟世界中的延伸。数据本身无法独立于生产该数据的社会系统而存在，我们社会中各种不平等也会进入到数据结果之中。[①] 在此意义上，如果不能在社会层面解决偏见问题，指望在智媒实践中消除偏见是不可能的事情，偏见还是会在智媒实践中延伸蔓延。

尤其是考虑到社会既有偏见与文化与意识形态的密切关系，偏见的消除也变得愈加困难。西方中心主义意识形态也是算法歧视普遍存在的重要原因之一，用谷歌搜索"看起来工作不专业的发型"，结果图片绝大多数都是一头自然卷的黑色人种女性；相反，如果搜索"看起来工作专业的发型"，结果是铺天盖地的白人女性。汪怀君和汝绪华评论称，"尽管西方国家高举种族平等大旗，但实际上，基于西方中心主义的无形的偏见与歧视却根深蒂固"[②]。

二是样本数据带来的歧视与偏见。智媒实践严重依赖数据，而基于现实世界转换而来的数据集往往存在偏差，包括数据不准确、数据的缺漏、虚假数据、数据的陈旧、无关数据、重复数据、失效数据、数据代表性不足，等等。在此意义上，原始数据库的数据被污染，存储其中的相关数据也被称为"脏数据"。在被数据量化的世界中，数据本身与现实世界重合的程度决定了数据的可靠性。[③] 无论算法模型多么客观准确，只要输入数据存在偏见，那么最后的结论必定含有偏见，正所谓"偏见进、偏见出"。即便数据清洗等操作可以进行一定的调整，但是总体而言不会消除脏数据的存在，无法改变智媒实践中的偏见存在的问题。

[①] 林曦、郭苏建：《算法不正义与大数据伦理》，《社会科学》2020年第8期。

[②] 汪怀君、汝绪华：《人工智能算法歧视及其治理》，《科学技术哲学研究》2020年第2期。

[③] 张超.：《作为中介的算法：新闻生产中的算法偏见与应对》，《中国出版》2018年第1期。

尽管通过增加数据集的多元性和透明性可以减少偏差，但不论在理论上还是在实践上，数据偏差都不可能完全被规避。① 一方面在智媒实践中获得"全样本"并不是一件容易的事情，彭兰提到了以下几点：一是互联网数据，被少数平台垄断，出于利益保护等因素考虑，平台通常并不愿意将数据完全公开。二是他人从这些平台"扒"数据时，会受到技术能力和权限等限制，这可能在一定程度上影响到数据的完整性。三是平台本身也可能因为各种原因，未必能保留全样本数据，例如，在社交平台，删帖必然会导致相关内容的不完整。另一方面在基于小样本的智媒实践中往往存在操作不规范不严谨（例如农民工问卷大学生填）、公众的厌倦、排斥和游戏心理导致问卷的采集和准确性都大打折扣。②

除了彭兰这里提到的一些原因外，还包括：在数据收集过程中排除了那些未触网或者对隐私较为重视用户的数据；媒体行业数据挖掘能力有限，然而外界压力却又在迫使媒体力不从心地走向数据化，因此媒体行业普遍面临着数据应用多流于表层，漏洞也越来越多。

此外样本数据的缺陷除了直接影响分析结果偏差，带来偏见之外，还会以影响算法模型的拟合度的方式带来偏见。基于有偏差的算法模型很难得出公正的结论。汪怀君和汝绪华指出，"样本与训练数据通常被喻为算法的'教科书'，机器学习的效果与样本平衡与否、训练数据多少密切相关。训练样本不能太少，各个类别的样本数量差别不能太大，太少、差异大的数据无法有效代表数据的整体分布情况，容易造成过拟合"③。例如由于 ImageNet 数据集中的数据主要来自于美国，印度等国家的贡献偏低，这带来的结果就是视觉算法会给美国新娘贴上"新娘"标签，但是只会给印度新娘贴上"表演艺术"和"礼服"的标签。

---

① Waddell, T. F., Can an Algorithm Reduce the Perceived Bias of News? Testing the Effect of Machine Attribution on News Readers' Evaluations of Bias, Anthropomorphism, and Credibility. Journalism & Mass Communication Quarterly, 2019, 96 (1), pp. 82 – 100.

② 彭兰：《假象、算法囚徒与权利让渡：数据与算法时代的新风险》，《西北师大学报》（社会科学版）2018 年第 5 期。

③ 汪怀君、汝绪华：《人工智能算法歧视及其治理》，《科学技术哲学研究》2020 年第 2 期。

三是算法程序设计的局限性和不足,具体包括算法的不完善,缺乏筛选和识别能力、分析模型偏差、程序设计的偏见、偏见复制、偏见习得与偏见继承等内容。首先由于算法设计的偏向性,不同的内容、不同的用户接触到的信息和得到扩散的机会都是不同的,并非所有用户的搜索、互动和参与都会被同等地纳入考量,由此算法设计往往会带来偏见。例如2018年,为庆祝IG战队在英雄联盟全球总决赛中首次夺冠,王思聪在新浪微博设立113万奖金进行抽奖。参与抽奖活动的男女比例为1∶1.2,然而,在最终获奖的113人中,只有1名男性用户,获奖男女比例为1∶112。① 相关解释有两种,一种是微博官方解释称这是为了筛选水军而带来的算法误判,将平时不发原创微博、不发图片、活跃性较低的账号视为了水军,出发点还是要保证抽奖的公平性,而另一种则认为微博算法设计重视拥有较强的购买力和消费潜力的80后与90后女性,背后是由资本和利益逻辑驱动下的性别歧视。

其次是算法程序对社会既有偏见的被动继承,一方面源自于算法程序对于数据集偏差中偏见因素的继承;另一方面源自于开发设计者在算法程序设计中的偏见嵌入。在数据采集、挖掘、分析的过程中,算法不可避免地会复制现实世界中的偏见,进而带来算法结论的偏见和算法应用中的歧视行为。尤其是考虑到大数据分析往往是大样本,乃至全样本分析,而非代表性样本分析,因此,全样本里所包含的偏见及其背后所承载的历史遗留问题很可能都会在数据分析的结果中得以体现,也就是说基于当下的算法程序,以过去的数据预测未来往往会带来的价值偏见。例如如果基于现有的逮捕数据来预测未来的犯罪率,那么很有可能会强化种族偏见,因为当下非裔美国人街区的逮捕率会高于其他街区,所以基于大数据的分析会认为非裔美国人更容易犯罪,这无疑强化了现有体系的种族偏见。② 换句话说,基于全样本或者大数据样本的算法分析忽

---

① 郭小平、秦艺轩:《解构智能传播的数据神话:算法偏见的成因与风险治理路径》,《现代传播》2019年第9期。

② R. Weitzer, "Race and Policing in Different Ecological Contexts", in S. K. Rice and M. D. White, eds., Race, Ethnicity and Policing: New and Essential Readings, New York: NYU Press, 2010, p.125.

视了实际情况在不断的变动,也忽略了既有现象的深层原因,在此基础之上现实社会的结构性偏见得以在数据样本中重现,如果不加筛选和调整,数据本身携带的偏见将呈现在算法新闻之中。

再者是算法程序尚不能主动识别偏见并予以抵制,因此在智媒实践中存在智媒应用对于偏见的主动习得和生成。偏见习得可以区分为基于数据集的偏见习得和基于用户交互和实践的偏见习得。而在用户与智媒的交互实践中,智媒往往通过自主学习并习得用户的行为习惯和兴趣偏好,当然其中也包括用户的偏见和歧视。也就是说,智媒存在"被教坏"的可能,清华大学图书馆的机器人"小图"、微软的 Tay 聊天机器人等都曾因"被教坏"而"下课"。2016 年 3 月 23 日,微软公司的智能聊天机器人 Tay 上线还不到一天,就被下线了,因为 Tay 被"坏用户"引入歧途,生成大量反人类伦理的对话:诋毁黑人,发表转发种族歧视、性别歧视和反犹太人的言论。[①]

最后是大数据分析注重相关性而非因果性,由此带来了"概率关联"困境。基于大数据的分析,不关注因果关系只关心相关关系,只做归纳不做演绎,在此意义上忽略了问题的语境和背景。例如当智媒判定犯罪率与黑人群体与底层人民存在相关关系时,并不会考虑到真实世界的社会文化历史背景,在此意义上造成了对黑人群体和弱势群体的偏见和歧视。非营利组织 ProPublica 对犯罪风险评估算法(COM–PAS)研究后发现,黑人更倾向于被错误评估为高犯罪风险,其概率大约是白人的两倍。[②] 从数据结果来看似乎没什么问题,但是从问题治理角度来看,倾向于监控和防范黑人群体在跟不上无助于犯罪问题的解决,反而造成了对黑人群体的歧视。而且这种刻板印象会进一步影响到人们与黑人群体的交往活动,以及干扰到司法审判的公正性。

四是与主体相关的问题,具体包括设计者的偏见嵌入、数据生产者的偏见转录、算法解读者的偏见等内容。偏见往往基于某个特定的视角,

---

[①] 陈昌凤、张舒媛:《新闻生产中算法运用的技术路径与价值逻辑》,《现代出版》2021 年第 3 期。

[②] 汪怀君、汝绪华:《人工智能算法歧视及其治理》,《科学技术哲学研究》2020 年第 2 期。

有着自身的利益需求，而歧视往往将这种利益需求落实到了行动中。例如脸书基于党派需求，干扰新闻热点的呈现，进而打压其他党派的话语表达。首先是数据生产者会向智媒提供带有偏见的数据，既包括普通用户提供的数据，也包括商业机构和组织提供的相关数据，例如资本等利益群体会主动制造大量带有偏见的数据。其次是算法设计者会在数据加工环节进行数据的筛选和调整，或者说不加审查直接使用带有偏见的数据，包括使用代表性存在偏差的样本、有意遗漏数据、带有倾向性的选择时间段和数据维度。

再者是设计者在算法程序中的偏见嵌入。算法程序的开发设计往往体现在技术人员的价值考虑和主观判断，可能携带着设计者的固有偏见。Luke Dormehl 在《算法时代》一书中讲了一个名为罗伯特·摩西的设计者，在20世纪20—70年代，为纽约设计并修建了多处道路、公园和桥梁。在罗伯特·摩西的设计下，进入公园前的桥梁特别矮，只有2.7米左右，这就使得那些买得起轿车的有钱富人才能进入公园，而乘坐公共汽车的穷人（其中有很多是黑人）只能绕道而行。当人类恶意的利用算法制造偏见时，算法更是毫无抵抗能力，例如在Google搜索引擎"自动完成"的搜索结果把德国前第一夫人的名字跟"妓女""伴游女郎"放在一起的案例中，这一问题就是由于Craigslist和亚马逊土耳其机器人招募的水军制造了大量的搜索量。

最后是对于分析结果的解读也会带有相关主体的偏见，包括忽视既有的语境和背景、包括对于局部信息的强调和忽视、包括断章取义的理解，等等。人类往往基于过往经验进行信息处理和解读，因此社会文化中固有的偏见难免渗透到数据解读之中。此外用户缺乏数据解读能力，对数据的解读可能会出现主观随意、简单化等问题。例如，用户往往会将数据得出的相关关系过度解读为因果关系。

五是歧视行为背后是相关主体的利益需求。在利益驱使下，相关主体不会改变既有偏见和歧视行为。例如出于商业利益的考虑，媒体实践会偏向和侧重高消费人群，进而将边缘性的与非消费的受众排除在外。在算法推荐和分发过程中会倾向于具有消费能力，拥有较高的市场价值的女性用户，而歧视消费能力较弱的男性用户。因此，新浪微博不惜修改算法规则来回馈核心用户，提升用户黏度与平台流量，实现资本利益的最大化。① 目前来看，AI算法应用正变得越来越普遍，越来越多的利益分配和大数据直接相关，尤其是在算法决策应用日益广泛的教育、就业、福利补贴发放、刑事司法、公共安全等重要与高价值领域。② 在此背景下，基于利益的考虑，对于相关群体的歧视偏见还会一如既往的存在。

六是智媒歧视的隐蔽性和迷惑性。例如数据采集和选择往往带有一定的目的性，因此所收集的对象数据未必就是全面而整体的，这种数据偏差往往不会呈现在结果制造，遮掩了偏见歧视的存在。例如由于算法黑箱的存在，往往不知道歧视到底是如何而来的，无形之中加大了歧视问题解决的难度。例如智媒歧视往往披着客观中立的外衣，宣扬结论是基于数据得来的客观结果，进而遮蔽了歧视偏见的存在。此外迷惑性还表现为证明困难，看似是由于客观原因造成的，实际上则是针对相关主体的歧视，例如对年龄歧视而言，被歧视的群体很难证明拒绝是由于年龄原因造成的。

4. 算法透明困境

算法透明的落实关乎算法设计者、使用者、平台管理者、外部监管等主体，平衡公众认知能力、平台的商业隐私与公共利益的关系，是制定算法透明度准则的关键。

一是经济成本角度来看。首先算法的运行机制涉及企业机密，算法透明就意味着要在一定程度上公开其技术系统中的运作细节，损害企业的技术竞争优势、商业利益和知识产权；算法透明要在不伤害算法所有者权益与公众利益之间达到平衡。其次算法透明度的落实成本高昂，一方面对于监管部门需要投入大量的人力专门进行监管工作；另一方面对于运营者来说也需要专门设立内部监督机制。再者缺乏推行算法透明性的商业激励也是黑箱问题存在的现实原因，尤其是考虑到高昂的透明成

---

① 郭小平、秦艺轩：《解构智能传播的数据神话：算法偏见的成因与风险治理路径》，《现代传播》2019年第9期。
② 汪怀君、汝绪华：《人工智能算法歧视及其治理》，《科学技术哲学研究》2020年第2期。

本。由于算法披露的成本投入和现实收益不成比例，这些机构在商业化运营的压力下缺乏足够的信息披露动力。[1]

二是从社会价值角度来看，算法透明有其危害性。除了对于商业利益和知识产权的负面影响之外，由于数据公开的方式方法的不当，算法透明实践也会导致个体隐私数据暴露和信息滥用。在遍布隐私信息的智媒时代，信息披露往往会造成隐私侵犯，导致个体主体权利受到侵害。此外徐琦提到算法透明度可能会引发恶意操控，包括利用算法特性作弊产生的不正当竞争行为，也包括恶意黑客入侵系统开展不法行为等。例如利用个性化推荐系统的规则可以批量制造"爆款内容"，进而对高品质新闻造成传播打压，又比如内容农场、钓鱼网站、恶意代码网站等可利用算法规则来提高排名。[2]

三是从伦理角度来看，算法透明存在诸多阻碍。首先平台和设计者在产品和服务设计中往往缺乏"透明意识"，目前相关主体尚未对"算法透明性"形成共识；其次从媒体机构层面来看，基于"保护信源"的目的，数据来源不应该被公开，但是出于"算法透明"的目的，数据来源又需要被公开，算法新闻实践中存在"数据透明"与"信源保护"之间的矛盾。[3] 再者从用户的层面来说，算法信息的大量披露可能导致信息过载和信息压力，复杂的算法信息及追责行动对用户而言都是一种负担，反而会影响用户的使用体验。毕竟不同受众群体存在差异化的信息需求，除专业人士之外的大多数受众可能对算法披露的内容不感兴趣。

四是从监管治理角度来看，关于算法黑箱问题并没有太明确的问责机制，会导致算法黑箱监管机制的不完善，无法针对性的执行算法透明规定。在法律法规层面，透明的内容、透明的方式、透明的情景等内容都不清晰，对于在何种情形、以何种方式做到何种程度的算法透明都缺乏明确的规定，因此在一定程度削弱了算法透明的执行力度。

---

[1] 张淑玲：《破解黑箱：智媒时代的算法权力规制与透明实现机制》，《中国出版》2018年第7期。

[2] 徐琦：《辅助性治理工具：智媒算法透明度意涵阐释与合理定位》，《新闻记者》2020年第8期。

[3] 王晓培、常江：《新闻生产自动化伦理挑战——算法伦理分析的框架地图》，《中国出版》2019年第4期。

五是从智媒本身来看，算法透明的难度较大，而且处于迭代变动之中。一方面考虑到深度学习技术的大范围普及使用，更加剧了对算法透明和理解的难度，且不说新闻编辑、记者等媒体人士和用户不了解，即便是算法设计者也未必能完全理解黑箱中的运作过程和决策逻辑。在此背景下算法透明很难落实下去，用户也无法获取有意义的算法理解。另一方面也要考虑到算法代码的迭代和变化，往往算法程序员也看不懂之前的代码，算法程序员也看不懂其他程序员编写的代码，而且还面临着公布和解释哪一版算法代码的问题。尤其是在代码迭代加速的当下，对于人力、精力和财力都是一种耗费。

六是平台的组织架构和物理空间带来了客观挑战。例如从组织结构来看，资讯平台公司主要由产品和运营部门、技术部门、编辑部门及行政部门组成，前三者对算法分发都有影响；从地理空间上来看，不同公司部门位置安排也有不同，在不甚便利的物理交流条件下，编辑和工程师之间几乎很少能直接就算法本身和把关标准进行交流。熟悉新闻价值理念的编辑对算法的具体运行逻辑缺少直接的了解渠道。算法之于编辑部门只是辅助工具，几乎没有人愿意主动去琢磨算法。[1]

七是权力的从中阻挠。算法黑箱状态往往为权力所用，借以行剥削控制之实，权力拥有者希望保持算法的不透明状态，以此为权力的运作提供方便。因此即便算法黑箱可以打开，也会有权力主体从中干扰，纯粹意义上的"透明性"很难实现。

八是用户素养和媒体从业人员的相关能力不足。算法技术专业性较强，门槛较高，普通用户难以理解算法决策机制的技术细节，建立有意义的算法理解。知识门槛、技术复杂、权力干预等问题的存在往往使得算法"可理解性"难以实现。如果用户看不懂源代码，无法获得有意义的理解，那么算法透明的价值就大大削弱，而且算法透明还会带来一系列的负面影响。

5. 鸿沟弥合困境

鸿沟弥合的困境也在于诸多因素共同导致了鸿沟的产生，包括既有

---

[1] 毛湛文、孙翌闻：《"算法神话"到"算法调节"：新闻透明性原则在算法分发平台的实践限度研究》，《国际新闻界》2020年第7期。

的社会不平等、鸿沟问题的复杂性、智媒的持续迭代发展、权力主体的利益驱动、用户的媒介素养不足，等等。考虑到诸多因素的存在和交织，"智媒鸿沟"会逐步缩小，但仍将长期存在。

具体阐释如下：一是智媒鸿沟问题本身是尤其复杂的，涉及接入沟、使用沟、知识沟等问题。对于"代际鸿沟""城乡鸿沟""国家鸿沟""群体鸿沟"都有着各种不同的表现和问题。此外，智媒鸿沟的问题在于"鸿沟"产生之后并非固定不变的，而是在持续得扩大和加深，治理得越晚，效果越差，治理难度也越大。

二是既有社会背景和既有问题都会影响智媒鸿沟问题，个人层面包括经济收入、教育程度、媒介素养、种族与性别、城乡与居住区域、需求动机差异等；而国家层面则包括语言语种、地区经济发展水平、科技实力等因素。因此，智媒鸿沟的弥合不单单是依靠媒介与媒体层面的努力就能完成的。

例如智媒的使用能力、使用方式、使用动机等都会带来的智媒鸿沟。例如语言使用的差异性，在谷歌"自杀预防"功能中，使用不同语言输入所带来的输出结果和相关干预引导区别是很大的。非英语搜索触发谷歌"自杀预防结果"的可能性大大降低。谷歌的算法是把英语的搜索结果设置成与"自杀预防结果"相关的优先语言或者默认语言。这就造成全球不同区域、不同语言在搜索引擎结果上的不平等。[1] 例如智媒设备和基础设施的获取和占有的既有不平等。在残酷的市场竞争、国际竞争中，发达国家、跨国企业一直对关键数据资源进行垄断，对人工智能的核心技术和创新成果进行封锁，获取了垄断优势，因此后发国家和发展中国家往往在精神生产资料的占有上处于弱势地位，这也进一步拉大了国家间的智媒鸿沟。

三是智媒鸿沟有着需求和利益的干扰，既包括相关团体出于正当利益和隐私保护需求对于智媒接触使用的限制，也包括相关主体出于利益攫取和恶意控制而带来的阻挠，因为鸿沟的弥合往往意味着相关主体的利益丧失和控制失效，所以本着"愚民"政策往往会默许鸿沟

---

[1] P. Norris, *Digital Divide: Civic Engagement, Information Poverty and the Internet Worldwide*, New York: Cambridge University Press, 2001.

的存在。此外鸿沟的弥合也是需要利益驱动的，例如在谷歌自杀预防功能中，看似只是社会公益，但实际上非英语输入之后受到预防提醒的概率会大大降低，背后的原因就是英语输入的用户在"自杀干预"之后更容易接受一系列预防和心理治疗服务，由此谷歌可以获得商业上的回报。

四是智媒发展的特性带来的影响。一方面智媒的持续迭代和发展，导致"旧沟未填，新沟又起"的局面。另一方面则是需要注意媒介自身的特性很容易带来智媒鸿沟。例如5G倾向于采取边缘计算的模式，该模式需要和基站配套进行服务器的搭建，由于巨大的成本考虑和不同区域使用程度的差异往往倾向于针对性布局，这样一来难免存在资源分配不均的问题。例如对于数字鸿沟弥合而言尤为关键的就是"媒介接近"，但是从算法新闻、机器人写作、数据分析等智媒实践来看，无论是从硬件设备角度还是从软件认知角度都无法真正实现用户的"媒介接近"。例如李垩提到，一方面传感器设备集中于政府、科研机构和相关部门手中，尽管媒体和公民可以采用自制的方式进行数据采集，但这种设备在精确度和可信性上都与专业设备存在较大差距。另一方面传感器新闻采用的算法运作，其机制的复杂性使得普通媒体和公民没法直接进行接触使用。[1]

二 智媒问题的治理路径

本部分将聚焦讨论智媒问题的治理应对，将从智媒伦理原则、智媒价值嵌入、智媒主体作为等维度进行阐述，此外将以具体问题为案例对治理应对原则进行进一步阐释，也对隐私保护、偏见歧视、算法黑箱、信息茧房等典型问题的应对进行具体讨论。

（一）智媒治理的逻辑总述

问题的关键不是讨论智媒是否存在问题需要治理，而是要厘清智媒究

---

[1] 李垩：《反思传感器新闻带来的伦理困境》，《传媒观察》2017年第9期。

竟需要治理什么、是何原因、应该如何针对原因和问题进行治理和防范。接下来将从智媒治理的内容目标、具体路径和总体原则三部分对智媒治理进行总体性说明。

1. 智媒治理的内容目标

一是关注智媒的相关媒介技术如何促进媒体的发展，如何才能规避智媒自身局限性对媒体运作的影响。关注智媒运营中的不足之处，积极寻求技术的完善、产品的迭代和理念的革新，例如提高算法推荐的精准性和写稿机器人的"温度"。二是治理智媒应用带来的伦理问题，例如深度伪造、偏见歧视、权力控制等。三是致力于减少智媒应用带来的消极影响，致力于增进人类福祉，减少智能媒介对个体、群体和社会文化等维度带来的影响，力求算法善用、科技向善，例如纠正算法推荐对用户带来的认知偏差、弥合数字鸿沟等。四是智媒自身正当性构建，所谓"正当性"旨在打消用户对智媒的恐惧和顾虑，一方面是从"人机传播"与"人机交互"视角关注人类对智媒的接受和理解，消除"恐怖谷效应"和"不透明性"，帮助用户习惯智媒环境；另一方面则是从智媒关系域出发规制权力、约束人性之恶、进行偏见和歧视治理等内容，避免权力主体假借科技之名作恶。目前来看，让用户和媒体认可、信任和接纳智媒依然是一件任重而道远的事情。

此外还包括在区分风险和危险的基础上，应对风险和解决危险；明确智媒治理的应为和可为，基于实践原则考虑问题，正视困境的存在；对利益的平衡和矛盾的调和，例如数据如何采集、是否可以使用、使用的期限有多久、数据应用是否为用户知晓等问题需要法律和相关机构给出一个规定以作参考。

2. 智媒治理的路径概览

一是从主体维度来看，可以分为内部的平台规则、行业规定和专业理念；外部的主体监督，包括政府监督、法律监督、行业监督、公民监督、非营利组织监督等；二是从责任划分来看，可以分为设计者责任、平台责任、监管责任、使用者责任，等等。三是从治理对象来看，可以是场景治理，例如政务场景、社会新闻、平台场景；可以是对象治理，例如针对短视频、社交机器人、语音智能等；也可以是问题治理，例如针对偏见歧视、失实等问题的专项治理。四是智媒治理既可以聚焦微观层面，调动个体的主动性理解和阐释、寻求具体产品的价值嵌入、具体生产实践的调控；也可以是中观层面，借助媒体力量、政策和资本的引导和调控；还可以是宏观层面，基于文化和价值观的培养。五是从主被动视角来看，主动的层面可以是用户对权利的主动维护、开发设计者对智媒的价值嵌入和自身价值伦理素养的提升、监管主体的主动预防行动、平台的主动管理和自律应对；被动的层面可以是监管主体对相关问题的追责和控制。

此外，段伟文提出了"伦理调适"的两条路径比较有代表性：一是负责任的创新；二是主体的权利保护。"负责任的创新"路径强调开发设计者的责任与使命，强调伦理价值嵌入和对智媒的控制；而"主体的权利保护"路径则强调使用者对于权利的维护以及权利侵犯的追责和弥补，逆向回溯智媒的责任和开发设计。①

3. 智媒治理的总体原则

一是需要审慎和反思的态度。例如2015年9月来自全球十多位专家在《科学》杂志上发表了一封题为《承认人工智能的阴暗面》的公开信，旨在引起人们对人工智能问题的关注，审慎开发人工智能，放缓人工智能的相关研究和应用。也正是处于这样的态度，笔者才对智媒的问题进行再反思，深入厘清智媒问题的具体原因以及内在困境。

二是智媒治理要立足于现实情况，实事求是的理解智媒问题。首先智媒治理需要正视问题的存在，应该积极思考如何应对而非武断的否定，不能逃避问题，采取鸵鸟政策、卢德主义都是不明智的选择。其次智媒治理需要要打破无知状态、破除错误观念，客观认知偏见、隐私侵犯、信息茧房等问题，摒弃简单的乐观主义和悲观主义。例如智媒治理需要立足于"有限自主与交互智能体"的智媒现状，而非基于未来学家的假想和空想。再者智媒治理需要摒弃恐惧和崇拜，客观理性的审视智媒的技术现实，在此意义上智媒治理亦是智媒神话的"祛魅"的过程，意识到智媒的价值承载和意识形态属性。只有对智媒进行彻底的"祛魅"，才能客观的认识智媒而非基于"无知"或"模糊认知"的想象，从而更好地发挥智媒的作

---

① 参见段伟文《人工智能时代的价值审度与伦理调适》，《中国人民大学学报》2017年第6期。

用。正如莫斯可（Vincent Mosco）所言，"只有当技术不再是'神话般的崇高'，而是'迈入平淡无奇的寻常世界'，才会成为社会和经济变迁的动力"①。

三是关注智媒应用的情景性。情景性原则意味着智媒治理的"灵活性"、充分考察现实可能性、寻求"在地化"理解、避免盲目下判断以及寻求折中的解决方案。例如在算法透明落实中需要尽量兼顾技术可行性、正当商业利益以及用户的隐私权益。此外回到具体情景中来看，算法透明与商业机密、隐私保护等需求之间的冲突也并非不可解。例如面对"失业"问题也需要细分媒体类型、细分媒体流程、考虑智媒发展带来的工种变化以及创造的就业岗位。例如偏见问题、隐私问题、算法影响认知问题都需要面向智媒应用场景进行理解。

四是回到问题本身。首先是意识到问题的存在，解决问题，要从问题的问题入手，只是盯着问题本身不是解决问题之道。其次是意识到问题的复杂性，尽可能的细分问题的类型和情景，针对实际存在的问题进行应对治理。例如对于智媒生产中存在不当之处，那就寻求技术发展和生产理念调整来解决，主要涉及的就是媒体中的技术人员和运营人员；对于智媒生产的伦理问题，则需要回到媒体伦理建设上来，主要涉及的就是媒体的开发设计和新闻工作者；而对于智媒带来的社会负功能，则需要多元主体协作共同应对，这一层面的问题往往涉及社会治理、媒介素养、政府规则等诸多维度。

五是整体性治理原则，从宏观视角把握智媒规律，理解智媒问题，建构智媒伦理。首先可以从设计、生产、操作、应用等生产流程着手共同助力智媒治理。其次可以综合宏观—中观—微观的所有情况来综合评估智媒问题，平衡其中的利益关系，调和其中的矛盾。再者需要注意多元主体的协同配合。智媒问题的成因是多元的、涉及的主体也是多元的、涉及流程也是多元的，因此智媒治理需要协调政府、企业、行业、学界以及各类社会团体，综合考虑法律监管、政策规制、平台自律、行业监管等多个维度。

---

① 史安斌、王沛楠：《2019 全球新闻传播新趋势——基于五大热点话题的全球访谈》，《新闻记者》2019 年第 2 期。

六是理论与实践相结合。首先需要意识到伦理观念的引领作用,尽量明晰和确定智媒伦理观念,在此基础上,要注意将理念原则落实到智媒设计之中、落实到政策制定和法律监管之中、落实到用户素养之中、落实到媒体、平台和用户的智媒实践中。

七是重视智媒在智媒问题中应对的作用,提倡"人机协作"的治理思路。要从人机协作和人机共生而不是人机对立的角度来理解智媒应用,通过人机协作,在人机交互中动态地加强机器的透明性、可理解性和可追责,可以有效地消除人对人工智能的疑惧。例如面对算法分发带来的负面影响,应该坚持人机结合,兼具人工编辑的价值和智媒推荐的效率。包括Facebook、今日头条在内的平台近年来均大幅增添审核人员,尝试以"人工+算法"的模式对优质内容和重要信息予以加权推荐,对不良内容和虚假信息进行拦截。[1]

总之,智媒治理需要保持对智媒实践的警醒,拒绝"无知状态"下的恐惧,正视智媒逻辑,回到现实社会和具体情景中,贯彻落实以人为本的理念,关注人类自身福祉;在具体的治理行动中,注意整体性原则、注意多元主体协作和人机协作。媒介技术就是人类生存的境遇,我们无法重返伊甸园,也应该积极主动去面对媒介技术,参与到技术嵌入的生活世界中。

(二)智媒治理的伦理原则

1. 伦理原则总述

伦理是"关于我们应该做什么的研究"[2],与科学技术要解决"能不能"的问题不同,伦理学要解决的是"该不该"问题[3]。基于相关文献的论述,涉及的伦理规范一是来自于传统的伦理学观念;二是源自于媒

---

[1] 喻国明、耿晓梦:《智能算法推荐:工具理性与价值适切——从技术逻辑的人文反思到价值适切的优化之道》,《全球传媒学刊》2018年第4期。

[2] John C. Merrill, "Theoretical Foundations for Media Ethics", In Controversies in Media Ethics, 3rd ed., edited by A. D. Gordon, J. M. Kittross, J. C. Merrill, W. Babcock, and M. Dorsher. New York: Routledge, 2011.

[3] 赵瑜:《人工智能时代新闻伦理研究重点及其趋向》,《浙江大学学报》(人文社会科学版)2019年第2期。

体伦理观念；三是源自于技术伦理观念。当然几个方面的伦理原则的有一定的重合，不过考虑其关注的重点不同，相同的伦理原则的内涵也是不同的。

首先一般伦理学相关伦理原则。智媒伦理并未超出一般伦理学的伦理架构，实质上处理的还是人与人之间的关系问题，诸如自由、公平公正、人格尊严、隐私、人权、最小伤害，等等。其次是媒介伦理相关伦理原则。与智媒伦理相关的概念有很多，包括技术伦理、科技伦理、机器伦理（Machine Ethics）、机器人伦理、算法伦理、数字伦理（Digital Ethics）、数据伦理、信息伦理、赛博伦理、网络伦理、互联网伦理、计算机伦理、人工智能伦理、人数据伦理、媒介伦埋（Media Ethics）。具体包括透明、安全可靠、可解释性、可控制、可更正、可选择、负责任、可持续，等等。

再者是媒体伦理相关伦理原则。智媒伦理叠加了"新闻伦理"（Journalism Ethics）、媒体伦理、"传播伦理"（Comunication Ethics）、媒体伦理等概念。进一步阐释为数字媒体伦理、数据新闻伦理、算法新闻伦理等。具体来说智媒伦理所继承的媒体伦理包括真实客观、尊重人、以人为本、公共利益至上、主流价值引导、知情同意、积极导向，等等。

最后相关的会议、政策和法律文件中提出了不少总括性的伦理主张，需要进行拆分理解，比较典型的有"阿西洛马法则""阿西莫夫三定律""算法正义原则"，等等。2017年1月，在美国加利福尼亚州阿西洛马举行的"有益的人工智能"（Beneficial AI）会议上，特斯拉CEO埃隆·马斯克、DeepMind创始人戴米斯·哈萨比斯以及近千名人工智能和机器人领域的专家，联合签署了阿西洛马人工智能原则（Asilomar AI Principles），该法则倡导的伦理和价值包括：安全性、故障的透明性、审判的透明性、责任、与人类价值观保持一致、保护隐私、尊重自由、分享利益、共同繁荣、人类控制、非颠覆以及禁止人工智能装备竞赛等。①

"机器人三定律"由美国科幻小说家阿西莫夫提出的机器人必须遵守的道德律令：第一定律：机器人不得伤害人类或坐视人类受到伤害；

---

① 阿西洛马：《人工智能原则——马斯克、戴米斯·哈萨比斯等确认的23个原则，将使AI更安全和道德》，《智能机器人》2017年第1期。

第二定律：在与第一定律不相冲突的情况下，机器人必须服从人类的命令；第三定律：在不违背第一定律与第二定律的前提下，机器人有自我保护的义务。

算法正义原则旨在塑造公平、透明、负责的算法系统，倡导媒体利用算法技术生产优质多元的信息，客观真实地呈现事实真相，激发人们的理性思辨，最终导向人类的美好生活。算法正义意味着从数据输入到结果输出，算法程序的每个环节都要体现参与平等，为"最大多数人"提供"最多的善"，才能最大限度地避免偏见的结果产生。[1]

2. 智媒伦理的具体原则

首先是一般伦理维度的相关原则。一般伦理的核心即为"以人为本"，也被称为人本主义原则，集中表现为对人的生命、价值、尊严、存在意义的关怀，对人的生存状况和生活条件的关切。人本主义原则可以视为智媒实践的综合性原则，涵盖一般伦理的各个维度，也是伦理原则的出发点。康德对绝对命令的第二条阐释"不论对己还是对人，在采取行动的同时应当永远把人视为目的，永远不要把人仅视为手段或工具"。[2] 以人为本意味着在任何时候，智媒的开发设计都绝对不能拿整个人类的存在去冒险，要尽量减小对人的伤害；技术的发展不是最终的目的，人类福祉、公众利益和个体幸福才是技术发展的本质。

总体而言，智媒的"人本原则"旨在防范资本逻辑、权力逻辑、技术逻辑对人的伤害；强调智媒善用，致力于满足人类的合理需求，增进人类的利益和福祉。从媒体人的视角来看，智媒的出现是为了服务于媒体人，而不是替代和控制媒体人的。从个体用户视角来看，智媒应该辅助人类的自我提升和自我完善。一方面需要避免智媒对人类的伤害，例如阿西莫夫三定律提到的，机器人在任何情况下都不得故意伤害人类；另一方面也要警惕利益群体基于智媒对人类的权益侵害。

具体而言有以下内涵：一是保障人格尊严。新闻实践必须尊重人格尊严，这是一切新闻活动的出发点。人格尊严原则，作为最基础的人权，

---

[1] 郭小平、秦艺轩：《解构智能传播的数据神话：算法偏见的成因与风险治理路径》，《现代传播》2019年第9期。

[2] 薛孚、陈红兵：《大数据隐私伦理问题探究》，《自然辩证法研究》2015年第2期。

既是保护个体安全自由的内在要求，也是为了促进共同体的善。① 二是尊重人的权利，包括隐私权、知情权、使用权、言论自由权，等等。国际上第一本《大数据伦理学》将隐私规则面临的挑战看作是大数据伦理学的核心问题。② 三是人权保障。人权是指作为人而享有的权利，意味着"尊严、非歧视、法治、透明、责任、参与以及被赋予权力"，体现出一种对于人的价值的尊重。③ 智媒实践中应以尊重人权作为价值前提，尊重用户的个性自由、人格尊严、意见表达、隐私以及财产和所有权等。四是公平公正。亚里士多德认为，公正就是得到应有的对待。"公正是人们的一种期待一视同仁、得所当得的道德直觉，也是一种对当事人的利益互相认可并予以保障的理性约定。"④ 公平公正是评判智媒好坏的重要标准，只有智媒能够促进社会公平公正，增进人类福祉，才是符合伦理道德的媒介。首先智媒设计和运行要体现社会公平，综合考虑利益相关者的利益，尽可能让更多的人获益，创造的成果也应该为更多人共享。其次公平公正意味着智媒实践中要去除偏见，抵制歧视，包容多元族群和价值观念。尽可能避免因偏见的数据或偏见的算法设计导致对某一特定群体的歧视。最后公平公正还体现在智媒利益的公平分配，不因身份、地位、财富、性别等不同有任何的区别，尤其在智媒实践中应该避免对弱势群体造成不利影响，致力于消除数字鸿沟和"信息贫富差距"。

其次是媒体伦理维度的相关原则，诸如真实准确、公平公正、客观中立、价值引导等原则；不得侵犯用户隐私权、知情同意权等相关权益、避免二次伤害，等等。

再者是媒介伦理逻辑维度的相关原则。一是公义创新。以人为本的原则落实到智媒创新中即是"公义创新"，要求技术创新增进人类福祉，推动人类社会发展，避免对人类的伤害。凯文·凯利也在《科技想要什么》中提到，"我们的任务是引导每一项新发明培育这种内在的'善'，

---

① 李凌：《智能时代媒介伦理原则的嬗变与不变》，《新闻与写作》2019 年第 4 期。
② Kord Davis, Doug Patterson, Ethics of Big Data, O'Reilly Media, 2013.
③ Haugen, H., "Human Rights in Natural Science and Technology Professions Codes of Ethics", *Business and Professional Ethics*, 2013, 32 (1), pp. 49–76.
④ 孙伟平：《关于人工智能的价值反思》，《哲学研究》2017 年第 10 期。

使之沿着所有生命的共同方向前进"①。二是责任原则。责任伦理最早由马克斯·韦伯提出，是相对于信念伦理而言的。信念伦理的价值根据在于行为者的目的、动机和意图，拒绝对行为的后果承担责任。而责任伦理则相反，强调行为后果的价值和意义，认为人应当积极对自己的行为承担责任，理性而审慎地行动。②对于智媒实践而言，在研发、应用、管理过程中需要明确不同主体的责任和义务，预防可能带来的伦理风险；不能假借"技术中立"的说法来规避责任，拒绝承担责任。运营者需要保证智媒实践在遵守法律法规的前提下进行，如果出现错误，应由责任主体及时修复、中止服务，并及时更正，对造成的损失承担责任。三是与"透明可控"相关的原则，包括"可解释""可理解""开发共享""可审计""可监督""可改正""可选择"等。利益相关者应该知晓智媒应用的设计意图和目标、适用条件和存在的缺陷，智媒做出的判断和决策都应该向利益相关者进行解释，而且要以可以理解的方式进行解释，而不是呈现专业抽象的代码来"应付"。

（三）智媒治理的媒介路径

智媒治理的媒介路径主要分为三条，一是智媒的价值嵌入；二是通过智媒的完善和改进来解决现有问题；三是对智媒应用的管理和监督。其中对智媒应用的监督管理属于外部监管，涉及相关主体的行动，在此不做展开，需要明确的一点就是智媒的监管要依据智媒实践的现实状况及其媒介特性来进行。

1. 智媒的价值嵌入

首先需要理解何为"智媒的价值嵌入"。智媒的价值嵌入，意在将智媒构建成与人类类似的道德能动者，赋予智媒决策能力；希望通过将伦理价值和伦理理念嵌入到智媒设计中进而规避智媒风险，解决智媒问题，例如算法公平设计、算法纠偏设计等。为智媒发展套上伦理的枷锁是智媒行稳致远的重要前提。

智媒的价值嵌入的背景在于技术发展一直伴随着人类的价值渗透，

---

① ［美］凯文·凯利：《科技想要什么》，熊祥译，中信出版社2011年版。
② 程立涛、崔秀荣：《论责任伦理的社会价值》，《石家庄学院学报》2017年第4期。

智媒自"出生"起就承载着人类价值，人类也一贯希望技术运作可以体现人类社会的主流价值。拉图尔指出，"道德律固然存在于我们的心中，但也同样存在于我们所使用的技术装置当中"①。喻国明和耿晓梦认为，"技术的发展需要伦理的介入与匡正，呼吁打造有道德的智能化媒体，在智能系统中嵌入符合人类价值的基模，构筑智能系统的底层规则"②。也正是基于"价值嵌入"的思路，赵云泽和赵国宁认为"技术比起理想，更能让新闻行业担负起社会责任"③。因为智媒的开发设计者可以把"对社会的美好愿望"凝结在产品中，并且通过产品的扩散让理念和价值深入人心。

关于智媒的价值嵌入的类似表述有很多，包括让技术插上伦理的翅膀、为技术拴上伦理的缰绳、为技术注入人文理性、建立人文伦理防火墙。类似的理论也有很多，诸如"价值敏感性设计"④"嵌入性权责设定"⑤"道德物化"和"道德算法"⑥"技术伦理的隐性设计"⑦，等等。例如贝克在《风险社会》中写道，技术带来的风险是不可控的，只有让技术插上伦理的翅膀，让技术道德化，才有可能推动技术伦理问题的解决。

其次是需要明晰价值嵌入的基本路径，根据张卫的说法大致可以分为三条："自上而下"路径、"自下而上"路径和"混合式"路径。⑧

---

① Latour B., Venn C., "Morality and Technology: The End of The Means", *Theory Culture & Society*, 2002, 19 (5-6), 253.

② 耿晓梦、喻国明：《智能媒体伦理建构的基点与行动路线图——技术现实、伦理框架与价值调适》，《现代传播》2020年第1期。

③ 赵云泽、赵国宁：《"理想"与"技术"哪个更让新闻业负责任——兼论中国新闻实践中对美国"社会责任论"的批判借鉴》，《新闻界》2018年第9期。

④ Friedman, B., Freier, N., "Value Sensitive Design", Fisher, K., Erdelez, S., Mckechnie, L., *Theories of Information Behavior*, Medford, NJ: Information Today Inc., 2005, pp. 368-372.

⑤ 徐圣龙：《"公共的"与"存在于公共空间的"——大数据的伦理进路》，《哲学动态》2019年第8期。

⑥ 张卫：《算法中的道德物化及问题反思》，《大连理工大学学报》（社会科学版）2020年第1期。

⑦ 于雪、王前：《"机器伦理"思想的价值与局限性》，《伦理学研究》2016年第4期。

⑧ 张卫：《算法中的道德物化及问题反思》，《大连理工大学学报》（社会科学版）2020年第1期。

"自上而下"路径的基本思路是:"如果道德原则或规范可以清晰地陈述出来,那么有道德的行动就转变为遵守规范的问题,人工道德行动者需要做的就是去计算它的行为是否由规则所允许。"典型的表现是"知识工程"和"专家系统"。"自上而下"路径的优点是当所遇情景不超出算法预设的情景范围之时,它能够给出非常可靠的结果,因此该进路在人工智能领域早期十分流行。但是其局限性也较为明显,包括道德规则无法进行数字化转换、客观情景的多变复杂、道德规则容易带有设计者的偏见,等等。问题的根源在于,"自上而下"进路试图把所有的道德问题囊括在一个既定的伦理原则下,希望用一套伦理原则应对一切伦理问题,这使得算法的原则性很强,但变通性不足。①

"自下而上"的路径即"通过机器学习和复杂适应系统的自组织发展与演化使机器人能够从具体的伦理情境生成普遍的伦理原则"。自下而上路径的优点:不需要事先设定伦理原则,只需通过不断的数据训练,学习算法就能够从中自动地生成稳定的道德推理模式,从而获得道德决策能力。这种进路由于更加符合人类自身道德能力的生成过程,因此对于道德算法的实现具有更强的可操作性和现实性。当然其也存在一定的问题,例如运作过程的不透明、对于样本数据的偏见继承、基于概率的推断难免存在安全性和可靠性担忧。

而混合式路径则是基于"自下而上"的路径,并结合和吸收"自上而下"路径的优点的新型价值嵌入路径。实际上,"自上而下"和"自下而上"只是理论上的一种简单二分,现实操作中并没有这种清晰的分野,"对于复杂任务,工程师通常都是从自下而上的分析开始,去指导自上而下式地组装模块"。②

再者是智媒"价值嵌入"的具体实践,相关案例很多,后文还会在具体问题治理中进行阐释,在此仅作举例说明。例如"可信任"的价值嵌入,更多关注用户的情绪和情感认知,而不是一味地告知事实,明示

---

① 张卫:《算法中的道德物化及问题反思》,《大连理工大学学报》(社会科学版)2020年第1期。
② 张卫:《算法中的道德物化及问题反思》,《大连理工大学学报》(社会科学版)2020年第1期。

结论。例如"可识别性"的价值嵌入，智能体在某些情况下会引起人们的恐惧心理，所以类似食品的包装上的提示，"注意！该产品含有坚果！"以提示对坚果过敏的人们避免食用，同样可以在智媒应用中提醒"注意！该产品含有人工智能！"以区别于非人工智能产品，如为自动驾驶汽车进行标识以区别人类驾驶汽车。例如"可断开性"与"可控性"的价值嵌入，人工智能的设计要预留"切断开关"（kill switch，专业术语叫"安全可中断性"），即必要时通过人类决策或者系统自动决策来关闭该系统，以防止产生不可逆的、毁灭性的后果。例如"可更正"的价值嵌入，谷歌的"硬性纠错"设计把系统判断出的对应关系放到一个论坛平台上去发布并询问是否合适。如果有一半的人认为不合适，那么这个类比就不恰当，就要纠正过来。[1]

最后是需要意识到"智媒的价值嵌入"的困境和局限性，存在的合法性危机。一是蕴含"操纵"和"控制"风险。智媒嵌入的价值往往是开发设计者和管理者的价值，那么相关主体是否有权力将自身的价值观念嵌入到智能体之中并导致他人被动地接受价值观念？这是否可以算是一种意识控制？人们还在担心"反伦理价值观念"植入的风险，毕竟如果真能将合乎伦理的价值观念嵌入智媒之中，那也就意味着可以将违反道德伦理的价值嵌入其中；如此一来智媒的价值嵌入则进一步加剧了既有社会问题。

二是违背"自由主义"理念，受到"自由主义"立场批评。在自由主义者的眼中，"自由"处于价值谱系的顶端，任何限制或妨碍"自由"实现的行为都是值得怀疑的，哪怕该行为能够对当事人产生有利的结果。[2] 智媒的价值嵌入会使得使用者丧失自主选择的权利，从而引起对人类自由意志的挑战。三是对于用户知情权的侵犯，使用者往往在不知情的情况下接受了"价值引导"和"意识控制"，自身并没有意识到。四是价值嵌入的现实的可行性与适用性也受到质疑，是否伦理价值可以用数字化方式表达，智媒嵌入的伦理价值是否会带来新的问题，能否反

---

[1] 于雪、段伟文：《人工智能的伦理建构》，《理论探索》2019年第6期。
[2] 张卫：《算法中的道德物化及问题反思》，《大连理工大学学报》（社会科学版）2020年第1期。

映抽象的伦理价值意涵。

2. 智媒的主动应对

智媒的主动应对的目标在于通过智媒自身的发展和完善，通过智媒来应对智媒引发的问题和既存的问题，虽然要避免"解决方案主义"盲目的乐观以及要意识到智媒的发展和迭代可能会带来全新的问题，但是本着情景性原则智媒的主动应对还是可以对解决问题有所助益的。一方面许多问题本就是由于智媒的不完善导致的，随着智媒的发展，一些问题逐渐得到解决；另一方面智媒设计的改进对智媒问题的应对治理来说也多有助益。

以下简要举例说明，相关内容还会在具体问题的治理中提及。例如伴随着算法推荐技术的完善，建立多指标综合推荐系统，内容分发能够更为精准，也会兼顾多元需求和公共利益，可以用于"信息茧房"问题的应对。例如充分运用人工智能和大数据等技术助力把关核查，对虚假新闻信息、"三俗"、色情、暴力等内容进行精准识别和过滤，构建防火墙对敏感词和常识性错误进行拦截，提前做好预警和把控。例如借助区块链技术的"不可篡改""信息戳"以及"密钥设计"助力隐私保护、版权保护和侵权追责。例如新华社"媒体大脑"的人脸核查功能可以用于新闻真实性的检验。

3. 算法透明及其实践

（1）"透明性"概念

从透明性的本意来看，透明性是指"一个组织通过允许其内部活动或绩效处在外部行为者监督之下的方式，积极地公开自身信息"[1]。从伦理学视角来看，"透明性"原则是一种重要的伦理准则，是"自由"与"民主"的表征；从实用主义视角来看，透明意味着"获悉真相和人类行为动机的手段和方法"[2]。也就是说"透明性"往往被视为一种达成目标的工具和手段。

---

[1] Grimmelikhuijsen, "Transparency of Public Decision Making: Towards Trust in Local Government?", *Policy&Internet*, 2010, Vol. 1.

[2] 张淑玲：《破解黑箱：智媒时代的算法权力规制与透明实现机制》，《中国出版》2018年第7期。

"透明性"原则广泛存在于政治学、社会学、经济学、法学，当然也包括新闻传播实践之中。例如透明性原则早已成为现代政府的基本准则，公开透明成为政府执政合法性的基础。"透明性"原则的树立意味着公权力机关的可问责、可监督；意味着政府对与保障公民知情权、自由与人权的责任。在新闻传播领域，早有透明性的主张和实践。"透明性"被理解为"新闻行业内部和外部人士都有机会能够监督、检查、批评、介入干涉报道过程的方式途径"。① 毛湛文和孙曌闻认为，"新闻透明性原则主张媒体应该对公众诚实，将动机、愿望和意图全面地展现出来以供检视"②。

伴随着智媒的发展和普及应用，"透明性"对象、原则、内涵都发生了一系列的变化：一是从侧重于公权力和公权领域转为智能媒介技术和掌握智媒的企业平台和相关主体。二是对于媒体实践来说，媒体伦理规范的重心从客观准确转移到了公开透明，公开透明作为新闻真实原则的重要组成部分。③ 三是即便是"理性公民"和"开发设计者"也无法完全"打开"黑箱。在既往的"透明性"实践中往往是因为权力主体对于信息的遮蔽造成的"不透明"，一旦将相关信息公开，基于公民的理性认知是可以对其进行批判的。虽然说在过去公民的知识素养也会影响到对于公开内容的理解和认知，诸如各类的财务报表、政府公告和法律条文有些用户未必能够理解，但是智媒时代这种状况进一步加剧，具备基本认知素养和理性思考能力的用户依然无法理解公开的代码和机制，专业媒体人和监管人员往往也无法理解，甚至于开发设计者都不理解，例如对于深度学习算法而言，这是整个人类的黑箱。

不过"透明性"亦有不变的地方：一是"透明性"原则针对的对象一贯都是绝对权力。透明要求针对的对象转变背后的逻辑在于智媒赋权

---

① Mark Deuze：What is Journalism? Professional Identity and Ideology of Journalists Reconsidered. Journalism，2005（6）.
② 毛湛文、孙曌闻：《"算法神话"到"算法调节"：新闻透明性原则在算法分发平台的实践限度研究》，《国际新闻界》2020 年第 7 期。
③ 李凌：《智能时代媒介伦理原则的嬗变与不变》，《新闻与写作》2019 年第 4 期。

之下，技术主体或者说占有智媒的企业和公司成了权力的所有者，因此人们对其有"权力透明化"的需求。二是"公开"带来的威慑力依然存在，而且基于互联网和社交媒体可以加强这种威慑力。三是透明性的"核心目标"不变，依然是要辅助媒体系统、社会系统的良性运转，保证外部监督和问责。

（2）"算法透明"的意义

作为新闻透明性的一部分，算法透明（algorithmic transparency）旨在让人们知道某一算法的设计意图、设计目标、运行效率、适用条件和存在的缺陷，了解算法的运行机制和做出特定决定的原因。[①] "算法透明"的直接目标在于打开黑箱，间接目标在于算法新闻治理，核心目标在于智媒的良性发展和智媒社会的建构。

首先可以从"透明性"的隐喻来理解"透明性"的价值，也进一步阐释"透明性"的内涵。"透明性"有三层隐喻，一是基于公开透明的监督力量，早在一百多年前的时候，美国最高法院大法官路易斯·布兰代斯就曾发表言论称："阳光是最好的杀毒剂，绝对的权力滋生绝对的腐败，'透明性'原则可以作为监督权力防范其'作恶'的手段，透明本身对于权力作恶就有着一定的威慑力。"二是作为政府和非营利组织的开放式决策，换句话说"透明性"意味着一种标榜和标签，"透明"本身就塑造了公正、民主、自由、开放的形象，可以作为政府执政合法性的依凭，可以作为媒体公正、客观形象和信任度建构的途径，例如透明度构建了一种"全新的客观性"；例如"为公众判断某种新闻类型是否值得信赖提供了依据"。三是作为实现善政的复杂工具，换句话说就是"透明性"作为社会治理、媒体管理等实践的辅助性工具，或者说可以将其理解为一种媒介，通过"透明性"的媒介理解权力运作、防范权力作恶、建构组织形象、重建伦理意义。举个通俗的例子来说，"透明性"至少意味着更多的信息，而依据"信息"就可以减少不确定性，增强对对象的理解，而不确定性降低本身就可以减少陌生感、增强信任度。

[①] 张超：《作为中介的算法：新闻生产中的算法偏见与应对》，《中国出版》2018 年第 1 期。

总而言之,"透明性"原则旨在推动系统的良性运转,无论这个系统是社会大系统、政府系统还是媒体系统。回到智媒实践来看,"算法透明"有以下的价值意义,粗浅的分为媒体系统和社会系统:

	媒体系统	社会系统
权力约束	算法权力	基于算法权力的权力
形象塑造	媒体认可度、美誉度	政府公信力
理念工具	新闻实践的伦理规范	政府施政和管理的理念
实践路径	算法问责	责任共担
现实遮蔽	技术遮蔽	基于智媒的权力遮蔽
关系维系	信任感与用户黏性	信任度与支持率

横向维度阐释的是"透明性"对于维持"媒体系统"的良性运作以及辅助社会大系统运行的积极意义;纵向维度阐释的是"透明性"的具体作用,包括对于绝对权力的监督、透明性本身作为重要的形象认知。简单举例如下:

例如算法透明可以打破技术黑箱,有助于外部主体理解智媒运作的真实情况;基于公开透明对权力的威慑,也可以避免权力主体基于算法对现实和真相的遮蔽。例如可以将透明度视为媒体权威性、信任感重建的重要方式,进而作为媒体发展战略的重要组成部分。张淑玲认为,"算法透明既可对新闻客观性准则给予全新诠释,也能凸显专业新闻机构在内容生产方面的优势和权威性"[①]。此外,算法透明还可以助力媒体营销,"算法透明度有利于增强智能精准营销的可解释性和可信度,进而帮助企业优化营销策略提高投入产出比"[②]。

例如基于算法的伪中立性、算法黑箱及其伴随问题的存在,业界和学界都寄希望于将"透明性"理念嵌入到算法实践,进而打开算法黑

---

① 张淑玲:《破解黑箱:智媒时代的算法权力规制与透明实现机制》,《中国出版》2018年第7期。
② 徐琦:《辅助性治理工具:智媒算法透明度意涵阐释与合理定位》,《新闻记者》2020年第8期。

箱,助力算法治理。① 例如算法透明可以曝光利益冲突,揭示信息技术预设的价值取向和利益倾向,"透明性"一直都是抵御滥用职权、捏造真相的重要手段。

例如算法透明为用户提供了解真实的新闻生产过程的机会,并鼓励用户充分参与新闻生产过程;提供必要的算法解释在一定程度上改善了用户的新闻体验;算法透明的信息本身就可以增强公众对算法和媒体运作的了解。例如算法透明已经成为政府治理的重要手段,在此过程中也促进了政府形象的提升;公司也通过算法等信息公开来践行透明化,提高公司声誉。

其次是"算法透明"的必要性。一是媒体实践作为公共服务,涉及公共利益。因此当媒体基于算法运行时,公众就有必要知晓算法的运行机制及其缺陷;媒体也有责任对算法运作机制进行公开和解释,以保障用户的知情权和对媒体的监督权。二是算法黑箱的普遍存在,带来了现实遮蔽、权力控制、信任丧失、社会不公等一系列问题。而算法黑箱的核心问题在于信息不对称和不公开,在此意义上"算法透明"就被视为破解算法黑箱,规制算法权力,应对算法风险,助推系列问题解决得重要手段。此外,算法透明还有助于"算法神话"祛魅,可以作为破除算法偏见的有效举措,李凌评论称,"公开、透明是智能时代破解遮蔽、抵达真相、实现公平和尊严最为有效的原则"②。

(3)"算法透明"的内涵

厘清透明性的内涵直接关乎"如何透明"这一问题的回答。首先需要说明的是算法透明不等于"公开源代码"。算法透明不仅仅需要代码透明,还需要"目标透明""价值透明""理念透明";不仅仅需要"公开发布",还需要满足可理解、可追溯、可控制、可获取、"有意义"等要求。此外算法透明还需要意识到透明性落实的复杂情景,不同的治理目标需要设计不同的透明度方案。

其次从算法透明的内容来看,一是要素和模型透明。对于数据来源、

---

① 张淑玲:《破解黑箱:智媒时代的算法权力规制与透明实现机制》,《中国出版》2018年第7期。

② 李凌:《智能时代媒介伦理原则的嬗变与不变》,《新闻与写作》2019年第4期。

缺失值、算法模型、代码、推理逻辑等要素都要向公众公开和解释。①二是算法目标透明。当目标体系涉及多重目标时，还需要对不同目标的优先级进行透明；涉及争议性、批判性话题的时候，也应向用户交代算法设计者及其所在机构的目标意图。三是价值透明性。提醒用户注意智媒应用的"价值负载"，在明确告知用户哪些数据被搜集和使用，可能被使用的范围之外，还需要告知用户数据的目标和意义。② 价值透明度的目标更在于检视算法系统中的价值观、偏见或意识形态偏差及纠偏，发现并应对算法决策对社会公众信息获取、个体信息隐私权及其他主体权利的不利影响和不公正结果，监督新闻机构更好地履行平台主体责任和社会责任等。四是结果透明。算法系统部署结果要保持透明，包括系统内部状态，对外部系统的影响以及与其他系统的交互等。五是影响透明。算法系统运行过程中是否有任何因素会倾向某一特定结果，而算法系统设计者或运营者是否明确标记了这种影响及其潜在后果。六是程序透明。一方面算法运作程序要合规合法，按照既有固定进行操作，相关运作程序要以合规性报告的方式进行公开，以便于监管机构或公众进行监督检查。七是背景透明。媒体机构就"自动化新闻生产过程中是否有人工编辑和记者的干预，以何种形式、在什么程度上参与，谁应对报道的准确性负责"等内容进行说明。

再者是算法透明的原则内涵：一是可理解性。"透明"不等同于"可理解"，"完全透明"也并不意味着"全然理解"。因此有学者提出了"可理解的透明性"，要求算法运行的规则和过程能被用户理解。③ 徐琦认为，"不同于传统民主政治语境下的透明原则的前提假设，算法信息难以被普通民众完全理解，公开算法强人工智能与弱人工智能信息也不必然导致算法决策结果的改变，因此，算法透明度的重点并非算法系

---

① 参见：徐琦：《辅助性治理工具：智媒算法透明度意涵阐释与合理定位》，《新闻记者》2020年第8期。张淑玲：《破解黑箱：智媒时代的算法权力规制与透明实现机制》，《中国出版》2018年第7期。
② 吕耀怀、罗雅婷：《大数据时代个人信息收集与处理的隐私问题及其伦理维度》，《哲学动态》2017年第2期。
③ 匡文波：《智能算法推荐技术的逻辑理路、伦理问题与规制方略》，《深圳大学学报》（人文社会科学版）2021年第1期。

统内部完全透明可见，而在于算法决策的可解释性和可理解性"。①

二是可解释性。本质上来看，"不可解释性意味着透明性的不可得，可解释性意味着获得透明性"。仅仅打开技术黑箱，获得算法代买是远远不够的，因为这并不意味着人类可以理解算法运作。杨庆峰区分了几类"不可解释性"：通常使用的是技术原理的不可解释，此外还有技术观念、技术原理、技术行动和人与技术的关系等维度的不可解释。例如基于"技术行动"的"不可解释"，意味着智媒做出了不符合情景"耐人寻味"的行动，比如写作机器人忽然开始跳舞了，比如扫地机器人开始洒水了。在这些情景中，智媒有其自身的运行逻辑，只是我们无法理解和解释，算法的"可解释性"要求建立智媒行动与情景之间的关联，解释为何在某个情景下，智媒要如此行动。杨庆峰认为，"只有澄清智能体与情境之间的关联行动才是让我们真正理解人工智能的关键"②。

三是"有意义的透明度"。所谓的"无意义"指的以下这些情况：算法运作过程无法通过代码呈现和解读，尤其典型的就是基于深度学习技术的算法，其运作过程存在，但是无法呈现；公开的算法代码的所有人无法理解；公开的算法代码对于一些人来说无法理解；算法代码的公开无助于问题的理解和解决。当然"有意义"指的是"有正面意义"，因为算法代码的公开还可能会带来负面效果。在此意义上需要"有意义的透明度"（meaningful transparency），让算法透明不至于无意义，甚至于产生"负面意义"。"有意义的透明"必然是基于特定情景的、在实践中灵活调整的、具体问题具体分析的"算法透明"实践，对于不同的对象、在不同的情景下、基于不同的目标所需要的透明性实践是不同的。

四是可控制性。"算法透明"隐含之意在于"有意义的人类控制"（Meaningful Human Control，MHC），"有意义地人类控制"最初针对的是自动武器，强调自动（武器）系统必须保留在有意义的人类控制之中，

---

① 徐琦：《辅助性治理工具：智媒算法透明度意涵阐释与合理定位》，《新闻记者》2020年第8期。

② 杨庆峰：《从人工智能难题反思AI伦理原则》，《哲学分析》2020年第11期。

即人类应当对其道德行为及后果作出终极决策并负有相应的道德责任，而不是自动机器或与此相关的算法程序。①"有意义的人类控制"意味着人类严格控制人工智能的自我决策权，在人类主体与人工智能客体的交互活动中，人类在人工智能技术使用中应当拥有最后的决策权。

五是可追溯性和价值流分析。可追溯性在保证新闻的真实准确和事后追责上扮演非常重要的角色。基本假设是：智能体与主体相关并负载价值，其每一个行动都有其价值上的前提和后果，都伴随着价值上的输入和输出。价值流分析的目的就是厘清这些输入和输出的价值流向，找到那些输入价值的施加者与责任人和接受价值输出的承受者与权益人，使责任追究与权利保护有源可溯、有迹可循。在价值流分析的基础上，可以具体地廓清智能体所执行任务的利益诉求和价值取向，辨析相关数据采集与处理中的事实取舍和价值预设，进而系统地追问其中的智能感知和认知的客观性与公正性、智能行为的利益分配与风险分担等更为现实的问题。②

六是可获得性。"算法透明"的可获得性关注的问题是对谁透明、在什么情况下透明以及透明内容的可见范围问题。基于"可获得性"视角，透明性实践本身就是一场权力实践。例如 Tene 和 Polonetsky 认为可获得性（accessibility）即数据所有者的知情权与数据使用者的商业可行度（commercial viability）间的权力博弈。③

（4）"算法透明"的反思

综合来看，算法透明确实具备一定的可行性，具备一定的现实可能性和外部环境条件。例如基于政治宣传和社会变革，透明性理念深入人心；既往的媒体实践一贯重视"透明性"理念；与"透明性"密切相关的"开放性""自由民主"等观念的发展普及，"开源文化、开放数据运动在全球多个国家的扩散也为推进算法透明营造了一个开放的外部社会

---

① 于雪、段伟文：《人工智能的伦理建构》，《理论探索》2019 年第 6 期。
② 段伟文：《人工智能时代的价值审度与伦理调适》，《中国人民大学学报》2017 年第 6 期。
③ Omer Tene and Jules Polonetsky, "Big data for all: Privacy and user control in the age of analytics", *Northwestern Journal of Technology and Intellectual Property*, 2013 (11).

语境"①。理性主体的培育以及用户素养的提升，使得至少一部分公民具备了监督和批判的能力；智媒的发展带来了广泛的连接和数字化，大大降低了数据存储、收集、分析的成本，使得用户得已参与到智媒监督和问责中来，也降低了参与监督的时间、精力和经济成本。

此外不少媒体和平台在"算法透明"实践中已有不少尝试可供借鉴，例如美国新闻聚合网站嗡嗡喂（BuzzFeed）、538（FiveThirtyEight）等将他们部分数据向文章的数据和代码设为开源；《纽约时报》、BBC等均在不同程度上公布了其算法工具的细节；ProPublica发布了新闻调查统计方法白皮书，BuzzFeed、FiveThirtyEight等通过GitHub开源其数据新闻项目，《纽约时报》通过"开放"专栏共享新闻技术文章，BBC通过学术论文介绍其算法工具细节。②

不过还是需要意识到算法透明的局限性和风险性。算法透明不能解决一切问题，应该警惕对于算法透明"过分乐观的期望"，尤其是要警惕"一旦算法透明，算法治理问题就能迎刃而解"的观念，这种观念会带来对算法透明度的"局限和风险"的忽视。

首先需要注意到算法透明的局限性。诚然算法透明对于打开算法黑箱有所助益，但是仅靠算法透明无法彻底解决算法黑箱问题，进一步而言，即便是打开算法黑箱也并不能解决所有算法问题。徐琦指出，"对于智媒算法治理中价值观导向纠偏、平台主体责任履行、用户主体权利保护等关键治理目标而言，光靠解释算法系统内部运作流程是远远不够的"。智媒治理需要避免"解决方案主义"的错误思路，"过度追求透明可见还会助长不切实际的'透明幻觉'，误导人们相信只要透明就能让系统行为负起责任来"。徐琦认为，"算法透明度并非智媒治理的充要条件，算法透明只是一种要负责任地加以善用的辅助性工具"。算法透明的效果使用取决于透明度目标、对象及方式，更要理性评估其风险和局限。

---

① 张淑玲：《破解黑箱：智媒时代的算法权力规制与透明实现机制》，《中国出版》2018年第7期。

② 徐琦：《辅助性治理工具：智媒算法透明度意涵阐释与合理定位》，《新闻记者》2020年第8期。

其次需要注意到算法透明的风险性。算法透明未必就是完全无害的。例如存在隐私侵犯的风险，存在损害正当合理商业利益的风险，存在侵犯知识产权的风险，可能会助推恶意竞争，可能会带来人力和财力的过度耗费，等等。算法透明可能会给公众带来虚假的真实感，建立对公司和机构盲目的信任感和正面认知，在事实上这是公司和机构通过扭曲、偏见或隐藏等手段实施的策略性透明，在本质上遮蔽了真相。①

（四）智媒治理的主体作为

智媒治理的相关主体有开发设计主体、用户或使用者、平台媒体、监管立法主体等维度，不同主体既有需要共同价值伦理支持，也需要彼此的相互协作；不过在治理的责任和侧重点上还是存在不少差异，简要概述如下。

1. 设计开发主体

正如保罗·多里希（Paul Dourish）和斯科特·梅恩沃林（Scott D. Mainwaring）所言，"'我们明天能造出什么来？'这个高于一切的问题使我们看不到真正的问题，即今天的我们对昨天的创造承担什么样的责任"②。开发设计者在智媒实践中居于核心地位，也对智媒治理有着不容推卸的责任。面对智媒实践的问题，从消极的问责来看，归根结底还要追究开发设计者的责任；而从积极的行动来看，开发设计者能够将自身的价值观念和伦理认知嵌入到产品中，深刻影响着智媒的社会影响。③具体来看开发设计者需要注意以下事宜。

一是意识到自身对智媒负有的"道德责任"，对智媒开发设计进行的伦理价值评估。道德责任强调责任主体为他人或社会所承担的道德义务，道德责任包括积极的道德责任和消极的道德责任。积极的道德责任强调算法设计者应该做什么，如何保障公众利益，增进人类福祉；而消

---

① 徐琦：《辅助性治理工具：智媒算法透明度意涵阐释与合理定位》，《新闻记者》2020年第8期。
② ［白俄］叶夫根尼·莫洛佐夫：《技术至死——数字化生存的阴暗面》，张行舟、阎佳译，东西文库2013年版，第13页。
③ 参见李凌《智能时代媒介伦理原则的嬗变与不变》，《新闻与写作》2019年第4期。

极的道德责任强调问题的责任分配，要求开发设计者主动积极承担责任，而非逃避责任。① 开发设计主体应该重视对智媒的伦理价值考量和伦理审视，尽量明确智媒的媒介逻辑，对智媒可能的正负影响进行说明；落实"公义创新"理念，兼顾经济效益和社会效益，致力于发展符合社会发展需要的智媒。

二是完善自身的伦理价值观念。树立以人为本、公平公正、反歧视偏见等伦理观点；遵守透明性原则，将算法规则、设计理念、价值取向等对用户和监督者进行公开解释。

三是彰显自身的独立自主性，避免外界力量的干扰。智媒的设计主体在开发设计过程中应该避免受到经济和政治利益的左右，保持自身的独立自主性，尤其是在涉及社会公共利益和道德伦理问题的情景中。

四是提升开发设计者的道德想象力。道德想象力（MoralImagination）是一种能力，"通过这种能力，我们可以在一种既定情境里发现采取多种行动的可能性，以及预想一个既定行为可能带来的利害结果"。② 张卫指出"道德想象力"具体包括三个方面的内涵："一是通过情感投射'设身处地'地为情境所牵涉的每个人的处境着想；二是洞察情境中所有可采取的行为方式和行为倾向，并尝试对其未来行为结果进行富有远见的预示；三是当道德困境处于一筹莫展或非此即彼时，仍继续寻求新的行为选择可能性。"智媒设计中涉及大量的伦理考量，只有智媒的开发设计者拥有足够的"道德想象力"才能更好地完成智媒的"价值嵌入"工作。

五是尽可能在研发阶段避免和解决可能存在的问题。荷兰技术哲学家菲利普·布瑞（Philip Brey）在《新兴技术的预知性伦理》（Anticipatory Ethics for Emerging Technologies）一文中提出"预知性技术伦理"（anticipatory technology ethics，简称 ATE）概念，ATE 的基本目的就是将技术应用于社会后可能产生的社会问题聚焦在研发阶段加以解决。③

---

① 郭林生、李小燕：《"算法伦理"的价值基础及其建构进路》，《自然辩证法通讯》2020年第 4 期。
② Johnson，M.，*Moral Imagination*，Chicago：University of Chicago Press，2003.
③ 文成伟、汪姿君：《预知性技术伦理消解 AI 科林格里奇困境的路径分析》，《自然辩证法通讯》2021 年第 4 期。

2. 用户使用主体

首先是注意提升智媒素养。智媒素养在传统媒介素养的基础上，综合了算法素养①、社交媒体素养、大数据素养等内容，旨在为智媒时代的用户生存提供指导，帮助用户正确的认识和使用智媒应用，提高对智媒实践的批判辨识能力，规避智媒问题的侵扰。总体来看，用户的媒介素养正在稳步提升，包括隐私保护意识、维权追责意识、内容辨别能力等改善显著。具体来说，智媒素养还有一系列的具体要求，举例来说：

一是合格的"智媒素养"意味着用户具备对智媒传播各种信息的选择能力、理解能力、质疑能力和透过现象看本质的能力。② 智媒素养要求用户树立正确的媒介观，对于算法等智媒应用不能简单抵制和批判，而是要客观的认知探索，积极的应对问题，更好的驾驭智媒。

二是智媒素养要求用户具备数据素养。数据素养（dataliteracy）是指人们有效且正当地发现、评估和使用信息和数据的一种意识和能力。通常，数据素养概念包含数据意识、数据获取能力、分析和理解数据的能力、运用数据进行决策的能力以及对数据作用的批评和反思精神。③ 用户应该是积极主动的数据生产者，许多用户发起了"量化自我"（Quantified Self）运动，该运动旨在主张并夺回自己对数据的所有权。

三是智媒素养还要求用户具备隐私意识和隐私保护能力；要求用户与技术保持适当距离，适当设立"无技术日"，智媒时代人们迫切需要"连接克制"，适度"断连"④；要求用户积极参加线下社交活动，避免沉浸在虚拟世界之中。

此外，智媒素养的提高还会带来间接的影响，智媒素养的提升意味着用户的批判意识和能力的提升，用户更加积极参与到媒体监督和社会

---

① 算法素养（algorithmic literacy）是指媒介使用者在面对算法时的认知、知识、想象和可能采取的策略。算法素养就是要培养人们与算法的共存能力，有思维培养和风险教育两大目标。参见彭兰《如何实现"与算法共存"——算法社会中的算法素养及其两大面向》，《探索与争鸣》2021 年第 3 期。

② 罗新宇：《智媒体传播中"算法推荐"伦理的冲突与规制》，《新闻爱好者》2020 年第 11 期。

③ 金兼斌：《财经记者与数据素养》，《新闻与写作》2013 年第 10 期。

④ 彭兰：《增强与克制：智媒时代的新生产力》，《湖南师范大学社会科学学报》2019 年第 4 期。

监督之中，在此意义上推进媒体的完善和社会的良性运行。只有智媒素养的提升，才能减少用户对智媒的无知和恐惧，以正确的态度去探索和接纳智媒他者，带着批判的视角去理解智媒实践，规避智媒实践中的风险和问题。也只有通过智媒素养的提升才能弥合智媒鸿沟。

其次是考虑到用户产消合一的角色，用户更为普遍的参与到新闻内容生产实践之中，所有用户都应该成为媒介伦理的遵守者和实践者，需要具备一定的新闻传播素养，遵循相关的传播规范，做到不传谣、不造谣，积极维护健康的网络生态。李凌评论称，"媒介伦理不仅是对新闻专业人员的底线要求，还应该成为社会大众的底线伦理。真实、公正、尊严不仅是对新闻从业人员的要求，还应成为每个公民的道德义务"①。

3. 媒体平台主体

一是找准定位、坚守底线。当媒体面临用户与市场的压力，更应该坚守自身"时代瞭望者"的属性，关注人类共同福祉，关注社会长远利益，致力于保障个体的安全、自由与尊严。此外在提升生产力和生产效率，普及应用智媒的新闻实践中，应该始终坚守以真实准确客观公正为核心的职业伦理原则。

二是敢于试错，增强定力。彭兰提到，"智能技术应用能否真正提升媒体的生产力、生存力与话语权，需要经过一个漫长的过程才能看到结果，这中间难免会有一些试错。对媒体来说，既不能因为害怕试错而徘徊不前，又不能以试错为理由而放弃对技术与市场的充分研究、对风险的判断与评估，把新技术的应用当成"拍脑袋"的行为"②。

三是媒体与平台的责任担当，重视公共利益，承担起价值引领重任。尤其是对于技术公司和媒体平台来说更要认识清自身的媒体属性，积极主动的承担责任，坚持正确的舆论导向，基于理性和公共利益审慎的开展媒体实践。Natali Helberger 提到"公平媒体实践"（Fair Media Practices）概念，认为应该树立价值观和原则来引导媒体和用户之间的

---

① 李凌：《智能时代媒介伦理原则的嬗变与不变》，《新闻与写作》2019 年第 4 期。
② 彭兰：《增强与克制：智媒时代的新生产力》，《湖南师范大学社会科学学报》2019 年第 4 期。

关系，规范算法向媒体内容呈现和推送给用户的方式。① 张志安和刘杰也指出，"新闻业在应用人工智能的同时，不能放弃更具理想的职业追求，即如何在满足公众获得新闻'I feel'（感受）的基础上，还能增进用户'I think'（思考）"②。

四是媒体理念的创新和转变。例如提倡和落实"建设性新闻"理念。例如新闻专业主义回归和改革。例如跳脱出以用户满意度为代表的传统的新闻推荐系统评价体系，转而以社会公共价值为算法使命，设计针对事实核查新闻的推荐系统，以识别群体中积极的新闻核查者并激励其参与更多事实核查活动。③ 例如过滤低俗低质内容、限制过度娱乐化、整顿营销信息等具体举措。例如尊重用户的选择权和知情权，重视用户的意见反馈，帮助用户提升信息辨识能力。

五是发挥媒体人的能动性，强化媒体人在传播中的主体性。首先强化内容审核机制，完善重要内容人工审核机制，注重媒体人的判断力和洞察力，建立人工+智媒的双重审核机制，加大对内容的过滤，对偏颇失真的内容在源头上予以控制和删除。其次是善用智能媒介，全面提升专业技术水平。虽然智媒出现对于新闻记者和新闻编辑产生了很大冲击，但不可忽视的是智媒也为媒体人赋能，提升了媒体人信息筛选和处理的效率。例如可以利用大数据技术辅助深度新闻报道。再者是需要加强媒体人的意见性内容和解读性内容的产出。"在机器可以批量地进行事实性信息生产的时代，人的力量将更多地向意见性信息（如评论）生产倾斜。"④ 即使智媒可以帮助媒体更好地描绘现实世界的图景，对这些图景的解读，还是依赖于媒体人的经验和洞察。最后是注意培养"一专多能"、伦理素养过硬的人才，既要熟悉互联网思维和智媒工具，也要善

---

① Natali Helberger：Policy Implications From Algorithmic Profiling and the Changing Relationship Between Newsreaders and the Media，Javnost/The Public，2016（4），23（2），pp.188-203.
② 张志安、刘杰：《人工智能与新闻业：技术驱动与价值反思》，《新闻与写作》2017年第11期。
③ Vo, N. and K. Lee：The rise of guardians：Fact-checking url recommendation to combat fake news. in The 41st International ACM SIGIR Conference on Research & Development in Information Retrieval. 2018. ACM.
④ 彭兰：《机器与算法的流行时代，人该怎么办》，《新闻与写作》2016年第12期。

于分析和批判,能够积极借助智媒手段挖掘新闻线索、调查事实真相、创新新闻形式、吸收用户反馈。

六是活下去并提高自身影响力和引导力。如果媒体无法在市场竞争存活下来,那么谈论价值引导和影响力也没有意义。尽量寻求兼顾竞争力和影响力的举措,例如通过创新表达方式的途径来提高内容质量;例如加强与用户的交流沟通,提高媒体的黏性;例如通过算法与人工结合的方式为用户提供多样、丰富的视听内容,满足用户的需求也适当进行主流价值引导。

七是自查自纠与外部监督并举。当一个媒体、一家公司拥有了具有生杀予夺意义的数据与算法时,它们的权力应该受到监管和约束。[①] 具体而言可以建立行业监管自律和外部的监管他律相结合规范机制,一方面积极接受来自于监管主体、公共舆论和用户的批评、监督和建议;另一方面也积极通过行业协会、内部反馈、问题自查自纠等方式寻求问题的改正。

八是在智媒实践中落实具体理念,不过在落实具体理念时务必需要注意情景性原则,不要盲目遵循某种理念而忽略了其在特定情景下的问题。例如媒体可以基于自身的责任定位建立风险应对机制,尽量减少伤害、降低损失、完善服务、挽回声誉;例如基于服务用户的基本理念进行节目形式创新和栏目改革;例如建立稿源分级分类规范机制;例如采取严密的措施保护数据安全和用户隐私。

九是"不可爱的新闻界"。迈克尔·舒德森认为我们仍然需要"不可爱的新闻界",应该重视对于真相的挖掘,不要一味迎合用户和相关主体的口味,而要有自身的判断和价值诉求,避免新闻真实受到意识形态、政治鼓动或商业利益等因素的干扰。[②]

4. 立法主体

立法主体主要是法院、人民代表大会或者国外的一些委员会和议会,此外一些政策条例出自政府部门。本文区分了立法主体和监管主体,意

---

① 彭兰:《机器与算法的流行时代,人该怎么办》,《新闻与写作》2016 年第 12 期。
② 参见:赵瑜:《人工智能时代新闻伦理研究重点及其趋向》,《浙江大学学报》(人文社会科学版)2019 年第 2 期。

在区别开智媒监管的内容和依据与智媒监管的行动落实两个维度。立法主体对于智媒治理的作用主要体现在：

一是将理念转化为制度和法律规定，积极完善相关的法律法规，填补法律空白和漏洞。例如算法问责制、隐私保护法，通过完善的法律体系来监管智媒实践、治理智媒问题。例如 GDPR 通过强制令和高额罚款等措施保护用户对于自身数据的处置权利。法律法规的制度规范有其必要性和重要价值，郭林生和李小燕认为，"从法律角度规范算法使用者的使用，可以使算法使用者更加全面地认识到算法对人所产生的风险与危害，主动约束和限制自身的行为，从而以更加合理的方式使用算法"[1]。

二是平衡与协调，处理智媒实践中存在的矛盾和争议，监管主体需要从第三方视角，基于长远利益和社会的公平公正给出适当的界定。例如算法透明的适用情形、被遗忘权的使用情景、隐私保护的边界；例如对责任归属的界定，对于多元主体担责的判定，责任分配需要法律来做基石，为各方提供一致性保证。例如基于公正原则，需要完善制度设计，既抑制"资本的逻辑"横行霸道，也防止"技术的逻辑"为所欲为。例如需要平衡工具理性和价值理性的矛盾，注重社会公利和鸿沟弥合，对落后国家、地区进行资源倾斜和政策扶持。

三是法律法规和监管举措需要与时俱进，需要基于智媒实践进行灵活挑战，归根到底还是要服务于智媒发展和社会健康运作。例如欧盟出台了在 2018 年 5 月生效的《一般性数据保护法》（GDPR，General Data Protection Regulation，也称《欧洲联盟通用数据条例》）规定了算法的可解释性以及用户可以获得算法结论的解释权，规定算法对个人数据的收集与使用，尤其是使用技术形成画像必须要获得数据主体的同意。此外还设计了被遗忘权等相关概念的界定。

四是相关规定要面向未来，尽早调整相关规定。例如面对智媒创作内容的管理、著作权及其利益分配需要尽早做出规定。

5. 监管主体

首先从总体来看，对于智媒监管实践而言，需要完善外部监督机制，

---

[1] 郭林生、李小燕：《"算法伦理"的价值基础及其建构进路》，《自然辩证法通讯》2020年第4期。

罗新宇指出，"应该以法律法规底线为保障，建立他律+自律的新闻传播伦理'双约束'规范责任机制，积极倡导行业自律体系建设"①。此外对于监管主体来说，不仅要聚焦智媒本身的运作情况，还要关注到智媒背后的权力运作，智媒监管归根到底还是对权力的监管。总体来看，监管主体包括政府机构、媒体与行业、社会机构等，虽然具体到不同主体在职责上有一定的差异，不过大致的职责无外乎以下这些。

一是开展伦理审计和问责工作。监管主体需要强化对智媒产品和应用的"伦理审查"，严查虚假宣传和未经说明的应用，本着客观公正的态度对产品的性能和价值做出说明和判断。在既往的科学实验和技术开发中一贯重视其实验研究的伦理后果和社会影响，例如对于克隆人的伦理审计。这种态度也应该延伸到智媒的开发应用中，但是从目前来看对于谷歌、脸书等智媒应用来说，伦理审计形同虚设，相关产品和服务往往未经严格的伦理考察就急于推向市场，由此产生了一系列的消极影响。段伟文认为为了披露与削减算法权力的误用和滥用，应对数据和算法施以"伦理审计"。具体可以从智媒问题入手进行反向核查，重点关注开发设计过程中是否存在不准确、不包容和不公正的因素。②此外伦理审计还需要对权力进行监管，警惕算法权力、数据权力的控制和遮蔽，主要是对掌握核心数据及处理能力的企业或个体的权力进行相应的法律监管和制度约束。例如反垄断监管，避免技术被少数人的权力和资本所垄断。

二是治理和惩处不当行为，建立制度化、系统化的应对机制。例如对算法歧视、数据垄断、信息欺诈等违背社会公共利益和个体权益行为的惩处。出台法律法规是治理智媒问题的主要途径，能够有效预防智媒问题的发生，削弱智媒问题对个体和社会的负面影响。例如2021年国家版权局开展的"剑网2021"专项行动查办网络侵权案件445件，关闭侵权盗版网站（APP）245个，处置删除侵权盗版链接61.83万条。

三是权利的确定与权利的保护。例如监管主体对用户的隐私权、隐

---

① 罗新宇：《智媒体传播中"算法推荐"伦理的冲突与规制》，《新闻爱好者》2020年第11期。
② 段伟文：《控制的危机与人工智能的未来情境》，《探索与争鸣》2017年第10期。

身权、知情权、著作权、肖像权等权利的界定和保护。例如督促平台在收集使用用户信息时，遵循合法正当、最少必要的原则，公开收集使用规则，明示收集使用信息的目的、方式和范围，并且获得用户同意。严禁平台在使用算法推荐时滥用用户个人信息、侵犯用户隐私。①

四是事前预防和事后审查。当下监管的主要形式还是事后审查，通常是发现问题后再通过删除、阻断信息传播链、罚款等方式来进行，除此之外还需要建立事前预防机制，通过伦理审计的方式来排查可能存在的问题，通过数据分析系统判断智媒实践中的风险漏洞等。

其次是从政府主体的治理作为来看，政府主体既是智媒监管内容的提出者，又是智媒监管的行动落实者。"政府有保障人民权益，维护社会公正的义务，当智媒实践对个体和社会产生了危害之时，智媒治理就成为政府无可推卸的责任。"②

一是政府主体可以提供政策指导。例如2018年，习近平总书记在中共中央政治局集体学习时强调，要发挥好人工智能的"头雁"效应，也要"加强人工智能相关法律、伦理、社会问题研究"。例如联合国发布的《关于机器人伦理的研究报告》提出了包括"以人为本、安全性、透明性"等人工智能发展原则，要求推动人工智能普惠和有益发展。例如欧盟签署《人工智能合作宣言》呼吁制定"机器人宪章"。

二是政府主体直接进行智媒实践管理，例如欧盟成立统筹人工智能监管的政府机构，共同面对人工智能挑战。例如2017年，杭州市出台全国首个数据安全规划《杭州市数据安全保障体系规划（2018—2020）》，提出要建立政务数据分类分级标准规范，为数据安全保驾护航。例如自2018年10月1日起，贵阳开始施行《贵阳市大数据安全管理条例》，市人民政府设立统一的大数据安全监管服务、投诉举报平台，建立健全大数据安全工作监督检查机制。例如政府可以例如设立公开监督平台，让智媒实践接受公众监督。

三是政府主体可以进行政策宣传和公民引导。例如政府相关部门可

---

① 方师师：《算法如何重塑新闻业：现状、问题与规制》，《新闻与写作》2018年第9期。
② 柳亦博：《人工智能阴影下：政府大数据治理中的伦理困境》，《行政论坛》2018年第3期。

以积极传播隐私保护相关知识，引导用户在浏览有关信息时，提高警惕性，留意可能存在的诈骗、隐私侵犯等风险。例如政府主体可以推动智媒问题的相关研究，加强媒介素养教育。鉴于智媒素养的重要性，应该将其纳入到技能培训和通识教育体系中，政府相关部门应该积极推动和协调学校、媒体、平台以及政府相关部门共同协作完成对公民媒介素养的宣传和培训教育，也可以搭建公共交流和意见反馈平台。

再者从其他监管主体的治理作为来看：一是媒体的舆论监督，发挥自身舆论监督的职能，通过议程设置来引起公众对相关问题的关注和重视，通过舆论的方式助推问题的解决。例如 2016 年以来，《人民日报》《人民网》等媒体多次发文批判算法的风险，提出了诸如"不能让算法决定内容""别被算法困在信息茧房""警惕算法走向创新的反面"等批判意见。

二是引入第三方机构伦理决策，平衡矛盾。由于作为决策主体的组织和个人往往都从自身的利益出发，很难客观地进行决策，所以可以尝试通过引入社会相关组织等第三方机构客观调研，共同寻找伦理决策点和利益平衡点，尤其是对于一些没有危及法律的内容，更需要第三方机构予以协调，而且第三方机构往往可以避免出现借调查之名侵犯知识产权事件的发生，可以兼顾商业机密和用户权益保护。例如赵双阁和岳梦怡提到，可以成立由政府、相关学者、企业代表、行业代表共同组成的"算法审查委员会"，政府、学者等代表用户、代表新闻业，从法律的角度和新闻专业的角度对算法实施监管。[1]

最后需要指出的是，对于包括政府主体在内的多元监管主体亦需要强调其责任意识和相互协作观念，此外也应尽量明确各自的分工和侧重点，高效而有力地进行智媒治理，避免出现责任推诿、重复治理、规避矛盾等问题。

（五）具体问题的应对

以下选取了隐私侵犯、偏见歧视、信息茧房、智媒鸿沟等问题以及

---

[1] 赵双阁、岳梦怡：《新闻的"量化转型"：算法推荐对媒介伦理的挑战与应对》，《当代传播》2018 年第 4 期。

"算法透明"和"被遗忘权"的落实来谈论智媒治理的具体议题，在补充相关内容的同时也旨在进一步深化对于智媒治理的认识。此外对于真实性、遮蔽、剥削、控制等相关问题在前文中有所提及，出于篇幅的考虑不再予以专门讨论。

1. 用户隐私的保护

正如柳亦博所评论的，"保护隐私归根结底就是对人的尊重问题，个人隐私的彻底消失无疑令每个人都心生恐惧"[①]。隐私保护对于智媒时代的人类生存而言至关重要，具体而言隐私保护可以有以下路径和具体举措：

第一，首先需要建构智媒时代的隐私伦理，明晰并遵循隐私保护的基本原则，确立基本的隐私保护共识，减少因为隐私保护界定不明带来的问题。例如薛孚和陈红兵提到隐私伦理的四大原则，即"不伤害原则、正义原则、自主性和信任原则"。[②] 例如应该尽量保障用户的知情同意，在获取用户授权的前提下采集和使用数据。例如应该遵循透明性原则，及时告知用户相关主体进行的数据采集行为，解释数据使用的目标和过程，声明可能存在的风险和问题以及补偿和应对方式。

其次是强调采集使用主体的自律和责任。自律是数据搜集者和使用者必须努力养成的基本道德原则，只有基于自律才能保障相关隐私保护理念的落实。而另一方面基于责任的隐私保护才能长久和持续，而且面对客观存在的隐私侵犯问题也需要采集使用主体的积极担责和应对。责任又具体表现为社会利益的最大化和个体伤害的最小化，在扩大数据价值的同时减少隐私侵犯的危害性。

再者是强调理念和原则的落实和实践，因为在隐私保护的落实中存在一系列的干扰因素。例如面对数据使用产生的消极影响绝对不能视而不见，更不能推波助澜，应该采取积极的补偿措施，避免伤害的扩大化。

第二，依托立法—监管主体的隐私保护。首先立法主体需要完善法

---

① 柳亦博：《人工智能阴影下：政府大数据治理中的伦理困境》，《行政论坛》2018年第3期。

② 王绍源、任晓明：《大数据技术的隐私伦理问题》，《新疆师范大学学报》（哲学社会科学版）2017年第4期。

律条例，包括界定数据使用与隐私保护之间的"度"。从国内来看，《个人信息保护法》于2021年11月正式开始实施；2020年5月《民法典》正式通过，其中涉及隐私保护问题。从国外来看，2018年5月《一般性数据保护法》生效，将数据隐私作为一项基本人权，为用户处理自身的数据赋予了更大的自主权，其严格规定和高额罚金迫使企业重视和保护用户数据，对于违反GDPR的企业，最高可能面临单次2000万欧元的罚款。[①] 其次监管主体要对隐私侵犯行为严厉打击，惩治社会媒体和研究人员在未经用户知情同意的情况下就开始收集和使用数据生产者的相关信息的行为。再者需要对干扰隐私保护的相关问题进行治理，例如对"霸王条款"的治理。最后需要注意的是隐私保护机器条例需要依据现状进行灵活调整，刚性的信息伦理不适用于智媒时代，例如当隐私保护一味追求"匿名化处理"的时候，隐私侵犯已经开始通过数据预测的方式绕过了个体。

第三，围绕用户主体的相关举措。首先是加强用户媒介素养教育，树立正确的隐私观念，提高用户的隐私保护意识。作为数据生产者的用户必须积极保护自己生产的数据，避免"隐私倦怠"心态，想当然的认为数据暴露不会对自己产生负面影响。其次是提高用户自我信息保护能力。用户应该警惕选择让渡的权利、避免在社交媒体上暴露敏感个人信息；用户需要密切关注自己生产的数据，评估数据生产和分享所隐含的风险；用户需要意识到"个体责任"，因为基于大数据的分析预测，个人的数据生产和分享行为可能会给他人带来负面影响。再者是追责与寻求补偿。一旦发现自己的合法权益受到侵犯时，一定要积极维权追责，寻求精神和物质补偿。最后是当用户作为数据搜集者和使用者时要遵循相关的信息伦理，不能出于利益需求和便利考虑而侵犯他人的隐私权，务求伤害最小化。

第四，围绕"开发设计者"的隐私保护举措，主要是从技术手段和产品设计角度对隐私的保护，包括防火墙、信息加密、访问控制、入侵检测等。比较新颖的是"信息银行"的隐私保护举措，信息银行即模仿

---

① GDPR，General Data ProtectionRegulation，也称《欧洲联盟通用数据条例》。

银行的功能,用户本人可以将自己的个人数据主动存入信息银行,通过适当保护,在确保隐私的同时促进个人数据的有效使用。基于第三方的操作,无论是将相关数据用来传送消息及发布广告,还是将其运用于个性化服务都是征得用户知情同意的。在此基础上用户还可以获得一定的收益,一定程度也缓解了数字劳动剥削的问题,储存了个人数据的第三方机构在将数据进行匿名化处理后提供给企业并得到回报,将回报的一部分作为报酬还给用户。正像把钱存入银行,银行加上利率之后贷款给企业,其中的一部分作为利息返还给存款者同样的机制。例如日本电通集团的"我的数据信息"(My data intelligence)于2018年11月设立了MEY这一信息银行,并于2019年7月开始提供服务。

例如匿名化处理在一定程度也能够保护用户隐私。数据持有者和使用者将与用户相关的数据经过匿名化处理,去除数据集中的个人隐私信息后再进行发布和使用,可以在一定程度保证用户不会因为自身数据在共享过程中被非法盗取而产生不必要的伤害。比如"美国在线(American Online)"基于科研目的,于2006年公布了涉及用户的搜索记录、地理位置、点击率等总数高达三千万条的信息。由于相关数据采用了隐匿真实信息的方法,把涉及的具体内容进行了模糊化处理,并全部替换为数字表达,这就达到了对用户隐私保护的目的。[1]

第五,基于数据生产流程的隐私保护。徐圣龙认为在数据生产阶段要提倡"共有观念",承认数据的共有属性;在数据处理阶段要提倡"共治观念",每一个产生"数据足迹"的个体在数据集中是平等的,不应该被人为裁剪、忽略;在数据应用阶段提倡"共享"观念,既包括大数据实践成果的共同享有、参与分配,也涵盖大数据实践负面结果的责任共担。[2]

第六,基于情景和语境的隐私保护。尼森鲍姆提出了"语境完整性"原则,在其看来"语境"与"信息规范"密切相关,而"信息规

---

[1] 王绍源、任晓明:《大数据技术的隐私伦理问题》,《新疆师范大学学报》(哲学社会科学版)2017年第4期。

[2] 徐圣龙:《"公共的"与"存在于公共空间的"——大数据的伦理进路》,《哲学动态》2019年第8期。

范"包括"适宜性规范"和"流动规范"两种类型。① "适宜性规范"规定了在什么样的语境,何种个人信息才是适于或宜于被披露的;明确了特定的语境中被允许、被期待甚至按规范要求应当披露的个人信息的类型和性质。例如在医疗语境中,病人向自己的医生披露其身体状况的详细信息是合适的、应当的、允许的;在朋友之间,即在友谊或友爱的语境中,人们可能也可以相互倾诉爱情方面的困惑、纠结或其他不便与外人说道的事情。② 对于智媒而言,适宜性规范典型体现在应用和功能是否需要或者有必要获取用户的某些信息,尤其是私人信息。"信息流动规范是'关于特定语境中的信息是否流动、如何流动、流动方向等的规范'。"③ 在智媒实践中则典型的表现为是否允许相关机构和媒体主动向用户推送消息和广告,每天能推送多少;以及用户的数据和信息在什么样的情况下允许调用和转移用户的数据资料。

2. 算法透明的落实

一是要客观认识到打开"算法黑箱"的难度和困境。出于商业机密、专利保密、隐私考虑,以及避免恶意操控等考虑,媒体算法信息常常被刻意不予披露,完全解锁"算法黑箱"难度极大。④ 详细内容可以回顾算法透明困境部分,在此不做赘述。

二是厘清算法透明的内涵。理解"算法透明"需要摒弃"二元对立"思维,智媒实践中并非只有"黑箱"和"透明"两种状态,而是有着复杂情况的实践场域。"透明"并不意味着就打破了黑箱,破除"黑箱"也并非就是完全意义上的"透明",包括"可理解的透明度""可解释的透明度""适度透明""情景透明""价值透明"等概念都反映了算法透明的丰富内涵。徐琦评论称,"国内鲜有研究去辨析算法透明度的

---

① Helen Nissenbaum, "Privacy as Contextual Integrity", Washington Law Review, 79 (1), 2004.
② 吕耀怀、罗雅婷:《大数据时代个人信息收集与处理的隐私问题及其伦理维度》,《哲学动态》2017年第2期。
③ 吕耀怀、罗雅婷:《大数据时代个人信息收集与处理的隐私问题及其伦理维度》,《哲学动态》2017年第2期。
④ 张卫:《算法中的道德物化及问题反思》,《大连理工大学学报》(社会科学版) 2020年第1期。

真正意涵，更少有结合新闻业的具体语境去探讨媒体算法透明度到底要解决什么问题、包含什么内容、具体如何运用，智媒算法透明度带来的增益和局限究竟何在，以及算法透明度是否能真正解决智媒治理中的关键问题。笼统模糊的透明度主张并不能解决智媒发展中的实际问题"①。对于算法透明来说"公开源代码"并不等于可知与可理解，相比于算法代码的公开，算法模型可解释性、算法结论的可理解才是关键，算法透明应该关注如何以通俗易懂的方式向用户解释算法的运行机制和算法推荐的规则。

三是算法透明不能停留在笼统模糊的主张上，而是需要基于问题和实践进行理念的落实，包括一系列辅助配套设施的完善，具体还是可以从相关主体出发来讨论。首先是媒体的开发设计者可以把新闻透明性纳入算法设计的"常规"。新闻常规是媒介工作者在新闻生产中采用的一套模式、惯例以及重复的行为或形态，新闻实践活动围绕着体系化常规展开。② 不过遗憾的是，当下的媒体实践尚未就新闻透明性达成一致共识。

其次是媒体和平台可以积极推动"可理解""可阐释""可追责"的透明性，告知公众算法黑箱是什么，将算法的运行机制和目标取向进行浅白的阐释，还可以对新闻的数据来源做出批注，对算法新闻的生产方式予以说明。具体来看：（1）媒体机构可以定期发布阶段性算法透明报告，向外界定期公开算法运行的相关信息。今日头条就曾于2018年1月份面向行业公开头条的算法原理，以消除社会各界对算法的困惑和误解。（2）媒体可以设置专门岗位，由专职人员负责与受众或用户沟通、解释算法的运作机理。（3）媒体可以尝试以专门的板块和栏目，通过直白的方式进行新闻作品的生产介绍，例如《纽约时报》在使用橄榄球比赛报道设立了专门网页对其算法原理进行了通俗易懂的详细解释，而且对该机器人算法存在的偏见直言不讳，告知读者尽管有大数据支撑，但和教

---

① 徐琦：《辅助性治理工具：智媒算法透明度意涵阐释与合理定位》，《新闻记者》2020年第8期。
② 毛湛文、孙曌闻：《"算法神话"到"算法调节"：新闻透明性原则在算法分发平台的实践限度研究》，《国际新闻界》2020年第7期。

练相比机器人生成的报告倾向于更乐观。①

再者是媒体可以发挥自身的舆论监督的力量,充分发挥调查记者的能动性,追求事实真相,探索"黑箱"背后的逻辑和意涵,预防偏见、歧视和权力操控等隐含伦理风险。例如2017年9月起,《人民日报》连续发文三评算法推荐,严肃指出,"以今日头条、一点资讯为代表的智能新闻客户端存在价值观缺失、信息窄化等问题。正是在此背景下,今日头条等相关主体才陆续公布了算法原理和推荐规则,积极接受社会的问询监督"。

从次是可以对媒体人员和公众用户开展算法教育。一方面提高媒体人员对数据、算法模型、统计方法等内容的理解,只有如此才能更好地贯彻新闻透明性理念;另一方面用户素养的提升有利与算法的问责和监督,有助于打破算法的"客观中立"和"客观"假象,进而打破算法黑箱,削弱算法黑箱带来的负面影响。

最后是立法监管主体需要尽早制定算法透明的规则,填补法律空白,做到有法可依;同时在规定中平衡多元主体的利益诉求,兼顾效率和公共利益,尊重保护合理合法权利,争取利益最大化、伤害最小化。例如美国计算机协会美国公共政策委员会在2017年初发布了《关于算法透明性和可问责性的声明》(Statement on Algorithmic Transparency and Accountability),提出了包括"解释"在内的七项基本原则,要求相关机构对算法的过程和特定的决策提供解释,尤其是涉及公共事务的部分。例如欧盟于2018年5月正式实施的《一般数据保护条例》(General Data Protection Regulation)规定了用户可以获得算法结论的解释权。此外政府相关部门也可以通过事前干预算法设计,事后进行算法追责等方式来加强算法黑箱问题的监管,敦促开发设计主体和应用主体进行相应的算法透明。

另外就是引入第三方监督和核查力量助力算法核查和透明实践,诸如伦理委员会、学术组织、公益组织和用户团体等。例如德国已经出现了由技术专家和资深媒体人挑头成立的名为"监控算法"(AlgorithmWatch)的

---

① 邓建国:《机器人新闻:原理、风险和影响》,《新闻记者》2016年第9期。

非营利组织，宗旨是评估并监控影响公共生活的算法决策过程。①

除此之外就是多元主体的协作，整合媒体机构、个体用户和资本平台的力量来推进算法透明。例如整合政府、平台、媒体和公众的多方监管力量形成强大的算法问责力量，共同从外部推动算法透明的进程。仇筠茜和陈昌凤提到了推动算法透明的"算法集"的间性思路，所谓"算法集"简单而言就是意识到算法黑箱的多维影响因素，不只是算法模型的问题，还涉及算法设计者、使用者、监管者、公众等主体。②

张超区分了"主动"和"被动"两种路径的"透明"，认为算法透明的落实需要主动和被动的综合路径。"主动的算法透明"是指新闻生产者主动将算法的运行机制与设计意图公之于众，接受社会监督，开源算法都采用主动的算法透明。"主动的算法透明"由于媒体坦诚算法设计与应用中的局限，不仅可以规避一些风险（如不必为错误的预测或产生的偏见结论负责），还有助于建立媒体与用户的信任关系。③"被动的算法透明"，即依据法律规定、按照法律程序公布有关算法的全部或部分内容。假定在新闻生产中，用户怀疑或发现涉及公共利益的某专有算法涉嫌种族歧视、误导公众时，可依据法律规定要求媒体披露该新闻算法运行的相关信息，保障公众的"知情权"。

四是算法透明落实中的情景原则和实践原则。在具体的智媒实践中，出于对隐私安全、商业利益等问题的考虑以及算法自身的复杂性，完全实现算法透明是不切实际的。正确的处理方式是基于不同的用途目标、对象和情景进行不同的透明实践，酌情调整透明的程度、透明的方式、透明的接收者、透明的时间，等等，设定不同标准的透明规则和不同程度的算法披露原则。④ 基于情景和实践的透明度旨在确定"合理的透明

---

① 张淑玲：《破解黑箱：智媒时代的算法权力规制与透明实现机制》，《中国出版》2018年第7期。

② 仇筠茜、陈昌凤：《黑箱：人工智能技术与新闻生产格局嬗变》，《新闻界》2018年第1期。

③ 张超：《作为中介的算法：新闻生产中的算法偏见与应对》，《中国出版》2018年第1期。

④ 张帜：《智媒时代对新闻生产中算法新闻伦理的思考》，《海南大学学报》（人文社会科学版）2019年第2期。

度""有意义的透明""适度的透明"和"均衡的透明"。例如可以按新闻题材规定透明度要求，比如美联社的企业财务算法新闻对于数据来源和生产方式的标注就比较严格。例如可以区分透明的对象，算法透明的对象可以简单分为普通大众、监管人员、第三方监督和专业人士四类。类似算法推荐的优先次序需要向普通大众发布，向监管人员需要重点透明事关价值伦理的部分，而对于第三方监督机构可以透明涉及商业机密的算法模型，因为其可以保证商业利益不受损害，此外对于专业人士就可以直接提供工具源代码而无须过度的解释和翻译。[①]

算法透明可以是事先透明、事后透明、随机时间透明、定期透明、实时透明，等等。例如算法透明可以是向上透明、向下透明、向内透明和向外透明。向上透明即上级可以观察到下级；向下透明即下级也可以监督上级；向内透明即只有内部可以进行自我监督和观察；向外透明即外部组织机构也可以进行监督和观察。例如算法透明可以有披露程度的差异，可以全局的透明，也可以是局部的透明，可以是全生产流程和全过程的透明，也可以是具体内容生产流程和过程阶段的透明。

此外可以针对算法服务的情景来灵活进行透明性实践，当新闻服务是完全基于公共利益的非营利新闻生产（如非营利新闻业、公共广播事业等）时，算法应该是完全公开透明的，或者说是"开源算法"，可以被所有人免费查阅、使用、修改和完善，在此基础上算法才能最大限度地服务公共事务。不过当新闻服务涉及商业利益的时候，需要"专有算法"，出于对合理合法的商业利益的保护，应该保护专有算法的知识产权，在合规的前提下可以不予公开，即便是公开也交由第三方机构进行处理，在限定时间限定范围内公开，而不是完全的公开透明。

3. 被遗忘权的落实

牛津大学教授维克托·迈尔-舍恩伯格最早提出了数字时代的被遗忘权概念。根据欧盟 2012 年出台的《一般数据保护条例》草案，被遗忘权指的是"信息主体有权要求信息控制者删除与其个人相关的资料信息"。被遗忘权也被称为擦除权（The right to forgotten and erasure），例如

---

① 徐琦：《辅助性治理工具：智媒算法透明度意涵阐释与合理定位》，《新闻记者》2020 年第 8 期。

在 2016 年《一般数据保护条例》的修正中"被遗忘权"被放在擦除权之后以括号的形式标注出。①

除了欧盟积极倡导和落实"被遗忘权"之外，其他国家也对"被遗忘权"概念多有讨论，不过内在差异还不小，这一点下文会具体谈到。例如美国加州 2014 年通过了"橡皮"法律，该法律规定用户可以要求科技公司删除涉及个人隐私的信息。从中国语境下来看，2011 年 1 月工信部颁发的《信息安全技术公共及商用服务信息系统个人信息保护指南》中指出，当个人信息主体有正当理由要求删除其个人信息时，个人信息处理者应及时对相关个人信息进行删除。2016 年 11 月全国人大常委会通过并经国家主席令颁布了《网络安全法》，正式确认了个人对其网上个人信息的"删除权"，即"个人发现网络运营者违反法律、行政法规的规定或者双方的约定收集、使用其个人信息的，有权要求网络运营者删除其个人信息"。正如万方所言，"有限度地引入欧盟的被遗忘权，建立有中国特色的个人信息保护体系以保障信息主体利益是当下的主要诉求"②。

"被遗忘权"反映的是一种对信息处理的态度和观念，目的是"捍卫网络用户自我尊严、提倡尊重他人自由、创建网络无惧生活"③。尤其是当"遗忘变成例外，记忆变成常态"④，用户的隐私数据存在泄露、不当获取和不当使用等风险，在此背景下对被遗忘权的关注也日益增多，希望通过"制度性建设"来弥补智媒时代的信息安全和隐私风险问题。

欧盟的《一般数据保护条例》（2016 年）就权利主体、适用情形、限制条件、法律责任等都进行了较为明晰界定，相关学者也针对"被遗忘权"的落实提出了一些具体的建议，例如"设定数据的时间限度来决

---

① 万方：《终将被遗忘的权利——我国引入被遗忘权的思考》，《法学评论》2016 年第 6 期。
② 万方：《终将被遗忘的权利——我国引入被遗忘权的思考》，《法学评论》2016 年第 6 期。
③ 赵瑜：《人工智能时代新闻伦理研究重点及其趋向》，《浙江大学学报》（人文社会科学版）2019 年第 2 期。
④ 赵瑜：《人工智能时代新闻伦理研究重点及其趋向》，《浙江大学学报》（人文社会科学版）2019 年第 2 期。

定数据的取舍"①"区分数据的类型和应用的领域来决定被遗忘权的具体形态",等等。

不过由于隐私观念、自由观念、企业运作利益等诸多因素,"被遗忘权"尚未得到法律界的普遍共识,在国家和地区间也存在较大的差异,比较典型的就是美国和欧盟国家之间的认知分歧。欧美对"被遗忘权"的落实更为积极,美国则认为"被遗忘权"提高企业的运营成本、增加社会管理成本、不利于罪行取证和违法行为追责,与言论自由也存在冲突,在美国语境下,言论自由要重于隐私保护。

"被遗忘权"的落实和保障也存在诸多的问题,具体表现如下:(1)在法律层面,被遗忘权依然界定模糊,包括适用内容、适用范围、适用主体、适用情景等内容都尚未达成共识。例如"被遗忘权"对公共人物、罪犯和恐怖分子是否适用;例如《一般数据保护条例》(2016年)规定涉及言论自由的内容不在"被遗忘权"的适用范围内,不过并没有给出具体的标准。② 例如删除权与被遗忘权的关系,在中国的《网络安全法》中出现的"删除权"并不完全等同于被遗忘权,删除权更多的是"作为国家网络信息安全中的一个组成部分而设立的,而整体制度设计的重点在于保障网络信息传播秩序的稳定"并非基于个体用户考虑和设定的。例如被遗忘权面临着公共领域的开放性和私人领域的不可侵犯性之间的平衡。如何在保障被遗忘权的同时不侵犯公共利益还需更多的探索和思考。

(2)被遗忘权所提倡的隐私保护和数据保护与新闻传播实践中的新闻自由、言论自由、知情权等理念存在的冲突,也会影响到意见场域和公共领域的开放性、完整性与真实性。司法实践中对被遗忘权主要有两种态度:①当言论从私人领域进入到公共领域,个体可以以保护隐私权为名,用"被遗忘权"删除自己的言论,从而保护个体的言论自由;②言论一旦进入公共领域,就与私人领域无关,即便个体要使用"被遗忘

---

① 匡文波:《智能算法推荐技术的逻辑理路、伦理问题及规制方略》,《深圳大学学报》(人文社会科学版)2021年第1期。

② Ashley Messenger, What Would A "Right to Be Forgotten" Mean for Media in the United States?, Comm. L. aw, Vol. 29, 2012, p. 31.

权"保护自己,也与隐私权毫无关系,因此,坚持"被遗忘权"不利于保护言论自由。①

（3）从技术上来看,"删除"并不一定彻底,"被遗忘权"很难轻易实现,基于大数据技术的数据交叉分析很容易就把用户"删除"的内容给找出来。此外,需要被遗忘的不只是"文字内容"和"意识到的数据",往往真正带来危险和权益损害的是未经察觉的个人数据以及各类的数字轨迹。

总之"被遗忘权"依然是一个尚待完善,需要进一步仔细推敲和细化的概念。

4. 偏见歧视的治理

许向东和王怡溪认为算法偏见治理可以从法律法规、技术创新、第三方审核机构和算法价值观四个层面着手。② 具体而言,偏见和歧视的治理有以下注意事项：一是要正视偏见的存在,重视既有偏见的存在和影响。此外,对于智媒偏见,有必要区分到底是无意识、自以为客观中立的偏见还是说有意的、基于利益需求的蓄意行为,对于偏见歧视问题需要具体问题具体分析,不同成因的算法歧视需要不同的治理路径。

二是需要"理念先行",确立平等观念、坚持以人为本,增强道德约束,警惕自身的偏颇观念和主观好恶对认知理解的影响。

三是需要全环节、全流程、多主体、系统性治理。专注于数据采集、数据分析和算法设计的某一环节并不能解决偏见问题；仅仅依靠算法工程师、数据采集者、政府监管者或其他单一主体也无法理解偏见问题。

四是充分发挥智媒的积极作用。例如微软程序员亚当·凯莱（Adam Kalai）与波士顿大学的科学家合作研究一种名为"词向量"的技术,目的是瓦解算法中存在的性别歧视。例如谷歌研发了"阈值分类器",通过改进机器学习系统来避免歧视。例如脸书也发布了 Fairness Flow,该工

---

① ［英］维克托·迈尔－舍恩伯格：《删除：大数据时代的取舍之道》,袁杰译,浙江人民出版社 2013 版。
② 许向东、王怡溪：《智能传播中算法偏见的成因、影响与对策》,《国际新闻界》2020年第 10 期。

具会自动警告某种算法是否根据检测目标的种族、性别或者年龄，做出了不公平的判断。①

五是基于智媒关系域的治理。首先是确保数据分析部门的专业性和独立性，避免权力的干扰。其次是完善相关法律法规，加强政府、法律等道的监督和管理，强化制度约束。例如2015年11月，欧盟数据保护委员会（EDPB）发布《应对大数据挑战》（Meeting the challenges of big data）强调了大数据和算法中的歧视问题；例如2017年12月，纽约市议会通过了《算法问责法案》，这是第一部审查算法偏见与歧视的法案。例如2018年生效的欧盟《统一数据保护条例》（GDPR）强调了算法可解释性、算法审计，力图解决算法歧视问题。再者是行业规范与自律。网络科技巨头纷纷进行算法伦理自律，把伦理嵌入算法设计与应用中，以预防算法歧视。最后就是社会层面弥合智媒鸿沟，通过弥合接入沟、使用和价值沟来降低偏见歧视产生的可能性。弥合智媒鸿沟能够减少偏见歧视的内在逻辑在于：既有的算法分析严重依赖既有数据，而不同群体的数字化程度存在差异，这就导致了数字弱势群体的代表性不足，算法分析的结论也存在偏见，而这些结论往往又成为歧视的凭借。例如训练图片识别算法常用的开源数据库ImageNet和Open Images、训练人脸识别工具常采用的源域数据集（Source domain dataset）等都是以西方发达国家的数据为主。这就导致使用公共开源数据库训练的图片识别算法只能识别身着西方婚纱的新娘、却无法识别身着印度纱丽的新娘的根本原因。②

5. 信息茧房的预防

虽然说"信息茧房"是一个"似是而非"的概念，但是信息茧房所反映出来的算法推荐带来的信息窄化、信息偏食、观念固化、信息接触的多样性不足、公共事务的接触参与意愿低等问题还是客观存在，对于这些问题我们提早预防和应对。基于上文的逻辑，大致可以从算法的内

---

① 汪怀君、汝绪华：《人工智能算法歧视及其治理》，《科学技术哲学研究》2020年第2期。
② 汪怀君、汝绪华：《人工智能算法歧视及其治理》，《科学技术哲学研究》2020年第2期。

在调控、智媒应用与设计、媒体人的积极介入等维度来予以调整。

一是算法的内在调控。将"多样性"理念引入到算法推荐系统中，以多元化推荐系统为基础，建立个性+多样性的新闻内容"双选择"推荐机制，通过反向选择、随机选择以及基于公共性的选择来平衡算法推荐对于"准确性"的盲目追求。[①] 赵双阁和岳梦怡指出，"一个好的推荐系统应该不仅发现用户已有的爱好，还应该扩展用户的视野，帮助用户发现那些他们感兴趣、但又不那么容易发现的信息，就像一个凹透镜一样，将用户的兴趣发散出去，当然这种发散是在不影响精确度的前提下更好地为用户提供服务"[②]。此外信息多样性（Information Diversity）建设除了包括信源多样性、内容多样性、观点多样性之外，还包括形式多样性、话题多样性、信息生产者多样性等。

具体来说，多样性的提升主要基于两种路径：第一种路径是基于智媒手段进行多样化内容推送以及让用户意识到自身的"偏食"状况。例如平台可以将被过滤掉的内容类型告知用户，使用户意识到可供选择多元内容，鼓励用户探索和接触多样化信息。例如麻省理工学院媒体实验室创立的应用程序 Terra Incognita 可以向用户进行"非相似性"新闻推送，通过反向个性化推荐来扩大用户的信息接触，尤其是观点类内容。例如英国《卫报》的专栏"刺破你的泡泡"旨在为用户提供具有不同观点和意见的内容；而《华尔街日报》则创设了"红推送，蓝推送"的机制，将同一议题的自由倾向和保守倾向观点一起推送给用户。例如《瑞士日报》的"Companion"会主动推送一些用户并未涉足的新闻内容。[③] 例如美国 BeeLine Reader 公司研发的"Read Across The Aisel"旨在戳破算法新闻中"过滤气泡"，用户可以通过新闻页面底部的"阅读滑杆"阅读信息内容的倾向性，如果阅读类似新闻过多，滑杆会出现不同程度地滑动，通过这样的设置可以警示用户对自身阅读内容倾向性进行反思。

[①] 张帆：《智媒时代对新闻生产中算法新闻伦理的思考》，《海南大学学报》（人文社会科学版）2019年第2期。

[②] 赵双阁、岳梦怡：《新闻的"量化转型"：算法推荐对媒介伦理的挑战与应对》，《当代传播》2018年第4期。

[③] 张帆：《智媒时代对新闻生产中算法新闻伦理的思考》，《海南大学学报》（人文社会科学版）2019年第2期。

例如今日头条在技术上推出国内首款人工智能反低俗小程序"灵犬",为用户提供更优质的信息。

第二种路径通过强化"个性化"来有效提升"多样性"。由于长期以来,人们通常视"个性化"与"多样性"为两个矛盾的概念,所以该路径乍听起来似乎荒谬,但考虑到实际的算法推荐只是一种"伪个性化",并非真正理解用户需求和真实场景。强化"个性化"意味着通过技术手段增强对用户的理解,基于场景进行更为精准而适合用户的内容推荐。举例来说算法发现个性更灵活、自主、无序和缺乏耐心的用户更愿意选择不同的电影,而自律的人却不喜欢太多的多样性,那么算法就可以针对用户的个性特点来选择多样性内容还是精准化推荐。

二是需要基于不同的情景来理解算法分发。喻国明指出算法分发需要基于内容需求市场进行灵活调整,对于较为宏观的整体性内容需求市场需要通过人机协作来把握和引导共性信息需求,而不能仅仅依赖算法的精准推荐;对于群体性内容需求市场,算法推荐带来的信息茧房的可能性受到诸多因素的影响,不宜夸大影响,也不宜忽视影响的存在,喻国明认为较好的处理方式是将纠偏的权力交给平台自律和用户自觉;对于个性化内容需求市场,首先应该意识到重视用户的个性需求是正当合理的,正确的处理方式是划定红线,交给法律。"关键在于划定'有所不为'的信息红线,对余下的细枝末节,法律法规并不需要过多介入,这是保证信息在个体层面进行活力流动的可行之策。"[1]

三是人工纠偏与人机协作。信息茧房的治理需要充分发挥媒体人的能动性和主动性,基于新闻专业主义和既往经验判断对内容进行把关和筛选,建立人机结合的内容核查机制,综合应对"信息偏食"问题。此外也应该参考专家和相关人士的意见,针对性的向用户推送事关公共利益和国计民生的新闻内容。例如今日头条,微博将重要时政新闻加以置顶;例如2018年1月,今日头条宣布增设2000名内容审核编辑,由算法推荐向人机协作推荐转变;例如新闻网站Piqd则聘用媒体、科学、政治、经济等各个领域的专家从事新闻编辑和推荐工作。

---

[1] 喻国明、耿晓梦:《智能算法推荐:工具理性与价值适切——从技术逻辑的人文反思到价值适切的优化之道》,《全球传媒学刊》2018年第4期。

四是信息的偶遇。桑斯坦提出了一种"偶然发现架构"（architecture of serendipity），以解决信息茧房问题。不过在陈昌凤看来，桑斯坦这个带着自然主义色彩的"偶然性"解决方案，在现今信息超载的条件下，堪称悖逆潮流、悖逆以人为本的一种随想。①

6. 智媒鸿沟的弥合

智媒鸿沟的弥合牵扯的因素颇多，如果考虑到智媒鸿沟的伴发问题的治理那将会更为复杂。笔者在此主要是从本章的原则和路径出发，对鸿沟弥合问题本身进行相关的讨论。

一是需要智媒鸿沟需要国家层面树立以人为本的观念，致力于消除社会不公，促进共同发展，例如党中央提出"网络强国""乡村振兴""数字乡村""信息普惠"等战略规划，重视数字鸿沟的消弭。例如相关学者针对弱势群体等相关群体提出了"促进平等的数据倡议"（Pro-equity Data Initiatives，PEDIs），该倡议旨在为那些以前"无数据历史"（Historical Datalessness）的人群创造条件，让他们可以进入大数据的视野，在城市数据中获得代表性，并且可以获取和使用这些数据。②

二是智媒鸿沟的消弭需要从智媒本身着手。例如推进信息基础设施建设，例如安装无线网络、加快通信基站建设；例如积极推行智媒产品的惠民政策，给予欠发达地区和低收入群体以经济补助；例如针对老年群体可以推出"适老化"改革，推出适合老年人使用的智媒产品。此外依然要注意智媒只是手段之一，不要一味依赖智媒路径，还是要回到根源性问题和社会既有问题的解决上，例如社会层面的贫富差距问题、社会经济地位差异问题以及用户的素养和批判辨识能力较弱的问题。

三是从社会系统运行和多元主体视角来看，政府、媒体、公益组织等首先可以积极开展相关引导和宣传，加强教育培训，提升用户素养；其次鼓励用户积极参与智媒化进程，在审慎反思的同时避免增加用户对智媒的排斥感；再者可以开展专项活动，针对性进行数据化工作，避免

---

① 陈昌凤、仇筠茜：《"信息茧房"在西方：似是而非的概念与算法的"破茧"求解》，《新闻大学》2020 年第 1 期。

② S. Patel and C. Baptist, "Documenting by the Undocumented", Environment and Urbanization, 24 (1), 2012, pp. 3 – 12.

智媒应用盲区；最后还可以针对老年人等弱势群体"保留落后通道"，设置特殊的机制，辅助他们慢慢赶上智媒时代的节奏。国家层面还需要支持基础设施建设；企业则要加强核心技术的科研和开发；家庭也需要承担起责任，加强数字反哺，帮助中老年人树立融入数字社会的信心；个体则需要转变价值观念，积极应对智媒时代的到来，尝试使用和接触媒介并尽可能提升辨识和参与意识。

结　　语

2021年可以被视为"元宇宙"（metaverse）元年，扎克伯格将Facebook改名为"Meta"；字节、腾讯、微软等互联网企业纷纷入局，涉及教育元宇宙、文旅元宇宙、企业元宇宙、娱乐元宇宙等应用领域。"元宇宙"在业界和学界都掀起了一阵讨论热潮。

那么与之而来的是，有必要回应的一个问题——"智媒体与元宇宙有何关系？"在媒体边界混沌不明、媒体走向充满诱惑的当下，从不同视角出发可能对这一问题有不同的答案。可能回答是"智媒体与元宇宙是媒介发展的一体两面""元宇宙是智媒发展的进一步深化和最终归宿""智媒体是元宇宙的关键一环和应用场景"，等等。面对争论回应需要语境的支撑和概念的厘清。

一是如果按照本书所言，将智媒体的内涵扩展为"智能媒体、智力媒体、智慧媒体"，应用领域涉及产业、城市、教育、医疗等方方面面，在此意义上"智媒时代"的概念是大于"元宇宙"的。

二是"智媒时代"与"元宇宙"有着太多的相似之处，具有布局应用的相似，也有政策环境、产业结构和社会环境的相似，更重要的是背后的技术架构和媒介逻辑是一致的，都有赖于一整套的媒介基础设施。而从目前来看，当下5G基础设施尚在建设之中，沉浸式媒介的应用场景也尚不完善，媒介应用的状况局限着人们对未来的想象，当然这种局限也包括"不切实际的想象"。基本上当下基于这套媒介基础设施的应用既可以被视为智媒实践，也可以被视为元宇宙实践。

三是如果从智媒实践的视角来看，诸如写稿机器人、精准化推荐、大数据分析、舆情监控系统等已经日趋成熟，而另一部分基于VR、AR、

MR 设备以及对人工智能、大数据的深度应用尚处于探索阶段，在此意义上我们确实可以将元宇宙视为"智媒实践"的进一步深化。

四是回到媒介基础设施来看，伴随着数十年来媒介技术的野蛮生长，当下存在的一个现实问题在于缺乏一个足以统合这一切的技术、概念或领域。在此背景下，无论是"智"还是"元"都是希望尽可能将混乱、繁杂的媒介环境和技术应用统合在一起。媒介技术的突破是有其节奏性的，而未来则是尽可能的消化、吸收、整合媒介基础设施的时代，而"智媒时代"和"元宇宙"都希望能够从较为宏观的尺度上为这种实践提供一套方法论和发展路径。而在笔者看来，这套方法论的核心还在于理解"媒介逻辑"的穿透性，所不同的是元宇宙选择基于这套媒介逻辑，从外向内消弭了社会与媒体的边界，而智媒时代则强调由内而外的突破，进一步打破媒体边界，寻求媒体与社会的深度的融合。

如果回到游戏的历史背景来看，一个持续性的争论就是"虚拟—现实"的关系，荷兰历史学家约翰·赫伊津哈（Johan Huizinga）曾提出了"魔法圈"（magic circle）理论框架，强调游戏的崇高、神圣的本质，将游戏视为"一个自封闭的神奇圈子"，玩家可以在其中暂时逃避社会生活中"严肃"的职责和义务。不过几十年来伴随着"游戏化""严肃游戏"等理论，网络游戏中对工会、打金、婚恋、亲密关系等现象的研究以及《口袋妖怪》等增强现实游戏的出现，游戏研究中日益达成共识，认为在游戏的中存在"虚拟—现实"的交互实践和相互影响。例如Castronova 认为"魔法圈"并不像赫伊津哈设想的那样清晰，而是将游戏和生活的边界理解为"多孔膜"，即"人们总是从两个方向穿过它，并且携带着既有的行为模式和态度"。[1] Taylor 将 MMO 游戏视为"世界之间的游戏，在游戏世界和真实世界来回游戏"。[2] Anchor 和 Ehrmann 等学者也认为游戏和现实生活之间的界限一直是可渗透的。[3] 尤其是在 VR、

---

[1] Castronova E., "The Right to Play", In: Balkin J and Noveck BS (eds) The State of Play: Law, Games and Virtual Worlds, (2006), New York: New York University Press, pp. 68 – 85.

[2] Taylor, T. L., Play Between Worlds, (2006), Cambridge, MA: MIT Press, p. 17.

[3] Anchor R., History and Play: Johan Huizinga and His Critics, (1978) History and Theory 17 (1), pp. 63 – 93.

MR、AR等设备支撑下，虚拟世界进一步扩展和丰富化，也纳入了更多的成员和更多的时间精力，人们对于虚拟—现实的交互影响感同身受。在此背景下，"元宇宙"进一步捅破了这层窗户纸，强有力地宣布了"虚拟世界"的存在以及阐释了其对现实世界的系统性影响和潜在力量。总结来看，元宇宙则代表了人类对虚拟社会或者虚拟—现实交互的一种美好意愿和浪漫想象，也是对技术开创的虚拟世界日益渗入人类社会的一种积极回应，在此意义上，元宇宙确实有其价值和意义所在。

不过如果从总体的社会历史来看，笔者还认为"智媒体"更具整合力和适应性。因为元宇宙的立足点和场景也依然是"虚拟场景"，缺失了对现实世界的关注，某些情景下"过犹不及"。而且在其应用中大肆谈及对现实的影响其实也彰显了现实的重要性。相较而言，智媒体实践从媒介底层逻辑出发，探寻其在虚拟、现实及虚拟—现实之间的实践，更具广泛性和代表性，更能代表未来的媒介化社会。

如果从批判反思的视角来看，智媒遮蔽部分涉及虚拟世界的超真实对现实的遮蔽；智媒控制部分涉及通过将现实规则和逻辑纳入虚拟世界之中，通过虚拟世界影响个体的思维和意识；智媒剥削部分涉及游戏中的数字打金者以及游戏代练等数字劳动形式；在智媒歧视部分涉及的游戏中的种族歧视、虚拟场景的同性婚恋；在智媒侵权部分涉及的隐私侵犯、财产侵犯以及版权侵犯等问题。以上仅仅是简单举例，智媒实践的问题普遍存在于元宇宙应用当中，而且在思维控制、亲密关系、社会公共性等维度的问题可能还会更加突出。

目前的"元宇宙"更多处于构想和设计阶段，正如本文在反思部分所强调的，媒介神话一直如幽灵般萦绕在人类社会中间，面对虚拟的"诱惑"，我们可以怀揣一颗"好奇心"而去，不过也不妨多一分审慎。基于历史的视角，"元宇宙"的布局和应用可能会给人类带来福音，但是也难免给人类带来新的风险和危机。当然如果将元宇宙视为智媒实践的深化的话，对元宇宙的警惕和反思也是智媒批判研究的核心重点。

吉布森曾经写道"未来已至，只是尚未来临"，毫无疑问的是这个未来由人工智能、大数据、5G、物联网、沉浸化设备等媒介技术开创，这个未来也是巨变和重塑的未来。而另一方面回到人本身，正如马克斯·韦伯说"人类是悬挂在自己编织的意义之网上的动物",这一点在未来亦是如此。无论是"智媒时代"还是"元宇宙",人类对意义的探求愈加深刻的与媒介技术绑定到了一起,而基于技术的作用,这份意义来自于虚拟世界、来自于现实世界,与此同时也来自于虚拟—现实的交互实践之中。我们脚踏大地,也仰望星辰,不过未来这片星辰可能是"元宇宙"的点点繁星。

后　　记

　　2020年，在本人主持的国家社科基金重点项目"传统媒体与新型媒体融合发展研究"结题之后，我深感"融媒体"并非媒体融合的终点，而是又一个起点。随着智能技术在传媒生态中的广泛应用，以及推进媒体深度融合成为国家战略，"智媒体"作为新型媒介形态已经呼之欲出。在此情况下，学界与业界需要进一步明晰我国智媒体的实践道路与发展路径，才能更好地推进智媒体建设，推动媒体深度融合走稳走实。有鉴于此，我申报并获批了四川省哲学社会科学重点研究基地重大项目"中国智媒体实践与发展研究"。经过两年多的实地调研与资料分析，我与几名博士生共同完成了本书的研究和撰写工作。

　　居安思危，思则有备，有备无患。在国内如火如荼的智媒体建设浪潮中，本书既是对某些媒体初期探索的观察与展望，也是对智能技术深度嵌入媒体与社会后的反思。本书试图以中国智媒体生态系统为研究对象，包括这一生态系统中的媒体机构、媒体应用、媒体平台、媒体从业者等要素，回答智媒体生态系统如何生成、如何运转、如何维持、如何发展等关键问题，以求挖掘媒体融合与中国智媒体的关联并梳理其发展脉络，分析中国智媒体的代表案例并厘清其运作机制，归纳中国智媒体的功能属性，并呈现中国智媒体生态系统与其他社会系统之间的互动。

　　然而，纸上得来终觉浅，绝知此事要躬行。作为智媒体实践与发展的"旁观者"，我们的研写难免会存在"知其然而不知其所以然"的缺漏。尤其是面对日新月异的传媒生态，我们的研写也恐有"山中方一日、世上已千年"的滞后。故本书作为对智媒体某一发展阶段的观察与思考，其未尽之处权当作"抛砖引玉"之用，同时也期望各位学界与业界专家批评指正。

真诚感谢我们在研写过程中所参考、借鉴的大量学术专著、期刊论文以及报纸、网站文章的作者们！虽然我们尽量通过脚注和参考书目的形式做到对这些成果的规范引用，但由于资料较多，难免有所遗漏，在此深表歉意并恳请海涵，同时希望不吝赐教，以便今后修订时能逐一标明。

真诚感谢给予本书大力支持的各位专家、同行与媒体朋友们！

蒋晓丽

2022年12月于成都